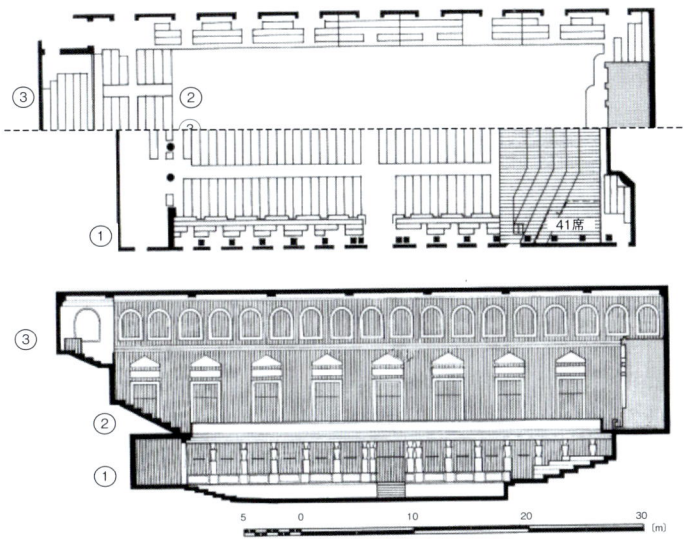

口絵 1　ウィーン・楽友協会大ホール（グローサー・ムジークフェラインスザール）（1870）
世界で最も優れたコンサートホールの一つとされている。室の基本形は直方体に近く，シューボックス（靴箱）型と呼ばれている。壁面には女神の列柱が並び，音の拡散効果を高めている（1.1 節参照）。（客席数 $N = 1\,680$ 席，室容積 $V = 15\,000\,\mathrm{m}^3$，残響時間（空席時，500 Hz，1 オクターブバンド）$T = 3.1\,\mathrm{s}$）
〔レオ L ベラネク：コンサートホールとオペラハウス，Springer（2005）およびレオ L ベラネク：音楽と音響と建築，鹿島出版会（1972）より転載〕

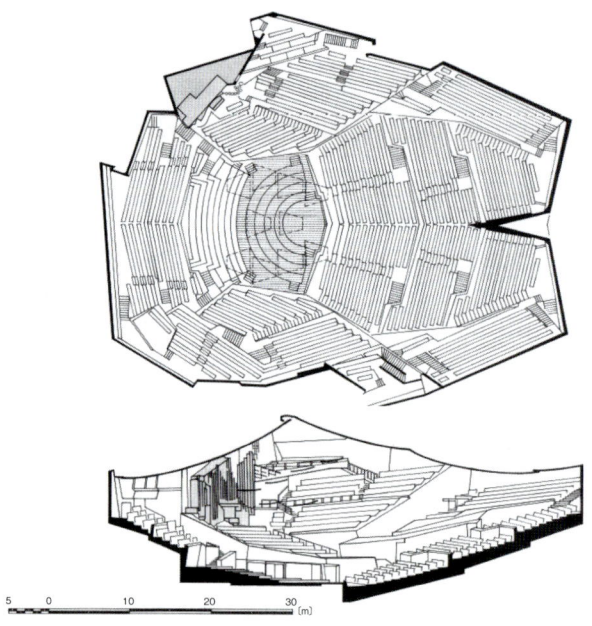

口絵2 ベルリン・フィルハーモニーホール（1963）
ブロックに分割された客席がステージを取り囲むヴィニャード型ホール。左右非対称の革新的な室形状。ステージ上には吊り下げ反射板が設置され反射音を増強している（1.1節参照）。（$N=2\,218$ 席，$V=21\,000\,\mathrm{m}^3$，$T=2.2\,\mathrm{s}$）
〔レオ L ベラネク：コンサートホールとオペラハウス，Springer（2005）より転載〕

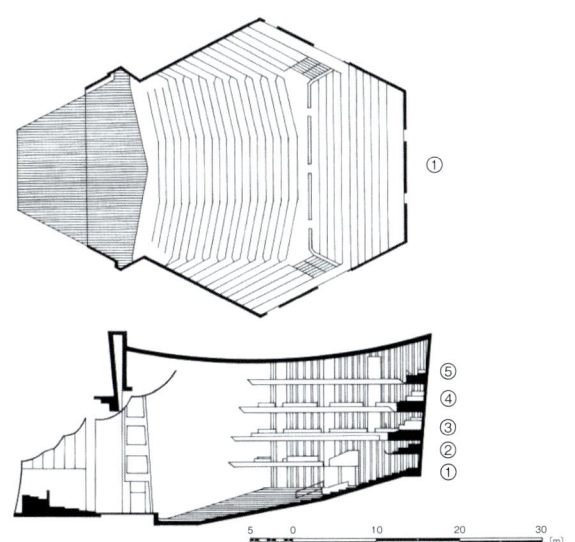

口絵 3　東京文化会館大ホール（1961）
クラシックコンサート，オペラ，バレエの上演を目的として上野公園内に建設されたクラシック音楽の殿堂として記念碑的な施設。室形状はダイアモンド型で，急勾配のステージ天井デザイン，ユニークな側壁デザインが特徴的である（1.2 節参照）。（$N=2\,327$ 席，$V=17\,300\ \mathrm{m}^3$，$T=1.8\ \mathrm{s}$）
〔レオ L ベラネク：コンサートホールとオペラハウス，Springer（2005）およびレオ L ベラネク：音楽と音響と建築，鹿島出版会（1972）より転載〕

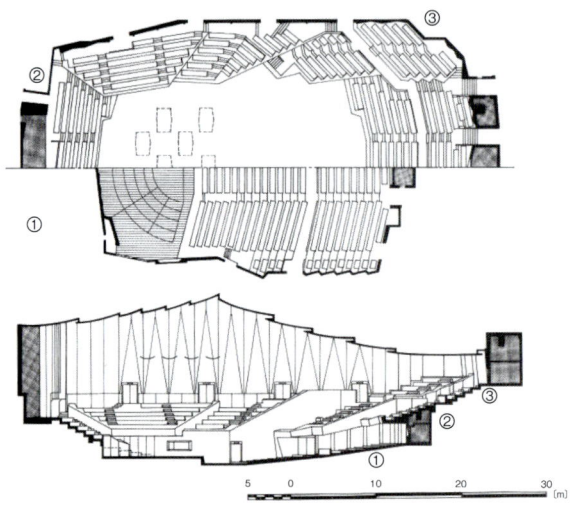

口絵 4　サントリーホール（東京，1986）
東京で初めての大型クラシック音楽専用ホール。座席をブロックに区切って配置したヴィニャード型。ステージ上には透明な可動式の吊り下げ反射板が設置されている（1.2 節参照）。（$N=2\,006$ 席，$V=21\,000\text{ m}^3$，$T=2.5\text{ s}$）
〔レオ L ベラネク：コンサートホールとオペラハウス，Springer（2005）より転載〕

(a) 柱列（ウィーン・楽友協会大ホール）　　(b) 波型（東大和市民会館小ホール）

(c) 上部蒲鉾型，下部屏風折型（北九州響ホール）　　(d) 立体的に組み合わせた屏風折型（桐生市市民文化会館小ホール）

口絵5　各ホールにおける拡散壁の例
ホール壁面には音の拡散効果を増すために工夫されたさまざまな形状がみられる（3.3節参照）。

口絵6　ザ・シンフォニーホール（大阪，1982）。
ステージ上部の天井が高いホールには，反射音を補う目的で吊り下げ反射板（通称浮き雲）が設置される（1.2節，4.3.3項参照）。

(a) 模型

(b) 実物

口絵 7　横浜みなとみらいホール（神奈川，1997）
建設時には，縮尺 1/10 の音響模型実験により音響障害の排除，音響効果の確認が行われた（1.2 節，3.1 節参照）。

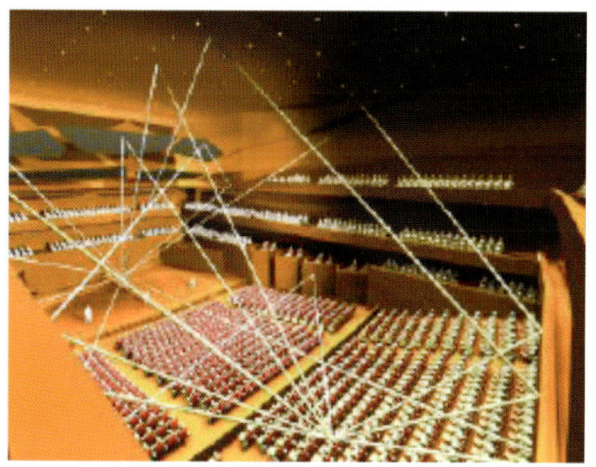

口絵 8　音線法（幾何音響理論）によりレンダリングしたホールの内観
ステージ上から客席への音の伝搬経路が可視化されている（3.2.2 項参照）。

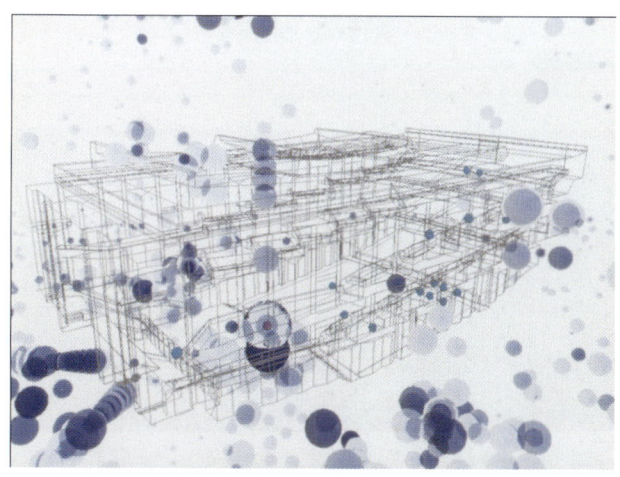

口絵 9　虚像法（幾何音響理論）による虚音源分布の表現例
特定の受音点に対する音の到来方向およびその強さが表されている（3.2.2 項参照）。

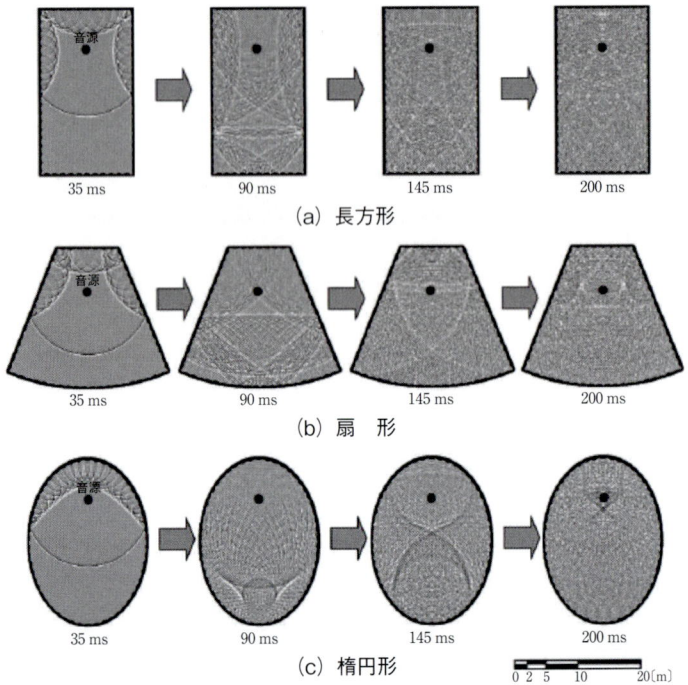

口絵10　波動数値解析による音響拡散体がついた室における音波伝搬の様子
室形状の特徴と壁面の音響拡散体の効果が確認される（3.3節参照）。

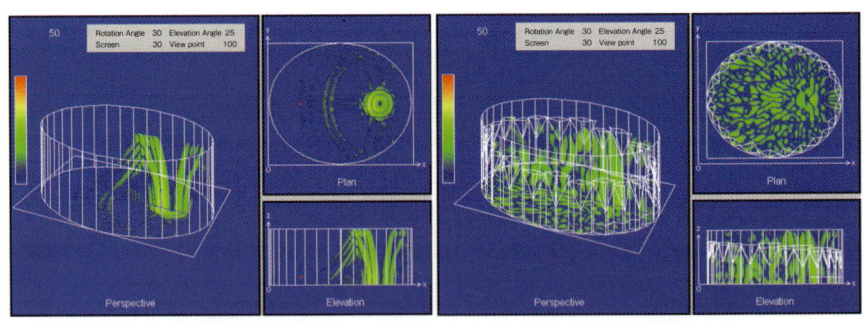

口絵11　波動数値解析による楕円形ホールにおける音響拡散体の効果の検証
拡散体あり（図（b））の条件では，なし（図（a））の条件にみられる音の集中が解消している。
口絵5（d）が竣工後の写真（3.3節参照）。

日本音響学会 編
The Acoustical Society of Japan

音響サイエンスシリーズ **6**

コンサートホールの科学
形と音のハーモニー

上野佳奈子
編著

橘　秀樹　　羽入敏樹
坂本慎一　　小口恵司
清水　寧　　日高孝之
共著

コロナ社

音響サイエンスシリーズ編集委員会

編集委員長
九州大学
工学博士　岩宮眞一郎

編 集 委 員

明治大学	日本電信電話株式会社
博士(工学)　　上野佳奈子	博士(芸術工学)　　岡本　　学
九州大学	金沢工業大学
博士(芸術工学)　　鏑木　時彦	博士(工学)　　土田　義郎
九州大学	東京工業大学
博士(芸術工学)　　中島　祥好	博士(工学)　　中村健太郎
九州大学	金沢工業大学
Ph.D.　　森　　周司	博士(芸術工学)　　山田　真司

(五十音順)

(2010 年 4 月現在)

刊行のことば

　われわれは，音からさまざまな情報を読み取っている．言葉の意味を理解し，音楽の美しさを感じることもできる．音は環境の構成要素でもある．自然を感じる音や日常を彩る音もあれば，危険を知らせてくれる音も存在する．ときには，音や音楽を聴いて，情動や感情が想起することも経験する．騒音のように生活を脅かす音もある．人間が築いてきた文化を象徴する音も多数存在する．

　音響学は，音楽再生の技術を生みかつ進化を続け，新しい音楽文化を生み出した．楽器の奏でる繊細な音色や，コンサートホールで聴く豊かな演奏音を支えているのも，音響学である．一方で，技術の発達がもたらした騒音問題に対処するのも，音響学の仕事である．

　さらに，コミュニケーションのツールとして発展してきた電話や携帯電話の通信においても音響学の成果が生かされている．高齢化社会を迎え，聴力が衰えた老人のコミュニケーションの支援をしている補聴器も，音響学の最新の成果である．視覚障害者に，適切な音響情報を提供するさまざまな試みにも，音響学が貢献している．コンピュータやロボットがしゃべったり，言葉を理解したりできるのも，音響学のおかげである．

　聞こえない音ではあるが，医療の分野や計測などに幅広く応用されている超音波を用いた数々の技術も，音響学に支えられている．魚群探査や潜水艦に用いられるソーナなど，水中の音を対象とする音響学もある．

　現在の音響学は，音の物理的な側面だけではなく，生理・心理的側面，文化・社会的側面を包含し，極めて学際的な様相を呈している．音響学が関連する技術分野も多岐にわたる．従来の学問分野に準拠した枠組みでは，十分な理解が困難であろう．音響学は日々進化を続け，変貌をとげている．最先端の部

分では，どうしても親しみやすい解説書が不足がちだ。さらに，基盤的な部分でも，従来の書籍で十分に語り尽くせなかった部分もある。

　音響サイエンスシリーズは，現代の音響学の先端的，学際的，基盤的な学術的話題を，広く伝えるために企画された。今後は，年に数点の出版を継続していく予定である。音響学に関わる，数々の今日的トピックを，次々と取り上げていきたい。

　本シリーズでは，音が織りなす多彩な姿を，音響学を専門とする研究者や技術者以外の方々にもわかりやすく，かつ多角的に解説していく。いずれの巻においても，当該分野を代表する研究者が執筆を担当する。テーマによっては，音響学の立場を中心に据えつつも，音響学を超えた分野のトピックにも切り込んだ解説を織り込む方針である。音響学を専門とする研究者，技術者，大学で音響を専攻する学生にとっても，格好の参考書になるはずである。

　本シリーズを通して，音響学の多様な展開，音響技術の最先端の動向，音響学の身近な部分を知っていただき，音響学の面白さに触れていただければと思う。また，読者の皆様に，音響学のさまざまな分野，多角的な展開，多彩なアイデアを知っていただき，新鮮な感動をお届けできるものと確信している。

　音響学の面白さをプロモーションするために，音響学関係の書物として，最高のシリーズとして展開し，皆様に愛される，音響サイエンスシリーズでありたい。

2010 年 3 月

音響サイエンスシリーズ編集委員会

編集委員長　岩宮眞一郎

まえがき

　"コンサートホールは最大の楽器である"といわれるように，いわゆるクラシック音楽は演奏会場の響きを伴ってはじめて成立する。すなわち，この種の音楽の演奏のためには，優れた作曲家，演奏家，楽器，あるいは歌手の存在が前提となることはもちろんであるが，その演奏の場であるコンサートホールが音楽の最後の仕上げをしているといっても過言ではない。このような演奏の器となるコンサートホールの響きはどのようにつくられるのであろうか。

　コンサートホールを訪れたことのある人なら，壁につけられた凹凸，ステージの上に吊るされた板，傾いた壁，湾曲した面から構成される天井など，さまざまな形の仕掛けに目を向けたことがあろう。これらはすべて，コンサートホールの音響効果をねらって生み出された形である。

　一方で，数ある著名なホールの響きは少しずつ異なるし，世の中に二つとして同じ形のホールはない。つまり，唯一無二の"最適な響き"というものがあるわけではなく，形に一つの正解があるわけでもないのである。響きの良し悪しを決める種々の要素のバランスを考え，形によって整えていくことでホールの音響効果が高められる。それを支える知識がコンサートホールの科学といえよう。

　誰もが見て確認することができるコンサートホールの"形"とホールの命ともいえる"音"にはどのような関係があるのだろうか。コンサートホールの科学は，19世紀初頭，ボストン・シンフォニーホールの建設に際して行われた実験に端を発し，100年以上にわたって蓄積されてきた。その方法は，コンピュータを駆使した解析から心理学的な実験に至るまで幅広い分野にわたる。本書では，形と音との関係を読み解くうえでの科学的知見を中心に解説するとともに，その目標でもある建築設計の現在に迫る。

まえがき

第1章では，コンサートホールの黎明期から古典形状ともいえるシューボックスホールの登場，その伝統にとらわれない新しい形への展開を追い，またわが国にも優れた音楽ホールが各地に建設されてきた流れを概観し，さまざまな形のコンサートホールが現存する歴史的背景を述べる。

第2章では，ホールの室形状や壁面の素材とホール内部に形成される音場（響き）との関係，聴衆や演奏者が抱くホールの印象の評価要因と響きの構成要素との関係，響きの特徴を定量的に把握するための計測・分析手法や聴感物理指標について解説する。

第3章では，建設前のホールの音響障害の回避や音響効果の検討に使われる予測手法－音響模型実験法とコンピュータシミュレーションについて解説するとともに，ホールの基本形状や壁面等の内部形状と音響現象との関係をビジュアルに紹介する。

第4章では，コンサートホールの設計のプロセスにおいて，室形状や壁の形などのホール内部を構成する要素が，響きとの関連においてどのような意図をもってデザインされていくかを解説する。

第5章では，コンサートホールにおける電気音響技術の利用について概観し，室内の形によって決定される音場の制約を電気音響技術によりいかに超越できるのか，音声明瞭度向上（拡声技術）と室内音響効果の増強（音場支援技術）という側面から解説する。

第6章では，以上で述べてきた室内音響現象の理論的背景として，コンサートホール内部における音のふるまいを物理的・数学的に記述する。

執筆にあたっては，コンサートホールに関する研究や建築空間の音響設計に興味のある方のみならず，音楽演奏や録音などの音楽制作に従事する方にも，有用な知識を提供することを目指した。すなわち，専門知識がない読者でも，コンサートホールの科学を支えている基礎事項を概観できる説明を心がけた。このような執筆方針によって物理現象の記述としての厳密性が失われたことへの対応として，第6章では物理学・数学を得意とする読者向けに，理論的解説を加えた。

冒頭でもふれたように，コンサートホールの科学は 100 年以上の歴史を持つ一方で，現在も世界各国の研究者によってさまざまな手段で科学的探究が続けられ，研究テーマの魅力的な宝庫であり続けている．あとがきでは，本書で書ききれなかった広がりや今後に残されている課題について，試考する．

2012 年 4 月

上野佳奈子

執筆分担

橘　　秀樹	1 章，コラム 4
羽入　敏樹	2.1，2.2，2.4 節
上野佳奈子	2.3 節
坂本　慎一	3 章，コラム 2，3
小口　恵司	4 章
清水　　寧	5 章
日高　孝之	6 章

※上記に記している以外のコラムは章の執筆者が執筆

目　　　次

第1章　ホールの歴史

1.1　欧米におけるコンサートホールの歴史 ……………………………… 1
1.2　日本におけるコンサートホールの歴史 ………………………………… 7
引用・参考文献 ………………………………………………………………… 11

第2章　ホール音場の性質と心理的評価

2.1　ホールの形状とホール内部に形成される音場との関係 ………… 12
　　2.1.1　反射音と室内音場 ……………………………………………… 12
　　2.1.2　室容積と壁面素材（吸音） …………………………………… 14
　　2.1.3　音楽ホールの室形状 …………………………………………… 16
2.2　ホールの響きの印象評価要因 ……………………………………… 19
　　2.2.1　室内音場の物理事象と聴覚事象 ……………………………… 19
　　2.2.2　受聴者による音場評価プロセスと音の要素感覚 …………… 21
　　2.2.3　空間印象の要素感覚 …………………………………………… 22
　　2.2.4　LEVの研究例 ………………………………………………… 24
　　2.2.5　音場の空間情報の解析例 ……………………………………… 27
2.3　ホール・ステージにおける演奏者の評価 ………………………… 29
　　2.3.1　演奏者にとってのコンサートホール ………………………… 29
　　2.3.2　主観印象の評価要因 …………………………………………… 30
　　2.3.3　室内音場の特性と主観印象 …………………………………… 32
2.4　各種聴感物理指標 …………………………………………………… 37
　　2.4.1　室内音響物理指標 ……………………………………………… 37
　　2.4.2　指標の周波数分析と弁別閾 …………………………………… 43
引用・参考文献 ………………………………………………………………… 44

第3章　室内音場の予測

3.1　縮尺模型実験法 ……………………………………………………… 48

| 3.1.1 音響模型実験の歴史 ………………………………………… 48
| 3.1.2 音響模型実験の相似則 ……………………………………… 51
| 3.1.3 模型実験による音の可聴化 ………………………………… 55
| 3.2 数値シミュレーション手法 …………………………………………… 62
| 3.2.1 幾何音響学に基づく手法 ……………………………………… 63
| 3.2.2 幾何音響学の利用例 …………………………………………… 65
| 3.2.3 波動音響学に基づく手法 ……………………………………… 67
| 3.3 形と音との関係 ………………………………………………………… 72
| 3.4 波動音響シミュレーションの適用事例 ……………………………… 77
| 3.4.1 小ホールのインパルス応答の解析 …………………………… 77
| 3.4.2 鳴き竜のシミュレーション：縮尺模型実験と波動数値解析 … 78
| 引用・参考文献 ………………………………………………………………… 82

第4章 コンサートホールの設計の実際

4.1 ホール計画 ……………………………………………………………… 84
  4.1.1 室内音響設計の役割 …………………………………………… 84
  4.1.2 ホール建設の動機付け ………………………………………… 85
  4.1.3 ホール規模の設定 ……………………………………………… 86
4.2 設計の流れ ……………………………………………………………… 87
4.3 設計各論 ………………………………………………………………… 89
  4.3.1 基本形のデザイン ……………………………………………… 89
  4.3.2 音響障害の防止 ………………………………………………… 95
  4.3.3 ステージのデザイン …………………………………………… 97
  4.3.4 壁・天井（拡散）のデザイン ………………………………… 106
  4.3.5 建築的な音響可変 ……………………………………………… 111
  4.3.6 客席椅子のデザイン …………………………………………… 113
  4.3.7 パイプオルガン ………………………………………………… 115
引用・参考文献 ………………………………………………………………… 116

第5章 コンサートホールにおける電気音響技術

5.1 コンサートホールにおける電気音響の利用 ………………………… 118
5.2 コンサートホールにおける拡声技術 ………………………………… 120
  5.2.1 ハウリング：システムの安定性 ……………………………… 122
  5.2.2 拡声音の明瞭性 ………………………………………………… 124
  5.2.3 拡声音の音像定位 ……………………………………………… 128

5.3 音場支援を目的とした電気音響の利用 ……………………………… 130
　5.3.1 システムの基本的構成と音響的課題 ………………………… 131
　5.3.2 実用化されているシステムの考え方 ………………………… 142
　5.3.3 実　施　例 ………………………………………………………… 148
引用・参考文献 ………………………………………………………………… 156

第6章　ホール音場の理論的背景

6.1 は じ め に …………………………………………………………… 158
6.2 波動音響学による取扱い …………………………………………… 159
　6.2.1 音場の形式論（定式化）………………………………………… 159
　6.2.2 残　響　時　間 …………………………………………………… 162
　6.2.3 矩形室の音場 ……………………………………………………… 163
　6.2.4 シュレーダ周波数 ………………………………………………… 166
　6.2.5 鏡像の原理 ………………………………………………………… 168
6.3 幾何音響学による取扱い …………………………………………… 170
　6.3.1 幾何音響近似 ……………………………………………………… 170
　6.3.2 鏡　像　音　源 …………………………………………………… 172
　6.3.3 室内の音の伝搬 …………………………………………………… 173
　6.3.4 拡　散　反　射　面 ……………………………………………… 175
　6.3.5 有限板からの反射 ………………………………………………… 177
6.4 統計的音響学による取扱い ………………………………………… 178
　6.4.1 残響時間の古典論 ………………………………………………… 178
　6.4.2 定　常　音　場 …………………………………………………… 180
　6.4.3 残響過程の性質と実現象への適用 ……………………………… 181
引用・参考文献 ………………………………………………………………… 184

あ と が き ……………………………………………………………………… 187

付　　　　表 …………………………………………………………………… 189

索　　　　引 …………………………………………………………………… 191

第1章 ホールの歴史

　18世紀以降，ヨーロッパ諸国でクラシック音楽が公開のコンサートの形で演奏されるようになり，そのための建物，すなわちコンサートホールが建設され始めた。わが国でも，第2次世界大戦後，全国各地にホール（会館）が建設されたが，そのほとんどは総合文化施設として広範な用途を前提とした多目的ホールであった。しかし，1980年頃から音楽専用ホール建設の機運が急速に高まり，ヨーロッパのホールに匹敵するコンサートホールが全国各地に建設されるようになった。本章では，これらのコンサートホールの歴史について，内外の代表的な例を挙げながら概説する。

　なお，世界のコンサートホール，オペラ劇場に関しては文献1），2）に詳細な資料がまとめられている。また，最近のコンサートホール設計の潮流については4章で詳しく述べられている。

1.1　欧米におけるコンサートホールの歴史

　クラシック音楽の源流についてはヨーロッパの音楽史を細かく遡らなければならないが，ここでは演奏の場としてのホールについて，18世紀以降の歴史を見てみることとする[3]。

　イギリスでは，1700年前後から大都市における私邸や居酒屋などで有料のコンサートが開かれ，18世紀にはきわめて盛んになった。そのための建物としてコンサートホール（music room, concert room などとも呼ばれた）が多く建てられた。ただし，席数は数百人程度のものが多く，現在のホールに比べれば小規模であった。その代表的なものとしては1775年頃にロンドンに建設

---

†　肩付数字は各章末の引用・参考文献番号を表す。

された**ハノーヴァ・スクェア・ルーム**（約800席）が有名である（**図1.1**）。このホールではイギリスで初めての有料公開コンサートが開かれ，ハイドン，モーツァルトなども演奏を行っている。ロンドン以外にもダブリン，オックスフォード，エディンバラなどにコンサートホールが建てられた。

図1.1　ハノーヴァ・スクェア・ルーム[3]

　一方，中世のヨーロッパ大陸では宮廷が音楽文化の中心で，王公や貴族の館の広間や舞踏場，音楽室などで私的なコンサートが開かれていた。このような背景から，公開コンサートの形式はイギリスよりやや遅れたが，18世紀後半になって中産階級の台頭を背景として，市民を対象とした演奏会形式がドイツなどで生まれた。その代表的な例としては，1781年にライプツィヒに設けられた**ゲヴァントハウス・コンサートホール**が挙げられる（**図1.2**）。

　このホールは繊維織物商組合会館の図書室を改造して作られたもので，約400の座席を有し，市民階級を対象とした公開コンサートが開かれていた。このホールは1894年に取り壊され，新たに**ノイエス・ゲヴァントハウス**が1884年に建設されたが，1944年に戦災で焼失した。その後，さらに1981年に現在のノイエス・ゲヴァントハウスが建設された。

　バロック時代（1600年頃～1750年頃）から古典派の時代（1750年頃～1820年頃）にかけては，演奏会場（ホール，教会など）がある程度特定され，その規模と音響条件に合わせて注文によって作曲されることが多かった（ハイドン

1.1 欧米におけるコンサートホールの歴史

図 1.2 ゲヴァントハウス・コンサートホール[3]

の交響曲がその一例)。またこの頃のコンサートホールは,その後のものに比べて規模も小さかった。その後,ロマン派の時代になると作品(楽譜)そのものが商品化するなど作曲の形態も変化し,作曲技法,演奏形式も大きく変化した。19 世紀後半のベルリオーズ,リスト,ワグナーなどの作品では客席は 1 500 席以上で残響も長い大型ホールを想定して作曲されるようになった。これに伴って,演奏規模も大きくなり,現在のシンフォニー・オーケストラの形が生まれた。シューベルト,メンデルスゾーン,シューマン,ドヴォルザーク,ブラームス,その後のマーラー,リヒャルト・シュトラウスに至る 19 世紀の作曲家による作品では,弦楽器群も増大し,木管楽器の種類が増え,打楽器類の役割も大きくなっている。このような音楽形式の変化(大型化)に相伴って楽器の改良,パワーの増大が行われたことも見逃せない。

　このような演奏会場として,ヨーロッパ各地にコンサートホールが建設されるようになった。そのうち代表的なものとしては,ウィーン改造計画の一環として 1870 年に建設された**ウィーン・楽友協会**大ホール(設計:T. R. von Hansen)が挙げられる(**口絵 1**,**図 1.3(a)**)。このホールの規模は室容積 15 000 m^3,1 680 席で,基本形は直方体である。この室形状は靴を入れる箱のプロポーションに似ていることから,**シューボックス**(shoe-box)**型**と呼ばれている。

　1888 年にはアムステルダム・**コンセルトヘボウ**(設計:A. L. von Gent)が

1. ホールの歴史

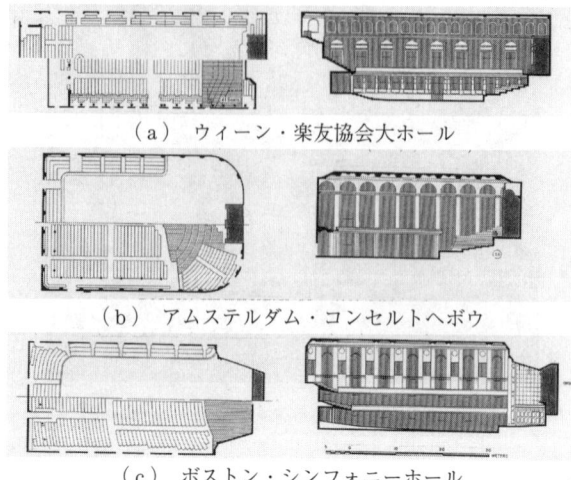

(a) ウィーン・楽友協会大ホール

(b) アムステルダム・コンセルトヘボウ

(c) ボストン・シンフォニーホール

図1.3 代表的なシューボックスホール

図1.4 アムステルダム・コンセルトヘボウ

建設された(**図1.4**,図1.3(b))。このホールは,前述のウィーンのホールに比べてやや規模が大きく(室容積 18 700 m^3),ステージの奥は曲面で合唱席が設けられている。合唱を伴わない演奏会では,この合唱席も客席として使われ,20世紀のホールでしばしば採用されている客席がステージを取り囲む**アリーナ形式**のはしりともいえる。

北米では,1900年に**ボストン・シンフォニーホール**が建設された(**図1.5**,

1.1 欧米におけるコンサートホールの歴史

図 1.5 ボストン・シンフォニーホール[4]

図 1.3(c))。このホールは前述のヨーロッパのホールの流れを汲むもので, 形態としてはシューボックス型である。このホールの音響設計にあたって, **セービン**(W.C. Sabine (1868-1919)) が室内の残響現象を実験的に研究し, 残響計算式(セービンの残響式)を提案した(6.2.2 項参照)。この研究によって, セービンは室内音響学の始祖ともされている。

以上に述べた三つのホールは, コンサート以外に舞踏会や各種の集会などにも用いられ, いずれも平土間形式で座席も比較的簡素で移動可能になっている。

20 世紀に入ると, 伝統的なシューボックス型にとらわれない新しい形式のホールが作られるようになった。その代表的なものとして, 1963 年に建設された**ベルリン・フィルハーモニーホール**(設計:H. Scharoun)が挙げられる(**口絵 2**)。このホールは, ステージを取り囲んでブロックごとに分割された座席が段々畑状に配置されたアリーナ形式で, その形態がヨーロッパのぶどう畑に似ているということから**ヴィニヤード**(vineyard)**型**と呼ばれている。この形式のホールは, 聴衆の視線・意識が中央のステージに集中して空間的な一体感が得られるなど建築的デザインとしては魅力的であるが, 座席位置の違いによる音響的不均一性は免れない。また, どうしてもステージの上部が高くなるために反射音が不足しがちである。これらの音響的に不利な点を補うために,

吊り下げ反射板（**浮き雲**）が設けられることが多い。

その後，このようなアリーナ型のコンサートホールが世界各地に建設されるようになった。前述の1981年に建設されたライプツィヒのノイエス・ゲヴァントハウス（**図1.6**）もこのタイプに属する。また，この形式は1980年代以降に建てられた日本のコンサートホールの設計にも大きな影響を与えている。

前述のシューボックス型やヴィニャード型以外にも，種々の基本形を持つホールがある。そのうち扇形を基本とするホールとしては，**ミュンヘン・フィルハーモニー**（1985年，**図1.7**）が挙げられる。楕円形もしばしば採用される

図1.6 ライプツィヒ・ノイエス・ゲヴァントハウス

図1.7 ミュンヘン・フィルハーモニー

形態で，その例としては**クライストチャーチ・タウンホール**（1972年，**図 1.8**）が挙げられる。この種の形態では音の集中，繰り返し反射が生じやすいため，さまざまな音響拡散デザインが工夫されている。

図1.8　クライストチャーチ・タウンホール[4]

1.2　日本におけるコンサートホールの歴史

　日本の建築は古来木造が主流で，ヨーロッパにおけるような響きの長い石造アーチ構造による大空間は作られなかった。また芝居，歌舞伎などの演劇芸術の伝統はあったが，これらの上演のための空間は開放的で，響きを前提とする音楽の土壌はなかった。

　大正期から昭和期にかけて全国主要都市で公会堂などの建物が建設されるようになったが，そのほとんどは多目的ホールで劇場形式のものが多く，響きを前提として成立してきたクラシック音楽の演奏には適していなかった。

　その中で，やや特殊な例として明治23年に旧東京音楽学校（現・東京芸術大学）の**奏楽堂**が挙げられる。木造によるこの建物は，わが国におけるクラシック音楽のための専用ホールの最初のものといえる（昭和62年に台東区内に移築保存）。昭和4年に建てられた東京の**日比谷公会堂**も数少ないクラシック音楽の演奏会場として利用されてきたが，本来は多目的ホールであり，コン

1. ホールの歴史

サートホールとして適切な条件を備えているとはいえない。

第2次世界大戦後,全国各地に公共文化施設としてホールが数多く建設されたが,用途としてはクラシックコンサートから演劇,歌謡ショー,各種集会など多目的に設定せざるを得なかった。その中でも,特にクラシック音楽のコンサートに重点を置いて設計されたものもあり,その代表例としては1954年に建設された**神奈川県立音楽堂**が挙げられる(**図1.9**)。

図1.9 神奈川県立音楽堂

このような多目的ホール建設の流れの中で,1961年に東京上野に本格的なクラシック音楽専用のホール施設として**東京文化会館**が建設された。この施設には,オーケストラコンサート,オペラ,バレエなど多目的用途のための2 327人収容の大ホール(**口絵3**),小規模コンサート,リサイタルのための653人収容の小ホール(**図1.10**)が含まれており,多目的とはいえクラシック音楽の殿堂として記念碑的な施設といえる。これと類似の施設としては,1967年に開館した千葉県文化会館が挙げられる。この施設にも大ホール(1 787席)と小ホール(252席)が備えられている。1982年に開館した熊本県立劇場では,機能別に1 813席のコンサートホールと1 100席の演劇専用ホールが併設されている。

その後1980年代に入って,本格的なコンサート専用ホールの建設の機運が急速に高まった。その初期の例としては,1982年に大阪に建設された**ザ・シ**

コラム1　オペラ劇場

　本書の対象とはしていないが，コンサートホールと並んでオペラ劇場も建築音響の歴史としては重要である．オペラはオペラ・イン・ムジカ（音楽による作品）の略で，野外で催されていた古代ギリシャ・ローマ劇の復活を動機として1600年前後にイタリアで生まれた音楽形式による演劇である．したがって，その演奏会場の建築的構成，規模，室内音響特性などもコンサートホールとはかなり異なっている．英国の音響学者 H. Bagenal はオペラ劇場とコンサートホールの違いを野原の音と洞窟の音と比喩的に表現し，前者はギリシャ・ローマ古代劇場からオペラ劇場へ，後者は石造の中世キリスト教会からコンサートホールへ変遷したと説明している．

　オペラ劇場では，主役はステージ上の歌手で，音楽演奏（伴奏）はステージ手前のオーケストラピットで行われる．ギリシャ・ローマ古代劇場では，合唱や音楽演奏のためのステージ手前の平土間を"オーケストラ"と呼んでいた．コンサートホールでは，その"オーケストラ"の演奏者たちがステージ上の主役となったわけで，現在では管弦楽団などの意味を持つようになっている．

　前述のとおりオペラ劇場の原形は野外劇場であるが，しだいに屋内化されていった．その室形状としては，劇場としての性格からステージ上の演技を視覚的にも捉える必要があり，扇形や馬蹄形がとられている例が多い（図1参照）．

図1　オペラ・ガルニエ（パリ）（撮影：山本武志）

1. ホールの歴史

図1.10　東京文化会館小ホール

ンフォニーホールが挙げられる（**口絵6**）。このホールは，ステージの背後にコーラス席も備えたアリーナ形式で，"残響2秒"という目標を掲げて設計・建設された[5]。その結果，これまでわが国のホールでは体験できなかった豊かな響きが実現した。一方，この標語によって，ホールの規模に関係なく必要以上に長い残響時間を期待するという誤解も招いた。

これに次いで，1986年に東京に**サントリーホール**が建設された（**口絵4**）。このホールもアリーナ形式で，ベルリン・フィルハーモニーホールほどではないが，ヴィニャード型といえる。

一方，コンサートホールの形態として古典的ともいえるシューボックス型のホールも数多く作られている。その例としては，ノバホール（1983年，つくば市），オーチャードホール（1989年，東京，**図1.11**），横浜みなとみらいホール（1998年，横浜，**口絵7**）などが挙げられる。

前述の大阪のザ・シンフォニーホールの建設以降，日本ではホール建設ラッシュといってよいほど，全国各地に大小のコンサートホールが競って建設されるようになった。

図1.11　東京・オーチャードホール[4]

引用・参考文献

1) Leo L. Beranek : Concert halls and opera houses – music, acoustics and architecture, Springer, 2nd edition (2004)
2) レオ L ベラネク著, 日高孝之, 永田穂共訳：コンサートホールとオペラハウス, Springer (2005)
3) マイケル・フォーサイス著, 長友宗重, 別宮貞徳共訳：音楽のための建築, 鹿島出版会 (1990)
4) 鹿島出版会：音楽のための空間, SD, **301** (1989)
5) 三上泰生：残響2秒—ザ・シンフォニーホールの誕生—, 大阪書籍 (1983)

第2章
ホール音場の性質と心理的評価

　音楽ホールで聞く音は，演奏音に空間の響きが加わって生み出されたものである。ホールの大きさ，室形状，境界面の吸音特性，座席位置によって受聴者に届く直接音と反射音のレベルと到来方向，周波数特性などが異なり，これによって音の印象も異なる。本章では，ホールの室形状や壁面の素材とホール内部に形成される音場（響き）との関係，聴衆や演奏者が抱くホールの印象の評価要因と響きの構成要素との関係，響きの特徴を定量的に把握するための聴感物理指標について解説する。

2.1　ホールの形状とホール内部に形成される音場との関係

　コンサートホールにはさまざまな形があり一つとして同じ形は存在しない。壁面の素材もさまざまである。ここではホールの室形状や壁面素材とそれによって生じる響きの関係について概説する。

2.1.1　反射音と室内音場

　室内で音を発生すると，**図 2.1** に示すように，受音点には音源からの**直接音**の他に，周囲の壁や天井から数多くの**反射音**が到来する。すなわち，室内の音場は直接音と無数の反射音群で構成されている。

　個々の反射音の到来時刻やレベルは室の大きさ，形状，壁面材料などによって変化し，室内音響特性はこれらによって決定づけられる。直接音に続いてすぐに到来する反射音群と，それより遅れ時間の長い反射音群は聴感に及ぼす効果が異なることから，それぞれ**初期反射音**，**残響音**（あるいは後期反射音）と

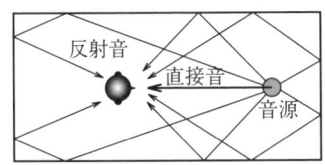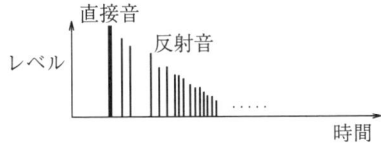

図 2.1 室内の音場（直接音と反射音）

いうように区別して称することがある。

図 2.2，図 2.3 は音楽ホールの平面図および断面図の例である。これを見ると音楽ホールはさまざまな室形状をしていることがわかる。この室形状の違いがホール内部で生じる反射音の違いをもたらし，音楽ホールの響きの個性を生み出している。

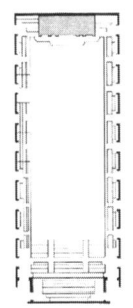

ウィーン・楽友協会大ホール (1870)

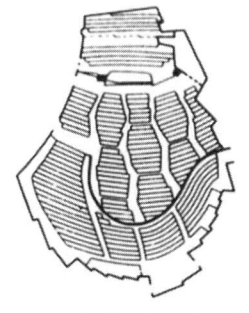

シュツットガルト・リーダハレ・ベートーベンホール (1956)

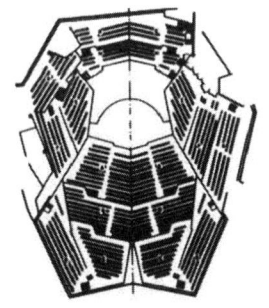

ベルリン・フィルハーモニーホール (1963)

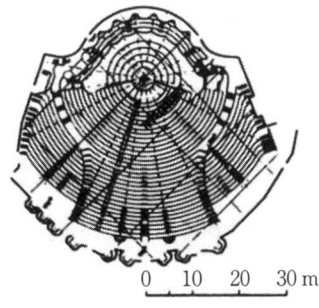

ケルン・フィルハーモニーホール (1986)

図 2.2 音楽ホールの平面形状の例

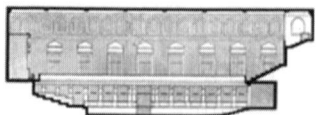
ウィーン・楽友協会大ホール
(1870)

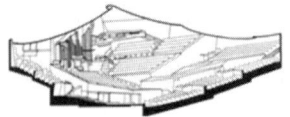
ベルリン・フィルハーモニーホール (1963)

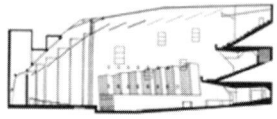
パリ・ザールプレイエル (1927)

図 2.3　音楽ホールの断面形状の例

2.1.2　室容積と壁面素材（吸音）

図 2.4 は室容積が音場に及ぼす影響の概念図である。室の平均吸音率が同じ場合，室容積が小さいほど反射音密度が大きく初期反射音レベルも大きい。しかし，室容積が小さいほど単位時間当りの壁面反射回数が多くなるため壁面による吸音が頻繁になり反射音レベルの減衰は早い。また，室容積と室形状が同じ場合には，平均吸音率が大きいほど反射音レベルの減衰が早い。

1900 年にセービン[1]は，室容積と壁面の素材によって響きの長さが変化することに気づいて**残響時間**を定式化した（2.4 節参照）。残響時間は**図 2.5** に示すように，室内において音を止めてから室内音響エネルギー密度が 60 dB 減

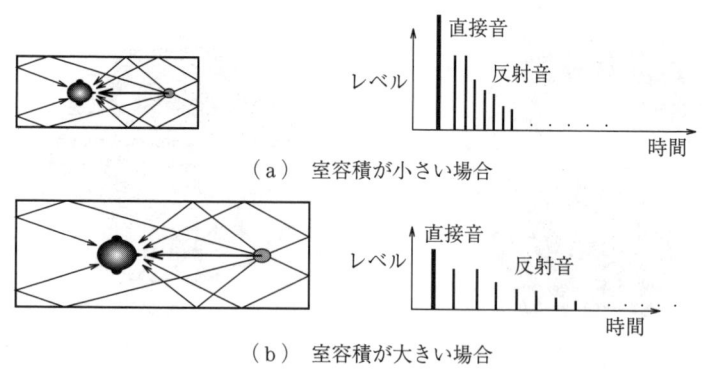

（a）室容積が小さい場合

（b）室容積が大きい場合

図 2.4　室容積が音場に及ぼす影響

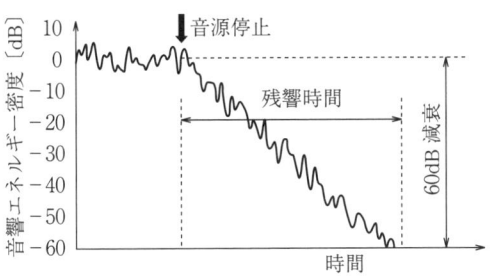

図 2.5 残響時間の定義

衰するのに要する時間として定義される。残響時間は室容積,表面積と平均吸音率によって制御できる。壁面材料はそれぞれ固有の吸音周波数特性を有しているため,その吸音特性を考慮しながら音楽ホールの壁面素材を選択することによって,周波数ごとの残響時間(残響時間周波数特性)を調整することができる。このようにセービンの残響時間の発見は,音楽ホールの音響効果を科学的根拠に基づいて設計する道を開いたといえる。

図 2.6 は日本におけるホールの残響時間(500 Hz)の年代別変化を示したものである。横軸は客席数であるが,およそホールの室容積に関連していると考

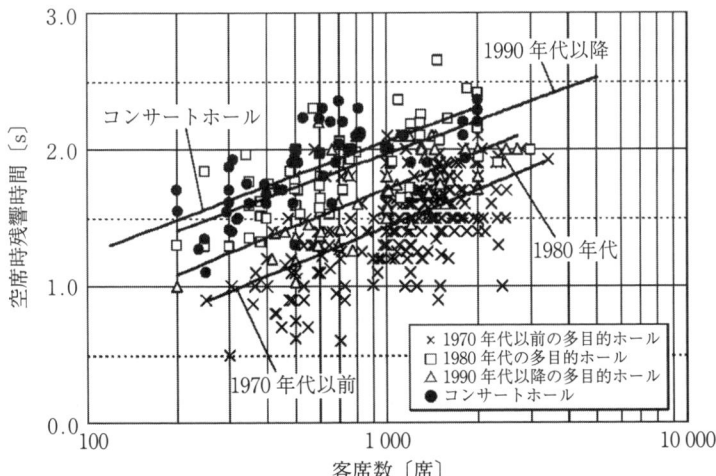

図 2.6　日本におけるホールの残響時間(500Hz)の年代別変化
残響時間と客席数の関係(舞台反射板設置時)[2)]

えられる。全体的に右肩上がりの分布を示しており、大規模なホールほど残響時間が長い傾向になることがわかる。また、1980年代以降に建設された音楽専用のコンサートホールは、1970年代以前の多目的ホールに比べ残響時間が長めに設計されていることがわかる。このように、残響時間は音楽ホールの室内音響特性を表す最も基本的な指標の一つである。

2.1.3 音楽ホールの室形状

〔1〕 **ホールの横幅** 1961年、ベラネク（L. L. Beranek）は世界の54の音楽ホールにおいて残響時間の測定を行うとともに、指揮者、音楽家、音楽批評家などにアンケート調査を行った。その結果は、残響時間がほぼ同じホール間でも響きの評価が大きくばらつくこと、同じホールでも座席で評価が大きく異なる場合があること、評価と最も関係のある物理量はホールの横幅であり、横幅の狭いホールほど概して評価が高いこと、というものであった[3]。前述の残響時間は空間全体の音響エネルギー減衰を表すもので、室形状や座席の違いとは関係のない物理量である。したがってベラネクの調査結果は、音楽ホールの音の印象は残響時間だけでは評価できず、ホールの横幅など室形状に関する他の要因が関与していることを示していた。

図2.7はホールの横幅が音場に及ぼす影響の概念図である。ホールの横幅が広い場合には、側壁間で生じる反射音の伝搬距離が長くなるため初期反射音のレベルと密度が小さくなる。その逆に、ホールの横幅が狭いと初期反射音のレベルと密度が大きくなる。

一方、1950年代から、スピーカを使って実験室で模擬的に反射音を作り出し、反射音の聴感上の効果が調べられた。例えば、1953年にR. Thieleは直接音からの遅れ時間が50 ms以内の反射音は音声の明瞭性を向上させる効果があることを明らかにし、それを評価する指標としてDeutlichkeit：D_{50}を提案した[4]。1965年にベラネクとTh. J. ShultzはこのD_{50}が音声だけでなく音楽にも有効であると主張した[5]。1970年代に入るとReichardtが直接音到達後80 ms以内の反射音が音声や音楽の明瞭性（definition, clarity）を向上させる効果があるこ

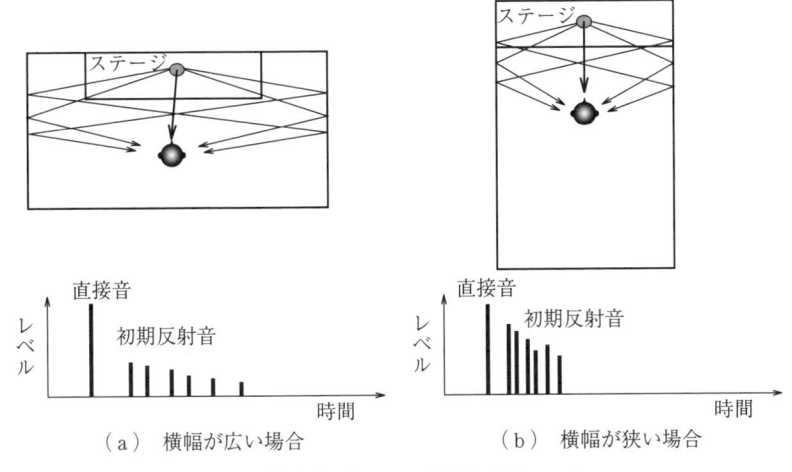

図2.7 ホールの横幅の影響

とを明らかにし,初期音対後期音エネルギー比の対数をとった C_{80} を提案した[6]。これらの研究はいずれも初期反射音に聴感上重要な効果のあることを明らかにしたもので,ベラネクの調査結果を人間の聴覚面から説明するものであった。

〔2〕 **初期側方反射音**　図2.8は室形状が反射音の到来方向に及ぼす影響の概念図である。この例では,初期反射音の時間構造がほぼ同じであっても,

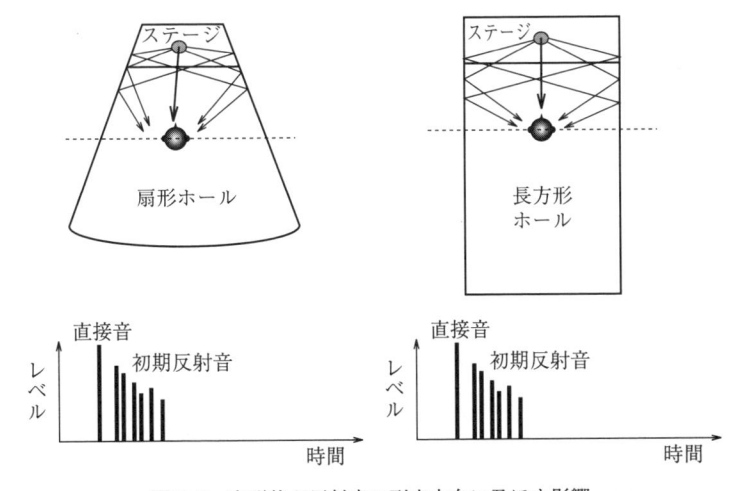

図2.8 室形状が反射音の到来方向に及ぼす影響

側壁の角度が違うために到来方向が異なることを表している。両ホールともに，反射音は受聴者から見て斜め前方から到来するが，その角度が扇形ホールでは前寄りであり，長方形ホールでは側方寄りであることがわかる。

1960年代後半から，初期反射音の到来方向が徐々に注目されるようになった。シュレーダ（M. R. Schroeder）らは，当時，音響的にあまり評判の良くなかったニューヨークのフィルハーモニックホールにおいて，その原因を探るために徹底した音響測定を実施した。1966年にその結果を公表した際，"初期反射音の到来方向がホール音響の品質に重要な要素と考えられる"との仮説を提示した[7]。また，ほぼ同時期に，A. H. Marshall[8]とJ. E. West[9]がそれぞれ独自に左右の壁からの**側方反射音**の重要性を示唆し，天井反射音によってその効果が抑制されないように，客席に天井反射音より側方反射音を早く到達させることが重要であると主張した。このとき，Marshallは側方反射音がもたらす効果のことを"spatial responsiveness"と表現しており，側方反射音が音楽ホールの響きの空間印象に影響すると見なしていたことがわかる。その後，W de V. Keet[10]は2chステレオ再生システムを用いた心理実験によって，両耳に到達する音響信号の相関度（両耳間相関度）が小さいほど"an apparent broadening of the sound source（音源のみかけの広がり）"が大きくなることを明らかにした。Keetは音源のみかけの広がりを"spatial impression"と呼んだ。M. BarronとMarshall[11]は，図2.9に示すように正面の直接音と左右2本の反射音で構成されるシンプルな音場を用いて心理実験を行い，側方から到来する反射音ほど"spatial impression"に対する寄与が大きいことを見いだした。彼ら

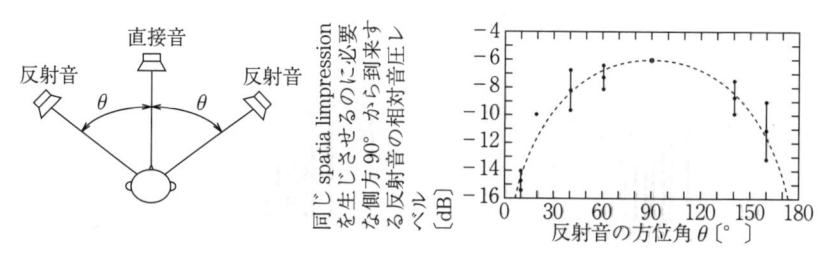

図2.9 反射音の到来方向とspatial impressionの関係[11], [12]

はこの実験結果を基に，spatial impression の評価指標として early lateral energy fraction：**Lf** を提案した．今日では，側方反射音が両耳間相関度を効果的に小さくすることが知られている．

2.2 ホールの響きの印象評価要因

　前節まで，1980 年代前半までの音楽ホールの研究の進展を，音楽ホールの室形状と関連させて見てきた．1980 年代後半以降は，人間が音楽ホールの響きに対して感じる聴感印象（心理量）の理解が深まることによって研究が推進された．ここではまず，ホール音場で起こる聴覚事象の概要を述べてみたい．

2.2.1 室内音場の物理事象と聴覚事象

〔1〕 **直接音と初期反射音（初期音）**　　ステージ上の音源から発せられた音は，まず直接音として受聴者に到来する．直接音に引き続き，床，天井，壁に反射された初期反射音群が到来する．初期反射音が直接音から約 1 ms 以上遅れて到来する場合には，**第一波面の法則**[13]〜[15]（**先行音効果**ともいう）が成立するため，受聴者は反射音の到来方向によらず直接音方向に音像を知覚する．直接音から約 1 ms 以内にレベルの大きな反射音が到来する場合には，受聴者は直接音とは別方向に直接音と反射音による合成音像を知覚する．

　反射音はある時間まで直接音による**継時マスキング**（temporal masking）[16],[17]によって抑制され直接知覚されない．しかし，このように抑制された反射音であっても聴覚の積分機能[18],[19]によって直接音の音量感を補強する効果がある．

　仮に反射音がなければ音源方向とほぼ一致した方向にシャープな音像が知覚される．しかし，実際には反射音が存在するため，初期反射音レベルと到来方向に応じて音像は空間的に広がって知覚される．この音像の広がりのことを**みかけの音源の幅**（auditory source width, apparent source width：**ASW**）という．ASW は両耳に入ってくる音響信号の相関度（**両耳間相関度** inter-aural cross correlation：**IACC**）が小さいほど大きくなる。特に側方から到来する反射音（初期側方反射音）は IACC を小さくし ASW を大きくする効果がある。

以上のように，初期反射音は直接音の音量感や ASW を変化させる効果がある。

〔2〕 **残響音**　反射を繰り返した多次回反射音は，初期反射音よりさらに遅れた残響音として続々と到来する。反射音密度は時間経過の二乗に比例して増え，あらゆる方向から到来する反射音がたがいに重なり合って，全体として方向性を持たない拡散音となる。時間遅れが長い反射音群は，しだいに第一波面の法則が成立する上限を超えるようになる。このような反射音群は直接音とは別に空間の残響として知覚される。一般に残響音は方向性を持たない**拡散音**となるため，空間を満たすような音像を生じる。レベルの卓越した単独反射音があれば直接音とは別の音像が生じ**エコー**として知覚される。

残響音エネルギーが大きいほど残響感は増し，空間を満たす音に浸ったような感覚である**音に包まれた感じ**（listener envelopment：**LEV**）が大きくなる。一方で，残響音は直接音を不明瞭にして方向感を曖昧にする。例えばヨーロッパの大聖堂などでは直接音や初期反射音より残響音エネルギーがかなり大きいため，**後向性マスキング**（backward masking）[16), 17)] によって残響音が逆に直接音を抑制し，LEV は大きいが方向感のまったくない残響になることがある。

以上のように，残響音は，エネルギーが大きく残響時間が長いほど第一波面の法則の上限を超える割合が大きくなるため，残響感と LEV を増し，音の明瞭性を低下させる。

〔3〕 **初期音と残響音の相互作用**　初期音は継時マスキングによって残響音の効果を部分的に抑制する。したがって，残響音エネルギーと残響時間が同じでも，初期音エネルギーが大きい場合には残響音の有する作用が抑制され，残響感と LEV が減少して音の明瞭性は向上する。このように，初期音と残響音は相互に作用するため，初期音と残響音のエネルギーバランスは重要である。なお，初期音と残響音の時間境界として，スピーチに対しては直接音到達後 50 ms，音楽に対しては 80 ms とすることが多い。

2.2.2　受聴者による音場評価プロセスと音の要素感覚

受聴者による音場評価プロセスを**図2.10**に示す[20),21)]。前述のように，物理空間において音源から出た音が壁や天井に反射され，空間伝達関数で表される伝送路を経て受聴者の位置に到達する。さらに**頭部音響伝達関数**の影響を受け両耳に達し，心理空間への入力である音刺激となる。

心理空間において，受聴者は音刺激をまず心理的事象である音像として知覚する。このとき，以下の三つの性質に大別される要素感覚を知覚する。

1) 時間的性質：残響感，リズム感，持続感など
2) 空間的性質：方向感，距離感，広がり感（みかけの音源の幅，音に包まれた感じ）など
3) 質的性質：大きさ（音量感），高さ，音色など

最後に，受聴者は知覚した音像のさまざまな要素感覚を，好みや欲求に照らし合わせて総合的な主観評価を下す。受聴者が最終的に感じるのは，"心地良い響き"や"好ましい響き"といった抽象的な音の印象であるが，それは要素感覚の知覚が基になって生じる。

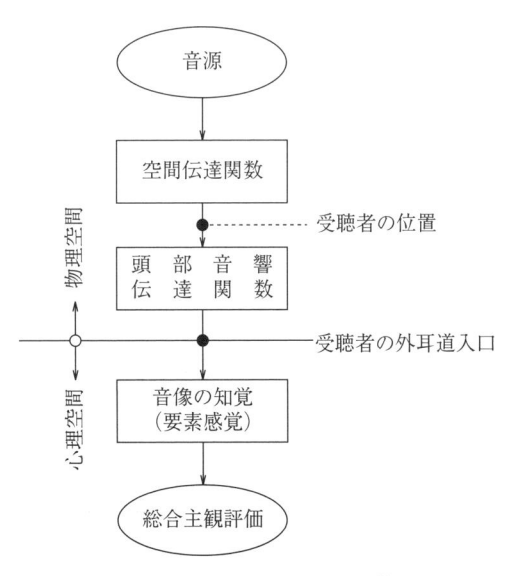

図2.10　音場評価プロセス[20)]

ホール音場の物理特性によって **preference**（好ましさ）などの総合主観印象を評価しようとする考え方はかつて多く研究された。それは，良い音とはどのような物理特性がもたらすのかという問いかけである。しかし，どのような特徴の音場を好むかは個人差があり，音場の物理特性と preference との間に普遍的な関係は存在しないということが，さまざまな研究者の実験から明らかになっている[22),23)]。

要素感覚は preference と異なり，個人差が生じない音像の知覚を構成する属性である。要素感覚に対する感度の個人差は存在するが，preference のように逆転するようなことはないため，物理特性と要素感覚に普遍的な関係を見出すことが可能である。例えば音圧レベルが 60 dB より 70 dB の音場のほうが音量感は大きいとはいえるが，普遍的にどちらが好ましいとはいえない。このような理由から，ホール音場の物理特性で制御したり評価できるのは，要素感覚であることがわかる。ホール音場の物理特性を具体的に数値化したものが音響物理指標である。この指標を用いて要素感覚を制御できれば所望の聴感印象の音場を設計できる。指標の目標値は，どのような聴感印象を実現したいかといった設計意図によって変化する。つまり，"良い音" という抽象的な設計目標ではなく，どのような特徴を持った音を目指すのかを明確にすることが設計に求められる。

2.2.3 空間印象の要素感覚

響きの空間的性質（**空間印象**）は，3次元空間であるホール音場を評価するのに最も重要な要素の一つである。森本らは，空間印象は少なくとも「みかけの音源の幅（ASW）」と「音に包まれた感じ（LEV）」の二つの要素感覚に分けられることを明らかにした[24)]。後に J. S. Bradley らも別の実験でこれを確認している[25)]。**図 2.11** に示すように，ASW は「直接音方向に直接音と時間的にも空間的にも融合して知覚される音像の大きさ」であり，LEV は「みかけの音源以外の音像によって，受聴者のまわりが満たされている感じ，あるいは音に浸っている感じ」である[26)]。

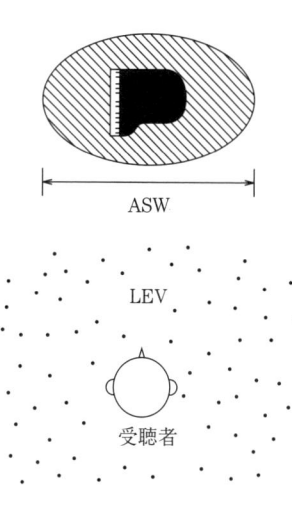

図 2.11 みかけの音源の幅（ASW）と音に包まれた感じ（LEV）の概念図[26]

　Keet[10]やBarron[27]以来，20年以上にわたって主に初期側方反射音と関連付けて研究されてきたspatial impressionは，現在ではASWであると理解されている。KeetやBarronらがASWに対して用いたspatial impressionという語句が，響きの空間的な印象という一般的概念としても使用されるため，両耳間相互相関度や初期側方エネルギー率が音の空間印象全体を評価する指標であるかのような誤解を生みやすかった。しかし，当初spatial impressionの評価指標として提案された初期側方エネルギー率は，現在ではASWの評価指標として認識されており，国際規格ISO3382においても"perceived width of the sound source"に関する指標と記されている[28]。

　日本でよく使われてきた空間印象に関する用語として"広がり感"があるが，従来広がり感として研究されてきたもののほとんどがASWである。また，ASWとLEVは単に同じ感覚"広がり感"の異なった表象に過ぎないという主張もある[29]。すなわち，広がり感が小さいときはASWであり，大きくなるとLEVになるという考えである。両者が同じ感覚で単に広がり度合いの違いであれば，同一の音響パラメータによって制御できるはずである。しかし，ASWは主に初期反射音と，LEVは後期反射音と関連していることが指摘されている[24),25)]。また，反射音の到来方向に関してもASWとLEVはそれぞれ異な

るパラメータで説明すべき別の要素感覚であることがわかっている[26]。以上のような空間印象の要素感覚に関する理解の進展は，評価のための音響パラメータが十分解明されていなかったLEVの研究を誘発した。

2.2.4 LEVの研究例

LEVに関する研究は1990年代中頃から徐々に増えてきたが，まだ整理されていないのが実情である。したがって，ここでは研究例の紹介を主な目的としたい。研究成果の統一的解釈は今後の研究の進展を待つ必要がある。

〔1〕 **反射音到来方向の影響**　ASWと同様に，側方反射音が存在するときに顕著なLEVが得られることが明らかにされている[25]。ASWとの違いは後期反射音が寄与することである。このような効果を定量化するLEVの評価指標として，直接音到達後80 ms以降の**後期側方反射音レベルLG**が提案されている[30]。

一方，ASWと異なり，LEVには側方以外から到来する反射音も寄与する。例えば，後方から到来する反射音[26],[31]や上方から到来する反射音[32]，正中面内（真正面，真後ろ，真上など）の後期反射音などもLEVに寄与することが報告されている[33]。これらの反射音は，従来，空間印象には寄与しないかあるいはマイナス要因とされてきたものである。

〔2〕 **反射音の空間分布**　一方，反射音の到来方向ではLEVを完全には評価できないことも明らかにされている[34],[35]。**図2.12**は，左右一対の残響音の到来方向を変えてLEVの変化を調べた心理実験の結果である。縦軸は実験で得られたLEVの心理尺度値で，この値が大きいほどLEVが大きいことを表している。なお，直接音は正面から再生したが図中の表示は省いた。この結果を見ると，側方から到来する残響音ほどLEVへの寄与が大きく，その効果は両耳軸に対してほぼ前後対称である。この結果だけを見れば側方エネルギー率でLEVを評価できそうである。しかし次に示すように，他方向に残響音があるときには異なった現象が見られる。

図2.13および**図2.14**は，図2.12の音場にもう一対の残響音をそれぞれ，

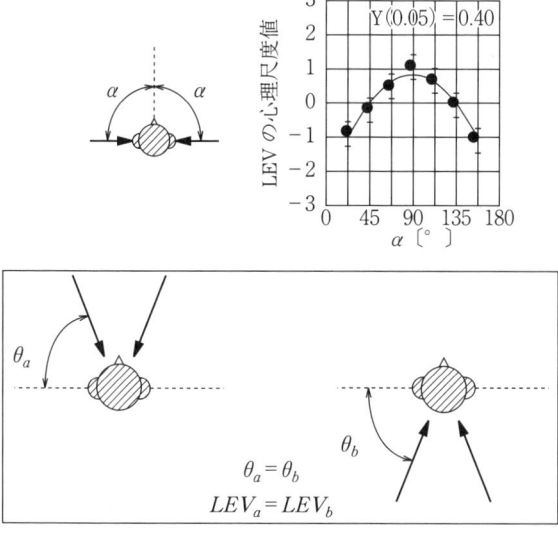

2.2 ホールの響きの印象評価要因　25

図 2.12　左右一対の残響音による実験結果

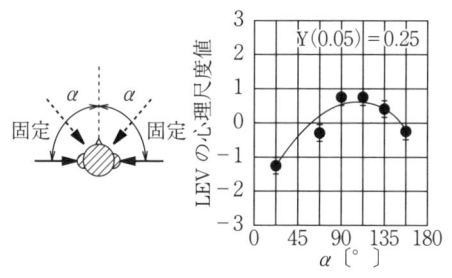

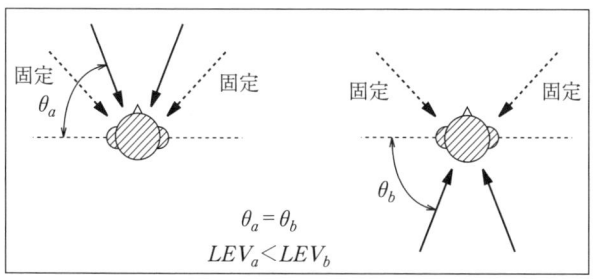

図 2.13　前方に残響音を加えた実験結果

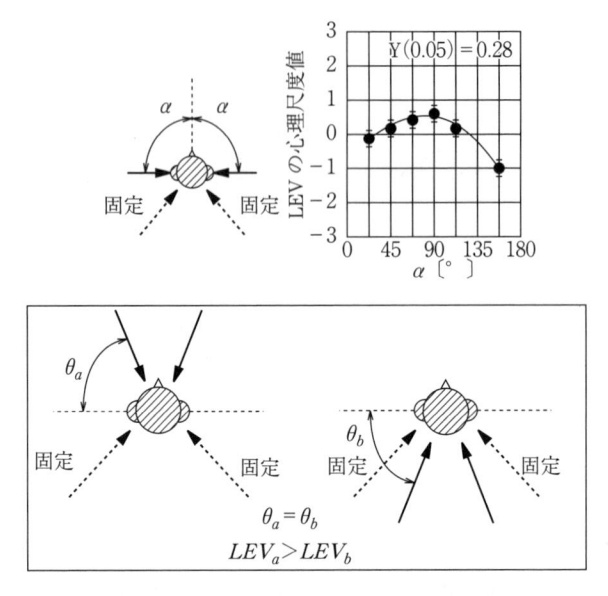

図 2.14 後方に残響音を加えた実験結果

前方に付加した条件（図 2.13）と，後方に付加した条件（図 2.14）において LEV の変化を示したものである。なお，付加した残響音の到来方向は固定である（固定残響音）。図 2.13 に示すように，固定残響音が前方に存在する条件では，到来方向を変化させた左右残響音が前方より後方にある場合に LEV が大きくなる。一方，図 2.14 に示すように，固定残響音が後方に存在する条件では，左右残響音が後方より前方にある場合に LEV は大きくなる。そして，両実験結果とも図 2.12 のような前後対称の変化を示さない。このことは，ある反射音の LEV への寄与が，他の反射音の到来方向に依存し，独立に評価できないことを示している。

　図 2.13 および図 2.14 の結果を，残響音の到来方向ではなく空間分布に着目してみると，残響音が受聴者の前後に存在し，取り囲むように到来している条件において LEV が大きい傾向にある。したがって，側方エネルギー率のように個々の反射音を到来方向で重み付けして積分する物理指標では LEV を十分に評価できない。反射音の相互作用を考慮して空間分布を評価する必要があ

る。これらの知見を基に，反射音の空間分布を評価する LEV の指標として SBTs が提案されている[34),35)]。

2.2.5 音場の空間情報の解析例

前述のように，音場の空間印象の要素感覚である ASW と LEV には，それぞれ反射音の時間・空間構造の異なった要因が寄与する。これらの知見を適用しながら，音場の空間情報の一例として仮想音源分布の解析結果を考察する。

図 2.15 に**仮想音源分布**の概念図を示す。室内において観測点（受聴者）に到来する反射音は，観測点から見て壁面の向こう側に存在する音源から到来した音と考えることもできる。この仮想的な音源のことを仮想音源といい，個々の反射音にそれぞれの仮想音源が対応している。観測点から見た仮想音源の方向は反射音の到来方向を表しており，観測点と仮想音源との距離は反射音の到来時刻に対応している。すなわち遠くにある仮想音源は，時間的に遅れて到来する反射音を表している。以上のように，仮想音源分布はある空間で生じる反射音の時間的・空間的特徴の両方を表すことができるため，この分布を見れば音場の空間情報の概要を把握できる。仮想音源分布の測定法も種々開発されて

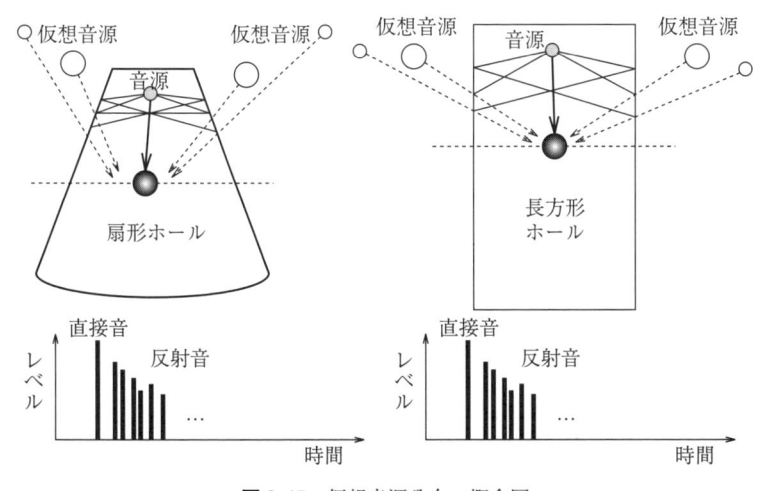

図 2.15 仮想音源分布の概念図

いる[36)〜39)]。

シューボックスホール（平面が長方形）と扇形ホールにおける仮想音源分布（平面図）の実測例をそれぞれ図2.16，図2.17に示す。図の見方としては，座標の原点が受聴点を表し，個々の円は受聴点に到来する個々の反射音に対応する。原点から見た円の方向が反射音の到来方向，円の大きさが反射音のレベルに対応し，原点と円の距離が大きいほど遅れて到来する反射音であることを表している。なお，反射音レベルは直接音に対する相対レベルである。

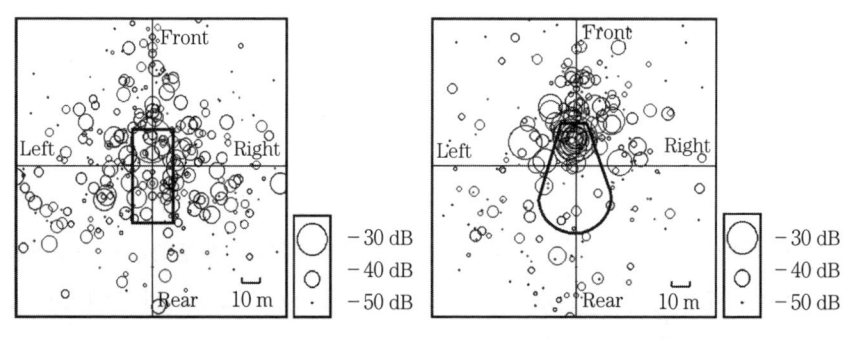

図2.16 シューボックスホールの仮想音源分布

図2.17 扇形ホールの仮想音源分布

一般に扇形ホールに比べて，長方形のシューボックスホールはASW，LEVともに大きくなる。図2.16と図2.17の仮想音源分布の物理的違いは，ASWの知見からは主に側方反射音によって説明される。すなわち「シューボックスホールは扇形ホールに比べ，平行な側壁によって生じた側方反射音が多く到来している」と説明することができる。一方，LEV関連の知見からみると，両者の違いは，後方反射音の違い，あるいは空間分布の違いということになる。すなわち，「シューボックスホールは扇形ホールに比べて，前方だけでなく，側方および後方反射音が多く到来し，バランスの良い空間分布となっている」と解釈することができる。

このように，同じ解析結果であっても，音場評価のどのような知見を適用するのかによってデータの解釈が異なってくる。ホールの音響設計も同様である。ASWに関する知見だけで設計するのと，LEVに関する知見も念頭におい

て設計するのでは大きく異なる．主に初期側方反射音を供給するように設計するのか，あるいは反射音の空間バランスを良くするように設計するかでは，必要となるホールの室形状や拡散，壁面材料などの建築的条件が異なってくるからである．

2.3 ホール・ステージにおける演奏者の評価

聴衆にとってのホールの音響効果を調べる科学的研究に比べ，演奏者にとってのステージ音響条件を調べる研究は歴史が浅い．本節では，科学的アプローチが難しい原因ともいえる演奏者の評価の特殊性に触れるとともに，室内音響特性と演奏者の評価との関係を概説する．

2.3.1 演奏者にとってのコンサートホール

演奏者にとって，コンサートホールの音響空間は聴衆に音楽を伝えるための道具である．演奏者は楽器を自在に操ることで音楽を表現し，ホールの音響空間を感じながら表現を調整し，音響空間を介して聴衆に音楽を伝える技能を持つ．この技能において，演奏者は音響空間を道具として用いると同時に，その特徴を感じ取っている．

コンサートホールにおける演奏者の音響空間の認知は，経験によって獲得された個別の技能と深く関わっている．また，演奏者は音を聞くと同時に発しており，ホールと演奏者との間には相互作用的な関係がある．この特徴を模式的に捉え，演奏者の演奏行為と音響空間の認知を説明するモデルを聴衆と比較して図 2.18 に示す．

一般に聴衆は音源位置からのインパルス応答（$h(t)$）がたたみ込まれた演奏音を受動的に聞く．一方，演奏者は音を聞くと同時に能動的に音を発する．聴衆とホールとの関係は一方向的であるが，演奏者とホールとの間には二つのフィードバックシステムの存在が考えられる．一つはノイズ下の発話音量の増大のように特定の環境下で反射的に起こるフィードバックであり，もう一つは

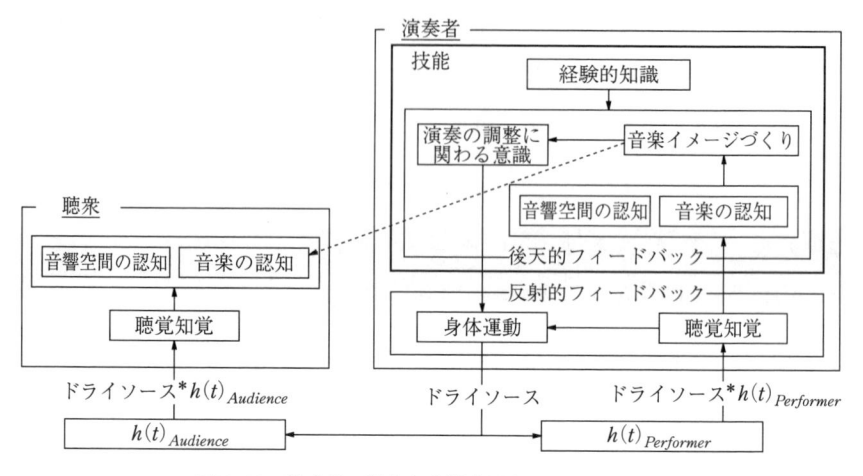

図 2.18 演奏者・聴衆と音響空間との関係のモデル

演奏意図や経験的知識などが関係する後天的フィードバックである。演奏者は主に後者の後天的フィードバックにおいて，聴覚情報から音楽表現やホールの音響空間を認知し，これらや経験的知識をもとに聴衆に届く音を推測しながら演奏すべき音楽イメージをつくり，ホールの音響に応じた調整を意識しつつ，身体運動に反映させる。この**後天的フィードバック**の働きが演奏者固有の技能ともいえる。

このように，外部環境との循環的関係を無視できないこと，経験に培われた後天的技能に裏付けられていることが，演奏者の音響空間の認知の特徴である。さまざまなレベルの個人差，演奏者特有の言語表現，演奏動作との関係など，ヒト一般に共通なことがらを見出そうとするアプローチでは扱いにくい要因が，演奏者の心理評価を捉えるうえでは重要な意味を持っている。

2.3.2　主観印象の評価要因

演奏者が感じる主観印象としてどのような要素に着目すべきかは，ステージ上の音響条件に求められる特性を系統的に調べるうえでは非常に重要であるが，未だ研究者の間でもコンセンサスは得られていない。演奏者に求められる要件を探る研究[40]〜[42]では，総じて以下のような評価項目が挙げられている。

- 響き（量，質）
- ホールの反応（ホールがただちに応答する感じ，音の鳴りの手ごたえ）
- 自分の音の出しやすさ・聞きやすさ
- ダイナミクス（演奏意図にホールが追従するか，弱音ののび）
- 音色（楽器の音色に与えるホールの影響）
- 客席への伝達（音の通り，音ののび）
- アンサンブル（演奏者相互の音の聞きやすさ，ハーモニーのつくりやすさ）

			(行為)
ホールの特徴の把握	音楽の創造と伝達	ホールの評価	

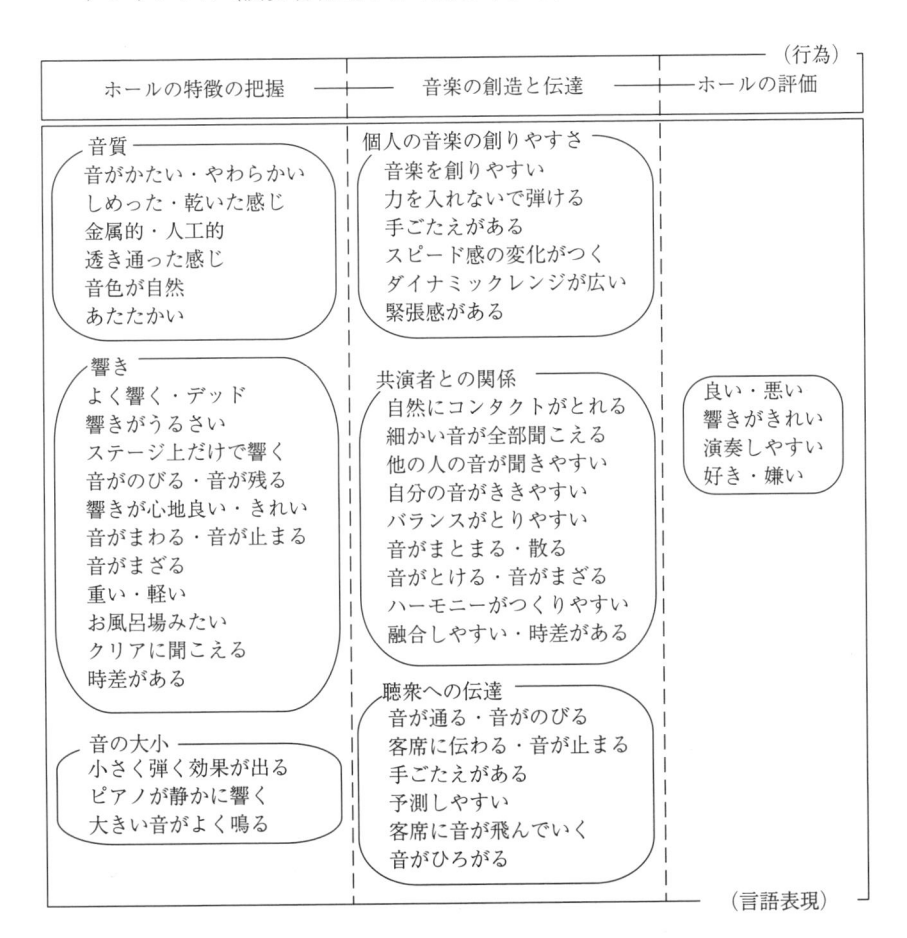

ホールの特徴の把握	音楽の創造と伝達	ホールの評価
音質 　音がかたい・やわらかい 　しめった・乾いた感じ 　金属的・人工的 　透き通った感じ 　音色が自然<　　あたたかい	個人の音楽の創りやすさ 　音楽を創りやすい 　力を入れないで弾ける 　手ごたえがある 　スピード感の変化がつく 　ダイナミックレンジが広い 　緊張感がある	
響き 　よく響く・デッド 　響きがうるさい 　ステージ上だけで響く 　音がのびる・音が残る 　響きが心地良い・きれい 　音がまわる・音が止まる 　音がまざる 　重い・軽い 　お風呂場みたい 　クリアに聞こえる 　時差がある	共演者との関係 　自然にコンタクトがとれる 　細かい音が全部聞こえる 　他の人の音が聞きやすい 　自分の音がききやすい 　バランスがとりやすい 　音がまとまる・散る 　音がとける・音がまざる 　ハーモニーがつくりやすい 　融合しやすい・時差がある	良い・悪い 響きがきれい 演奏しやすい 好き・嫌い
音の大小 　小さく弾く効果が出る 　ピアノが静かに響く 　大きい音がよく鳴る	聴衆への伝達 　音が通る・音がのびる 　客席に伝わる・音が止まる 　手ごたえがある 　予測しやすい 　客席に音が飛んでいく 　音がひろがる	

(言語表現)

図 2.19 ホールの主観印象に関する演奏者の言語表現の例[43]

32   2. ホール音場の性質と心理的評価

・エコーがないこと
・時差がないこと（演奏者間の距離による時間遅れがない）

　演奏者が感じる主観印象をより詳しく理解するための試みとしては，さまざまな音場を記述する際の言葉の収集と分類，整理が行われている[43]。図2.19はホールの特徴の把握，音楽の創造と伝達，ホールの評価という行為において演奏者が用いる言語表現を整理したものである。演奏者はホールの印象に対してじつに多様な感覚を有していること，それが独特な言語として表現されることが表れている。

2.3.3　室内音場の特性と主観印象

〔1〕　**初期反射音**　　初期反射音は直接音を補強する役割を果たす。日常的な室空間に比べて，コンサートホールは空間が大きく，反射面までの距離が遠いため，一般に音量が小さく感じられ，音が聞きにくい状況になりやすい。したがって演奏者のためには，ステージ周囲や上部からの初期反射音を供給することにより，自分の音および他の演奏者の音を聞きやすくすることが求められる。特に，アンサンブル演奏において，他の演奏者の音の聞きやすさに初期反射音エネルギーが関係するといわれている。

　加えて，初期反射音は，空間の大きさの印象や音色にも関係するという報告もある[44],[45]。反射音エネルギーが大きければ，音量感は増すが，過度に大きければ楽器そのものの音（直接音）のニュアンスや表現が聞き取りにくくなる。したがって，適正範囲内の条件が好まれる。初期反射音のパターン（時間構造）や遅れ時間も音色や音の聞こえ方に影響するが，主観印象との詳しい関係は解明されていない。

〔2〕　**残響音**　　残響音はそのエネルギーが大きいほど残響感が増し，演奏者にとってもホールの音響効果を感じやすくなる。アンサンブル演奏においては，ハーモニー（音のまとまり）をつくることを助ける反面，過度に大きければ他の演奏者の音の聞きやすさを阻害する。総じて，心地よく演奏するための

条件としてある程度の残響音は必要とされるが，音楽表現を伝えるという面では明瞭性も必要であるため，適正範囲内の条件が好まれる[45]。これらの残響音の効果に対しては，残響時間よりも残響音エネルギーの寄与が大きいことも示唆されている。

このような演奏者の主観印象に対する残響音の効果は大きく，初期反射音よりむしろ残響音のほうが寄与が大きいとする知見もある[46]。

[3] **ロングパスエコー**　中規模以上のホールでは，ステージから発せられた音が客席の後壁で反射してステージ上に到来し，いわゆる**ロングパスエコー**が生じることがある。このロングパスエコーは遅れ時間が長いために直接音と分離して聴取され，エコー障害の原因として排除すべきとされている。一方で，適度な遅れ時間と強度を持つロングパスエコーは，演奏の支えを感じる[47]，演奏表現が客席に伝わる（音がのびる，通るなどの言葉が使われる）[44],[48]などの演奏者の主観印象に寄与していることが，実験的研究で示されている。

コラム2　インパルス応答

室内音響では，手を叩いて部屋の響きの具合を耳で確認することがよくある。「パチン！」という非常に短い音に対する応答を聞くと，響きの長さがどれくらいか，不自然に強い反射音があるかないか，といった情報を得ることができる。

上の例に挙げたような，継続時間が短い信号をインパルスと呼び，その信号に対するシステム（系）の応答は，**インパルス応答**と呼ばれる。インパルスとは，強さが1で継続時間が0となる単位入力のことであり，数学的に厳密に表現すると**デルタ（δ）関数**という特殊な関数で表現される。室内音響では，音が伝搬する室内空間全体が一つのシステムとなる。この関係を模式化して**図1**に示す。

対象とするシステムが線形性と時不変性を有する場合，インパルス応答は非常に重要な役割を担うこととなる。線形性と時不変性とは非常に直感的に説明すると以下のような性質である。

線形性：入力の状態を任意に変化させたとき，その変化に対するシステム（系）の応答が，入力の変化に比例する性質（**図2**）

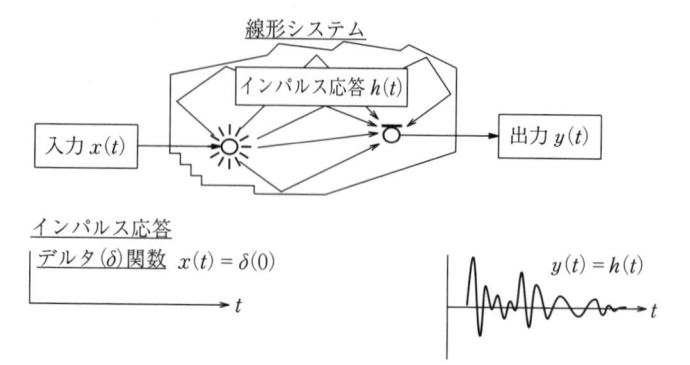

2. ホール音場の性質と心理的評価

図1 線形系の入出力

線形システム
インパルス応答 $h(t)$
入力 $x(t)$ → → 出力 $y(t)$

インパルス応答
デルタ(δ)関数 $x(t) = \delta(0)$
$y(t) = h(t)$

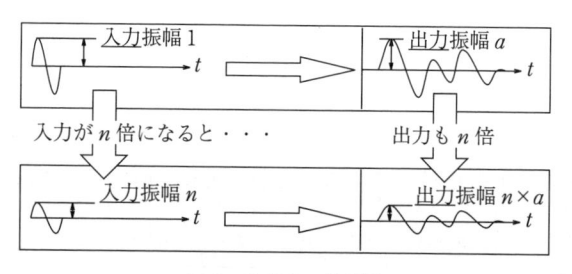

図2 入出力の線形性

入力振幅 1 → 出力振幅 a
入力が n 倍になると… 出力も n 倍
入力振幅 n → 出力振幅 $n \times a$

時不変性：入力を印加する時刻に関係なく，印加時刻が τ だけ遅れれば，出力も等しく τ 遅れるだけで，まったく同じ出力が得られる性質（**図3**）

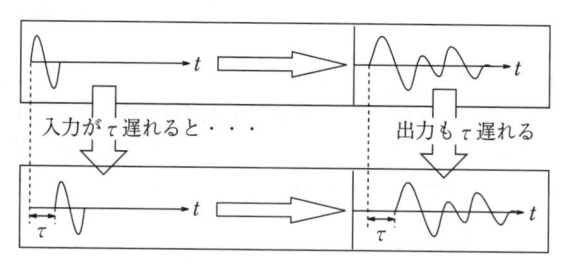

図3 入出力の時不変性

入力が τ 遅れると… 出力も τ 遅れる

2.3 ホール・ステージにおける演奏者の評価

コラム3
たたみ込み積分

インパルス応答は，単発の拍手のように，継続時間の短い単音に対する応答であった．では，音楽のように継続時間が長く連続的な入力が加えられたときの応答はどのようになるのであろうか．このように，線形・時不変のシステムに任意の信号が印加された場合の出力を求めるために用いられるのがここで説明する**たたみ込み積分**である．たたみ込み積分を理解するためには，前節で説明した三つの項目，①インパルス応答，②線形性，③時不変性の知識を用いる．今，図4の左図のような連続的な音源信号を考える．この音源信号を，右図のようにパルスが連続しているとみなす．

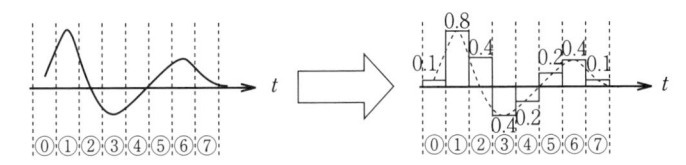

図4 任意入力信号の分割

この信号が線形・時不変のシステムに入力されると，図5に示すように，個々のパルスに対してそのシステムのインパルス応答と相似形の応答が次々と出力される．例えば①の入力は0.1なので，インパルス応答の振幅を0.1倍した応答が，②の入力は0.8なのでインパルス応答の振幅を0.8倍した応答が出力される，といった具合である．個々の応答は，同じ時間間隔ずつずれながら出力され，最終的な出力はすべての応答の総和として得られる．では次に，任意の時刻の応答を実際に計算してみよう．パルス列で表した離散的入力信号を$x[i]$（$i=0,1,2,\cdots$），インパルス応答を$h[i]$（$i=0,1,2,\cdots$），出力信号を$y[i]$（$i=0,1,2,\cdots$）として，図5を参考に例えば$y[8]$は以下のような計算となる．

$$y[8] = x[0]h[8] + x[1]h[7] + \cdots + x[8]h[0] = \sum_{i=0}^{8} x[i]h[8-i] \quad (1)$$

一般化するために，n番目の時刻の出力を計算する式は以下のようになる．

$$y[n] = \sum_{i=0}^{n} x[i]h[n-i] \quad (2)$$

ここまで，話を簡単にするために離散的な信号列について考察してきた．実際の物理現象は連続となるので，式(2)を連続関数の表現に改めると，以下のようになる．

$$y(t) = \int_0^t x(\tau)h(t-\tau)d\tau \tag{3}$$

さらに一般的には，入力信号，インパルス応答の時間変化域を $-\infty \sim +\infty$ とし，因果律（時刻 $t<0$ では $h(t)=0$ となる）を想定して，出力 $y(t)$ を以下のように表現する．

$$y(t) = \int_{-\infty}^{\infty} x(\tau)h(t-\tau)d\tau \tag{4}$$

式（4）の積分をたたみ込み積分と呼ぶ．

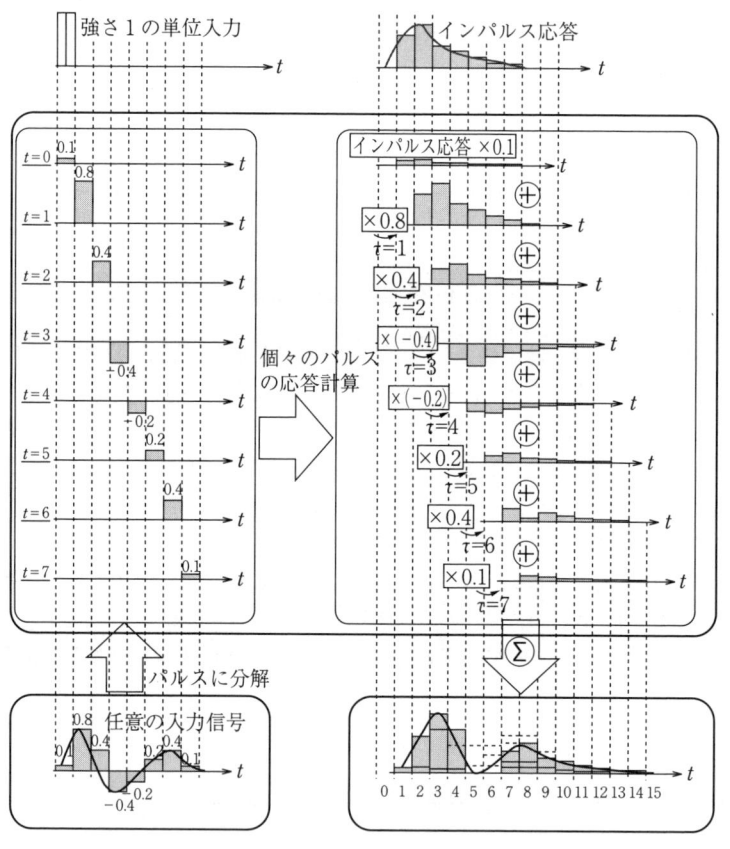

図5 たたみ込みの解釈

2.4 各種聴感物理指標

2.4.1 室内音響物理指標

　ホールや劇場などにおける音響効果を評価するために定義された物理量を室内音響物理指標という。特に聴感印象と対応するように定義された指標を聴感物理指標という場合がある。ほとんどの音響物理指標はインパルス応答から計算できる。なお，指標の定義式におけるインパルス応答の積分区間の時間的始点は，特に断りのないかぎり直接音の到達時刻である。

　〔1〕**残響時間**　　残響時間は室内音響特性を表す最も基本的な指標の一つであり，室容積，表面積，壁面材料の吸音率によって比較的簡単に計算できる（残響時間の詳細は6.4.1項参照）。壁面材料の周波数ごとの吸音率測定法が確立されており，そのデータベースも比較的入手しやすい。そのため音楽ホールの設計には必ず残響時間が計算される。一般に，設計時には残響時間を1オクターブごと（吸音データベースの充実している 125 Hz～4 kHz とすることが多い）に計算する。この残響時間の周波数特性によって響きの長さと音色を調整する。

　残響時間は**残響減衰曲線**を測定し，その減衰の傾きから計算される。残響減衰曲線を測定するには，ノイズ断続による直接法とインパルス応答による方法がある[28]。インパルス応答 $h(t)$ から残響減衰曲線 $E(t)$ を求めるには次式のように計算する。

$$E(t) = 10 \log_{10} \left[\frac{\int_{t}^{\infty} h^2(\tau) d\tau}{\int_{0}^{\infty} h^2(\tau) d\tau} \right] \ \text{(dB)} \tag{2.1}$$

　一般にインパルス応答 $h(t)$ にオクターブバンドあるいは 1/3 オクターブバンドごとにフィルタリングを施した応答を用いて周波数ごとの残響減衰曲線を求める。残響時間は，残響減衰曲線の−5 dB～−35 dB 区間の直線近似によって傾きを求め，60 dB 減衰に要する時間に換算する。以上を周波数ごとに行うことによって残響時間周波数特性を測定できる。

〔2〕 **初期減衰時間**（early decay time：**EDT**）　残響時間は室全体の音響特性を表す代表的な物理量であるが，必ずしも残響感と対応するわけではない。同じホールでも座席によって残響感が異なることや，同じ残響時間を持つホールであっても残響感が異なることはよく経験される。残響感は残響減衰曲線のごく初期の傾斜に対応するため，残響感の指標として**初期減衰時間**（EDT）が提案された[49]。EDTが長いと残響感も大きくなる。

　EDTは室全体の残響減衰だけでなく，直接音や初期反射音エネルギーによっても変化するため，同一ホール内でも座席によって変化する。一般に，残響時間が同じ場合，初期音エネルギーが大きいとEDTは短くなる。これは，初期音が残響音を抑制して残響感を減少させる作用を定量化していると考えることができる。

　EDTは残響時間と同様に減衰カーブから直線近似によって傾きを求め，残響時間と同様に60 dB減衰に要する時間に換算する。残響時間が減衰カーブの -5 dB～-35 dB区間で評価するのに対し，EDTは初期の-10 dBまでの区間で評価する。

〔3〕 **ストレングス**（**sound strength**：G）　受聴レベルがさまざまな心理量に影響を及ぼす。例えばASW，LEVともに受聴レベルが大きいほど大きくなることが報告されている[10),30),50),51)]。室内で一定の音を出したとき，各測定点で音がどの程度の大きさで伝わるのかを定量的に表すために**ストレングス** G が定義された。Gは定常状態音圧レベルと等価な量であるが，この指標を用いると異なるホール間の相対比較が可能になる。そのため，自由空間（無響室など反射音のない空間）において音源より10 mの距離で測定した応答で基準化される。

$$G = 10 \log_{10} \left\{ \frac{\int_0^\infty h^2(t)\,dt}{\int_0^\infty h_{10m}^2(t)\,dt} \right\} \quad \text{[dB]} \tag{2.2}$$

$h(t)$：測定点において無指向性マイクロホンで測定したインパルス応答
$h_{10m}(t)$：室内測定と同一の測定系（音源出力も同じ）を用い，自由空間におい

て音源より 10 m の距離で測定した応答

〔4〕初期音対後期音エネルギー比　初期音と残響音の主観印象に及ぼす作用は異なり，両者のバランスも聴感上重要である．直接音到達後 50 ms までの初期音エネルギーは直接音を補強して音声の明瞭度を向上させる効果があり，それを定量化したものが D_{50} である．D_{50} が大きいほど音声の明瞭度が大きい[4]．

$$D_{50} = \frac{\int_0^{50\text{ms}} h^2(t)dt}{\int_0^{\infty} h^2(t)dt} \quad (2.3)$$

また，初期音と後期音の境界を 80 ms とし，後期音レベルに対して初期音レベルが大きいほど音楽の明瞭性（definition, clarity）が高くなる．これを評価するのが C_{80} である[6),52)]．

$$C_{80} = 10\log_{10}\left\{\frac{\int_0^{80\text{ms}} h^2(t)dt}{\int_{80\text{ms}}^{\infty} h^2(t)dt}\right\} \text{〔dB〕} \quad (2.4)$$

国際規格 ISO3382[28)] では，この D_{50}, C_{80} が**初期対後期指標 C_{t_e}** としてまとめられた．初期音と後期音の時間境界 t_e が評価対象の音源によって異なり，音声に対しては 50 ms の C_{50}，音楽に対しては 80 ms の C_{80} となる．

$$C_{t_e} = 10\log_{10}\left\{\frac{\int_0^{t_e} h^2(t)dt}{\int_{t_e}^{\infty} h^2(t)dt}\right\} \text{〔dB〕} \quad (2.5)$$

この指標グループは，積分境界によって初期音と後期音を分けるため，境界付近のレベルの大きい反射音の到来時間がわずかに異なるだけで値が大きく異なってしまうという問題点も含んでいる．

〔5〕時間重心　減衰波形の評価値としてインパルス応答の二乗応答の 1 次モーメントである**時間重心 T_s**（center time）が定義されている[53)]．T_s は D_{50} や C_{80} と異なり初期音と後期音の境界を設定する必要がないので，D_{50} や C_{80} の積分境界に関する前述の問題は生じない．

$$T_s = \frac{\int_0^\infty t \cdot h^2(t)\,dt}{\int_0^\infty h^2(t)\,dt} \quad [\text{s}] \tag{2.6}$$

D_{50} や C_{80} は T_s と高い相関を示し，T_s が小さければ D_{50} と C_{80} は大きな値を示す。したがって，この指標グループに対応する主観印象はほぼ共通と考えてよく，音楽の明瞭性，スピーチの明瞭度である。D_{50} や C_{80} が大きいほど，T_s が小さいほどこれらの主観印象は大きくなる。また，その逆に D_{50} や C_{80} が小さいほど，T_s が大きいほど残響感が増すため，明瞭性と残響感のバランスを評価することができる。

〔6〕 **初期側方エネルギー率**（early lateral energy fraction：*LF*）　*LF* は全初期反射音に対する初期側方反射音のエネルギー比率で ASW と正の相関がある。

$$LF = \frac{\int_{5\text{ms}}^{80\text{ms}} h_L^2(t)\,dt}{\int_0^{80\text{ms}} h^2(t)\,dt} = \frac{\int_{5\text{ms}}^{80\text{ms}} h^2(t)\cos^2(\theta)\,dt}{\int_0^{80\text{ms}} h^2(t)\,dt} \tag{2.7}$$

$h_L(t)$：ゼロ感度方向を音源方向に向けた双指向性マイクロホンで測定した応答

　この指標の測定では，無指向性マイクロホンの感度と双指向性マイクロホンの最大感度の相対値を同じになるように測定前にあらかじめ校正しておくか，計算時に補正する必要がある。

　Barron と Marshall[11] の実験結果によれば，両耳軸からの反射音到来角度 θ による ASW の変化は $\cos(\theta)$ と対応する。しかし双指向性マイクロホンは，音エネルギーに対して $\cos^2(\theta)$ の重み付けとなる。式 (2.7) の $\cos^2(\theta)$ は単に双指向性マイクロホンを使う測定の簡便さからの要請である。そこで，本来心理量との対応が確認されている $\cos(\theta)$ の重み付けで測定できるように *LF* とあわせて以下の *LFC* も定義されている[28),54)]。

$$LFC = \frac{\int_{5\text{ms}}^{80\text{ms}} |h_L(t) \cdot h(t)|\,dt}{\int_0^{80\text{ms}} h^2(t)\,dt} = \frac{\int_{5\text{ms}}^{80\text{ms}} h^2(t)\cos(\theta)\,dt}{\int_0^{80\text{ms}} h^2(t)\,dt} \tag{2.8}$$

〔7〕 **後期側方反射音レベル**（late lateral strength：***LG***）　側方から到来する後期反射音レベルが大きいときに顕著な LEV が得られる[30)]。これを評価

するのが 80 ms 以降の後期側方反射音レベル LG である。LG は LF と同様に双指向性マイクロホンで測定するが，80 ms 以降の後期音を用いることや，エネルギー率ではなく G と同様の相対レベルとなっているところが異なる。

$$LG = 10 \log_{10} \left| \frac{\int_{80\text{ms}}^{\infty} h_L^2(t) dt}{\int_0^{\infty} h_{10\text{m}}^2(t) dt} \right| \text{〔dB〕} \tag{2.9}$$

〔8〕 **両耳間相関度**（inter-aural cross correlation coefficient：IACC） 両耳に到達する音圧の非類似度と音の空間印象とは相関が高いとされている。これを評価する指標として図 2.20 に示すような**ダミーヘッドマイクロホン**を用いて測定されるインパルス応答から算出される**両耳間相関度 IACC** がある。

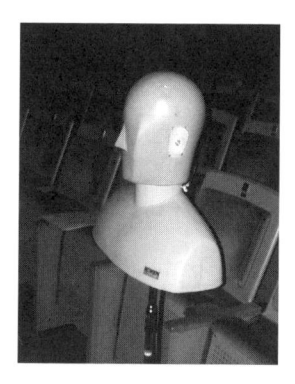

図 2.20 ダミーヘッドマイクロホン

IACC は式（2.10）の正規化両耳間相関関数（normalized inter-aural cross correlation function：IACF）を基にして式（2.11）で定義され 0 から 1 の値をとる。一般にはダミーヘッドの向きは音源方向に向ける場合が多い。インパルス応答の積分区間 $t1$，$t2$ に関しては一般に $t1=0$, $t2=\infty$ とするが，初期反射音に着目して $t1=0$ ms, $t2=80$ ms, 後期反射音に着目して $t1=80$ ms, $t2=\infty$ とすることもある。

$$\text{IACF}_{t1, t2}(\tau) = \frac{\int_{t1}^{t2} h_l(t) h_r(t+\tau) dt}{\sqrt{\int_{t1}^{t2} h_l^2(t) dt \int_{t1}^{t2} h_r^2(t) dt}} \tag{2.10}$$

$h_l(t)$, $h_r(t)$：それぞれ左耳，右耳の外耳道入口のインパルス応答

$$IACC_{t1,t2} = \max |IACF_{t1,t2}(\tau)|, \text{ for } -1\,\text{ms} < \tau < +1\,\text{ms} \qquad (2.11)$$

LEV に関しては研究途上であるが，両耳間相関度を用いた ASW の評価指標はほぼ確立されている。両耳間相関度を用いた ASW の評価法の詳細は，本シリーズ「空間音響学」[12] を参照されたい。ここでは概要のみ記しておく。評価対象の音源特性により評価法は若干異なるが，例えば $DICC^{51)}$ や $IACC_{E3}^{55)}$ などがあり，これらの値と ASW とは負の相関がある。また，ASW の指標としてみた場合，外耳シミュレータと A 特性を用いないほうがよく，オクターブ分析に関しては，ISO3382 で勧める 1/1 オクターブより 1/3 オクターブのほうが適しているとの報告がある[56]。

〔9〕 **ステージ上の反射音エネルギー**　ステージ上の演奏者にとってのホールの音響条件について，A. C. Gade は反射音のエネルギーを定量化する目的で，演奏者自身に対するホールの応答に対して *ST*（Support）を提案した[42]。直接音到達後 100 ms 以内の初期反射音エネルギーを表す ST_{Early} （Early Support），100 ms 以降の残響音エネルギーを表す ST_{Late}（Late Support）という，2 種類の指標が以下の式で定義されている[28]。

$$ST_{Early} = 10\log_{10}\left\{\frac{\int_{20\,\text{ms}}^{100\,\text{ms}} h^2(t)\,dt}{\int_0^{10\,\text{ms}} h^2(t)\,dt}\right\} \text{〔dB〕} \qquad (2.12)$$

$$ST_{Late} = 10\log_{10}\left\{\frac{\int_{100\,\text{ms}}^{1000\,\text{ms}} h^2(t)\,dt}{\int_0^{10\,\text{ms}} h^2(t)\,dt}\right\} \text{〔dB〕} \qquad (2.13)$$

ここで，$h(t)$ は，ステージ上の無指向性音源の中心から 1 m の距離（2 m 以内に反射面や障害物がない位置）に無指向性マイクロホンを設置して，測定したインパルス応答を用いる。

ST_{Early} は初期反射音によって直接音が補強される程度を表し，アンサンブル演奏に求められる条件，特に他の演奏者の音の聞きやすさに関係するといわれている。ST_{Early} は，ステージ周囲の反射面の影響を評価する際に有効であ

り，ステージ音響の代表的な指標として用いられている。ただし，他の演奏者との距離に起因する直接音の減衰や，初期反射音の遅れ時間，近接した面からの反射の影響が考慮されないことには留意が必要である。

　ST_{Late} は残響音の量を表しており，知覚される残響感，すなわち演奏者が感じるホールの音響効果に関係するといわれている。

2.4.2　指標の周波数分析と弁別閾

　室内音響物理指標の多くは基本的に 1/1 オクターブごとに計算し，評価対象の心理量に関して重要と考える周波数帯の結果を算術平均して単一指標化する。また，算出した指標を解釈する際に重要になるのが，各指標の**弁別閾**（difference threshold）である。弁別閾は**丁度可知差異**（**JND**：just noticeable difference）とも呼ばれる。ISO3382では，前述した室内音響物理指標のうちのいくつかについて，単一指標化するための周波数平均方法と JND を示している。参考のために，これらを**表2.1**にまとめて示す。なお，両耳間相関度を用いて ASW を評価する際の周波数分析法と弁別閾については本シリーズ「空間音響学」[12]を参照されたい。

表2.1　単一指標化のための周波数平均方法と JND および指標値の典型的範囲

対応する心理量	指標	単一指標化のための周波数平均方法	指標の JND	指標値の典型的範囲※
主観的音量感 (subjectieve level of sound)	sound strength：G〔dB〕	500〜1 000 Hz 帯域の算術平均	1 dB	−2 dB〜+10 dB
残響感 (perceived reverberance)	EDT〔秒〕	500〜1 000 Hz 帯域の算術平均	Rel. 5%	1秒〜3秒
音の明瞭性 (perceived clarity of sound)	clarity：C_{80}〔dB〕 definition：D_{50} center time：T_s〔ms〕	500〜1 000 Hz 帯域の算術平均 500〜1 000 Hz 帯域の算術平均 500〜1 000 Hz 帯域の算術平均	1 dB 0.05 10 ms	−5 dB〜+5 dB 0.3〜0.7 60 ms〜260 ms
みかけの音源の幅 (ASW)	Early lateral energy fraction：LF or LFC	125〜1000 Hz 帯域の算術平均	0.05	0.05〜0.35
音に包まれた感じ (LEV)	Late lateral sound level：LG〔dB〕	125〜1 000 Hz 帯域のエネルギー平均	不明	−14 dB〜+1 dB

※指標値の典型的範囲は，25 000 m³ 以下の容積を持つ音楽ホール（空席）または多目的ホール（空席）の一座席（空間平均値ではない）において，周波数平均して単一指標化した値を想定している。

引用・参考文献

1) W. C. Sabine : Reverberation, The American Architect and The Engineering Record (1900), または Collected Papers on Acoustics No. 1, Harvard University Press (1923)
2) 秦　雅人，山川高史：音響設計に蹴るホール性能の水準評価，建築音響研究会資料，AA2003-13 (2003)
3) L. L. Beranek : Music acoustics and architecture, John Wiley and Sons (1962)
4) R. Thiele : Richtungsveteilung und Zeitfolge der Schallruckwurfe in Raumen, Acustica, **3**, pp. 291-302 (1953)
5) L. L. Beranek, Th. J. Schultz : Some recent experiences in the design and testing of concert halls with suspended panel arrays, Acustica, **15**, pp. 307-316 (1965)
6) W. Reichardt, O. Abdel Alim, and W. Schmidt : Abhangigkeit der Grenzen zwischen brauchbarer und unbrauchbarer Durchsichtigkeit von der Art des Musikmotives, der Nachhall und der Nachhalleinsatzzeit, Appl. Acoust., **7**, pp. 243-264 (1974)
7) M. R. Schroeder, B. S. Atal, G. M. Sessler, and J. E. West : Acoustical measurements in Philharmonic Hall (New York), J. Acoust. Soc. Am., **40**, pp. 434-440 (1966)
8) A. H. Marshall : A note on the importance of room cross-section in concert halls, Journal of Sound and Vibration, **5**, pp. 100-112 (1967)
9) J. E. West : Possible subjective significance of the ratio of hight to width of concert halls, J. Acoust. Soc. Am., **40**, p. 1245 (1966)
10) Keet W de V. : The influence of early lateral reflections on the spatial impression., Proc of the 6th international congress on acoustics, E-2-4 (1968)
11) M. Barron, and A. H. Marshall : Spatial impression due to early lateral reflections in concert halls - the derivation of a physical measure., J.Sound and Vib., **77**, 2, pp. 211-232 (1981)
12) 飯田一博，森本政之：空間音響学，コロナ社 (2010)
13) L. Cremer : Die wissenschaftlichen Grundlagen der Raumakustik, **1**, p. 126, S. Hirzel (1948)
14) H. Wallach, E. B. Newman and M. R. Rosenzweig : The precedence effect in sound localization, J. psycho. Am., **52**, pp. 315-336 (1949)
15) H. Haas : Uber den Einfluss eines Einfachechos auf die Horsamkeit von Sprache, ACUSTICA, **1**, pp. 49-58 (1951)
16) D. H. Raab : Forward and backward masking between acoustic clicks, J. Acoust. Soc. Am., **33**, p. 137 (1961)

17) L. L. Elliot : Backward and forward masking of probe tones of different frequency, J. Acoust. Soc. Am., **34**, p. 1116 (1962)
18) W. A. Garner : Auditory thresholds of short tones as a function of repetition rates, J. Acoust. Soc. Am., **19**, p. 600 (1947)
19) E. Port : Zur Lautstarkeempfindung und Lautstarkemessung von pulsierenden Gerauschen, ACUSTICA, **13**, Ht1, 224 (1963)
20) 森本政之：コンサートホールの音場評価について，建築音響研究会資料，AA90-12 (1990)
21) 森本政之:室内音響心理評価のための物理指標，音響会誌，**53**，pp. 316-319 (1997)
22) M. Barron : Subjective study of British symphony concert halls, Acustica, **66**, pp. 1-14 (1988)
23) M. Morimoto, H. Tachibana, Y. Yamasaki, Y. Hirasawa, and C. Posselt : Preference test of seven European concert halls, 2nd Joint meeting of ASA and ASJ (1988)
24) 森本政之，藤森久嘉，前川純一：みかけの音源の幅と音につつまれた感じの差異，音響会誌，**46**, 6, pp. 449-457 (1990)
25) J. S. Bradley, & G. A. Soulodre : The influence of late arriving energy on spatial impression., J. Acoust. Soc. Am., **97**, 4, pp. 2263-2271 (1995)
26) M. Morimoto, K. Iida, & K. Sakagami : The role of reflections from behind the listener in spatial impression., Appl. Acoust., **62**, pp. 109-124 (2001)
27) M. Barron : The subjective effects of first reflections in concert halls-The need for lateral reflections., J. Sound Vib., **15**, pp. 475-494 (1971)
28) International Standard 3382-1 2009(E) : Acoustics–Measurement of room acoustic parameters–Part 1 : Performance space (2009). International Organization for Standardization.
29) 柳川博文：音場の拡がり感，音響会誌，**48**, 9, pp. 660-664 (1992)
30) J. S. Bradley, and G. A. Soulodre : Objective measures of listener envelopment., J. Acoust. Soc. Am., **98**, 5, pp. 2590-2597 (1995)
31) M. Morimoto, and K. Iida : A new physical measure for psychological evaluation of a sound field : Front/Back energy ratio as a measure for envelopment., J. Acoust. Soc. Am., **93**, p. 2282 (1993)
32) H Furuya, K. Fujimoto, Y. Takeshima, & H. Nakamura : Effect of early reflections from upside on auditory envelopment, J. Acoust. Soc. Jpn.(E), **16**, pp. 97-104 (1995)
33) H. Furuya, K. Fujimoto, Y. J. Choi, N. Higa : Arrival direction of late sound and listener envelopment., Appl. Acoust., **62**, pp. 125-136 (2001)
34) 羽入敏樹，木村　翔，千葉　俊：反射音の空間バランスに着目した音に包まれた感じの定量化方法，日本建築学会計画系論文集，**520**, pp. 9-16 (1999)
35) T. Hanyu, S. Kimura : A new objective measure for evaluation of listener

envelopment focusing on the spatial balance of reflections., Appl. Acoust., **62**, pp. 155-184 (2001)
36) Y. Yamasaki and T. Itow : Mearsurement of spatial information in sound fields by closely located four point microphone method, J. Acoust. Soc. Jpn. (E), **10**, 2, pp. 101-110 (1989)
37) K. Sekiguchi, S. Kimura and T. Hanyuu : Analysis of sound field on spatial information using a four-channel microphone system based on regular tetrahedron peak method, Appl. Acoust., **37**, pp. 305-323 (1992)
38) A. Abdou and R. W. Guy : Spatial information of sound fields for room-acoustics evaluation and diagnosis, J. Acoust. Soc. Am., **100**, 5, pp. 3215-3226 (1996)
39) Y. Fukushima, H. Suzuki and A. Omoto : Visualization of reflected sound in enclosed space by sound intensity measurement, Acoust. Sci. Tech., **27**, 3, pp. 187-189 (2006)
40) L. Beranek : How They Sound CONCERT AND OPERA HALLS, Acoust. Soc. Am., pp. 21-26 (1996)
41) 管眞一郎,中村俊一:演奏者によるホールステージの音響評価-国内オーケストラの海外及び地方公演における調査-,建築音響研究会資料,AA86-23 (1986)
42) A. C. Gade : Investigations of musicians' room acoustics conditions in concert halls, Part 1: Methods and laboratory experiments, Acustica, **69**, pp. 193-203 (1989)
43) 上野佳奈子,橘 秀樹:ホール音場における演奏者の意識-言語構造に着目した実験的検討-,音響会誌,**59**, 9, pp. 519-529 (2003)
44) K. Ueno and H. Tachibana : Experimental study on the evaluation of stage acoustics by musicians using a 6-channel sound simulation system, Acoust. Sci. & Tech., **24**, pp. 130-138 (2003)
45) K. Ueno, T. Kanamori and H. Tachibana : Experimental study on stage acoustics for ensemble performance in chamber music, Acoust. Sci. & Tech., **26**, pp. 345-352 (2005)
46) A. H. Marshall and J. Meyer : The Directivity and Auditory Impressions of Singers, Acustica, **58**, pp. 130-140 (1985)
47) 中村俊一,白砂昭一:コンサートの舞台において演奏者に好まれるエコーの条件-声楽の場合-,建築音響研究会資料,AA84-28 (1984)
48) K. Ueno, F. Satoh, H. Tachibana and T. Ono : Subjective experiment on the effect of long-path reflection on players in a simulated sound field, Proc. WESTPRAC, **7**, pp. 973-976 (2000)
49) V. L. Jordan : Acoustical criteria for auditoriums and their relation to model techniques, J. Acoust. Soc. Am., **47**, p. 408 (1970)

50) W. Kuhl : Raumlichkeit als eine Komponente des Horeindruches (Spatiousness as a component of the auditory impression), ACUSTICA, **40**, pp. 167-181 (1978)
51) M. Morimoto, K. Iida : A practical evaluation method of auditory source width in concert halls., J. Acoust. Soc. Jpn.(E), **10**, pp. 87-92 (1989)
52) W. Reichardt, O. Abdel Alim, and W. Schmidt : Definition und Messgrunglage eines objectiven Masses zur Ermittlungder Grenze zwischen brauchbarer und unbrauchbarer Durchsichtigkeit bei musikdarbietung, Acustica, **32**, pp. 126-137 (1975)
53) R. Kurer : Zur gewinnung von eizahlkriterien bei impulsmessungeg in der raumakustik, Acustica, **21**, p. 370 (1969)
54) M. A. Kleiner : New Way of Measuring Lateral Energy Fractions, Appl. Acoust., **27**, pp. 321-327 (1989)
55) T. Hidaka, L.L. Beranek and T. Okano : Interaural cross-correlation, lateral fraction, and low-and high-frequency asound levels as measures of acoustical quality in concert halls, J. Acoust. Soc. Am., **98**, 2, pp. 988-1006 (1995)
56) M. Morimoto and K. Iida : Appropriate frequency bandwidth in measuring interaural cross-correlation as a physical measure of auditory source width, Acoust. Sci. & Tech., **26**, pp. 179-184 (2005)

第3章
室内音場の予測

　建築は他の工業製品とは異なり，一品生産品であるから，完成後に欠陥が生じる結果とならないように個別の建物ごとに入念な設計が行われる．音響性能が最重要であるホールの設計では，意匠設計とともに音響設計が重要であり，設計段階における音響性能の予測のための技術が培われてきた．その代表的な手法が本章で述べる二つの手法，縮尺模型実験とコンピュータシミュレーションである．コンサートホールの設計における音場予測の着眼点としては，第一にロングパスエコーとフラッタエコーに代表される音響障害の回避が挙げられる．これらを確認するためには，反射音や響きの情報が含まれるインパルス応答と呼ばれる物理量を正確に予測するとともに，そのインパルス応答を実際に耳で聴いて，聴感的に確認するための可聴化の技術が必要となる．ホールの設計では，室内音圧分布や残響時間，さらには C_{80}，D_{50} といった各種の聴感物理量の予測が求められることがあるが，これらの物理量もインパルス応答から算出することができる．

3.1 縮尺模型実験法

3.1.1 音響模型実験の歴史

　模型実験は，実際の構造物を模した正確な模型をつくり，構造物内で生じる現象を物理的に模擬する古典的なシミュレーション手法である．多くの分野で古くから利用されてきたシミュレーション技術であり，音響以外の分野では風洞実験や水槽実験などの流体力学における模型実験，破壊実験などの構造力学における模型実験が行われてきた．音に関する模型実験としては，古くは音の波動性を無視した光学的な実験や，水槽に室の断面形状を模した模型を作り，

2次元的な波動現象を観察する，**リップルタンク法**と呼ばれる手法により定性的な実験が行われていたが，3次元模型を使って現実の音波を用いた本格的な実験は1930年代から始められた。しかし，初期の段階には計測機器が未発達であったことや，内装のシミュレーションに関する知見が得られていなかったことから，実用的な実験技術として広く用いられるまでには至らなかった。その後，スピーカやマイクロホンなどのトランスデューサや音響機器の発達と相呼応して数多くの実験が試みられるようになった。**図 3.1** は，1963年に建設されたベルリン・フィルハーモニーホールとその縮尺模型である。このホールは世界で初めてのヴィニャード型（vineyard style）のホールであり，室形状や客席の配置を入念に検討するため，1/9縮尺の音響模型実験が行われている。

図 3.1 ベルリン・フィルハーモニーホールの1/9縮尺の音響模型実験[1]

このホールの設計とほぼ同時期に，わが国では日生劇場の音響模型実験が初めて行われた（**図 3.2**）[2]。日生劇場は，芸術院会員の建築家・村野藤吾の設計によるもので，その形状は曲面を多用した造形的なデザインである。凹曲面が多用されていることから，音の集中によるエコー障害の発生が危惧されたため，複雑な壁面形状を1/10縮尺模型に忠実にモデル化し，手作りの超音波用マイクロホンを使用した実験が行われ，形状および材料の検討が入念に行われた。その結果，設計者の芸術的なデザインを損なうことなく，音響効果を上げる空間が実現したといわれている。

図3.2 日生劇場の1/10縮尺の音響模型実験

図3.3は，1982年に完成したザ・シンフォニーホールの音響模型実験である。このホールは，わが国で初めてのコンサート専用ホールであり，高い音響性能を実現するための音響設計が大学および建設会社の技術部門など複数の研究機関共同で進められ，その一環として室内音響性能に関する1/10縮尺の音響模型実験が実施された[3]。

図3.3 ザ・シンフォニーホールの1/10縮尺の音響模型実験

その後，1980年代および1990年代にはわが国において数多くのホール建築が建設されることとなり，そのうち多くのホールの建設にあたって縮尺模型実験を併用した音響設計が行われてきた。研究事例の蓄積とともに，実験技術は以下の項で述べるように進化し，精度の向上とともに可視化や可聴化への応用範囲の拡大が図られている。

3.1.2 音響模型実験の相似則[4]

音響模型実験によって完成後のホールにおける音響現象を予測するためには，模型の中で生じる音の発生と伝搬が，実物のホールの中で生じる音の発生・伝搬と類似し，さらに両者の関係が量的に対応している必要がある。この対応関係は**相似則**と呼ばれ，実験結果を分析する際の根本的な考え方となっている。例えば，長さについていえば，模型の縮尺が実物の$1/n$の場合，長さが$1/n$となるから，模型の中では音の波長を$1/n$とする必要がある。波長と周波数は反比例の関係にあるので，これは模型の中で音の周波数をn倍高くしなければならないことを意味している。次に時間については，模型も実物も，音が伝わる媒質が空気である限り音が伝わる速さ（音速）は変わらないのに対して，長さのスケールは模型のほうが実物の$1/n$であるから，模型の中では現象が相対的にn倍のスピードで進行することになる。すなわち，模型の中では時間が$1/n$となる。音響模型実験で必要とされる相似則をまとめると以下のようになる（各記号の添え字mは模型，rは実物を示す）。

① 長さに関して

　　$L_m = L_r/n$ （Lは長さ〔m〕）

　　$\lambda_m = \lambda_r/n$ （λは波長〔m〕）

② 時間と周波数に関して

　　$T_m = T_r/n$ （Tは時間〔s〕）

　　$f_m = n \cdot f_r$ （fは周波数〔Hz〕）

③ 境界面の比音響インピーダンス，吸音率に関して

　　$z_m(f_m) = z_r(f_r)$ （zは比音響インピーダンス〔Pa・s/m〕）

　　$\alpha_m(f_m) = \alpha_r(f_r)$ （αは吸音率〔－〕）

④ 空気の音響吸収に関して

　　$m_m(f_m) = n \cdot m_r(f_r)$ （mは空気の音響吸収による減衰率〔m^{-1}〕で，音が単位長さ進む間に吸収される割合）

〔1〕 **実験周波数**　　②の関係で示されるように，模型実験における音の周波数は実物の周波数のn倍とする必要がある。人間の可聴周波数は上限が20

kHzといわれているが，聴覚閾上限までシミュレートしないにしても，例えばシミュレーションの上限周波数を10 kHzとした場合でも，縮尺1/10の模型実験では100 kHzまでの音を再生できる音源を使わなければならない。つまり，普通のオーディオスピーカを使うことはできず，超音波領域を出力できる特殊な音源装置が必要となる。そのため，実験用音源として超音波の音が出せる特殊なスピーカや，スパーク放電を利用した無指向性音源などが工夫されてきた。

〔2〕 **内装材料のシミュレーション**[5]　ホール音響では，残響やエコー等の時間特性ばかりでなく，音色に大きく影響する周波数特性が重要である。室内音響では，音が壁・床・天井その他の物体にぶつかり，反射する際に，それらの材料・構造に由来する音響反射特性の影響を受けて周波数特性が変化する。したがって，音響模型実験では，境界面の音響条件（これを**境界条件**と呼ぶ）のシミュレーションが特に重要となる。縮尺模型実験の縮尺比を$1/n$とした場合，②，③の関係で示されるように，実物における境界面の音響特性（反射・吸音特性）をn倍の周波数で模擬しなければならない。多孔質型吸音機構の場合，模型で用いる薄い材料として布類など多くの材料が利用でき，フェルトやフランネルがよく用いられる。**図3.4**はそれらの吸音率の測定結果であり，吸音率が低域で低く，高域になるほど高くなる，多孔質型吸音機構の特徴がシミュレートされている。

共鳴器型や板振動型吸音機構の場合，孔部の空気や板そのものの振動性状と

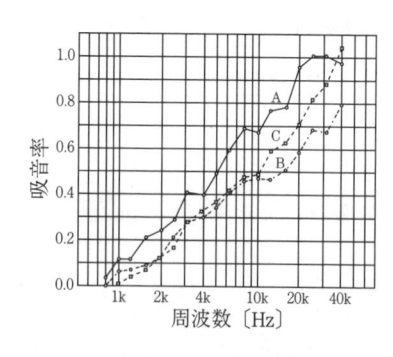

A：0.85 mm厚のフランネル
B：0.55 mm厚のフランネル
C：0.65 mm厚のフェルト

図3.4　多孔質型吸音機構のシミュレーション

ともに，板と躯体の間の空気層との相互関係による共鳴系の模擬が重要となる。これを正確にシミュレートするためには，内装表面だけでなく下地の構造を模型化する。基本的には，躯体との間の空気層の厚さ，躯体との支持材のピッチ等の長さ関係を縮尺比に応じて模擬すればよい。

図3.5，図3.6は，リブ型吸音構造を1/10縮尺模型実験でシミュレートした結果である。模型では，リブの寸法，および背後空気層厚を実物に対して1/10としている。ただし，裏張り抵抗材については，さまざまな材質，厚みを持つ種々の材料について実験を行い，実物の吸音特性に近いものを選定している。そのような試行錯誤的な検討を行い，入念に材料を選択することによって，吸音のピークの位置や吸音率の値を正確にシミュレートすることができる。このほか，有孔板構造，板張構造についても吸音特性をシミュレートすることが可能である。

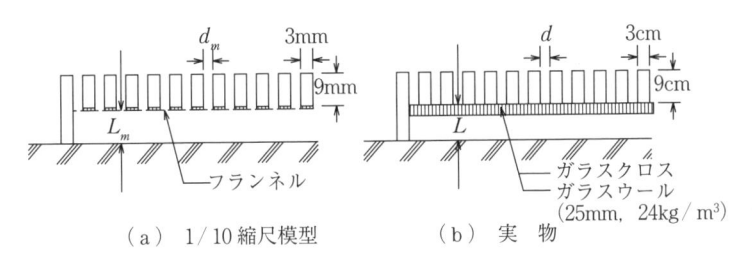

図3.5 リブ型吸音構造の模型と実物

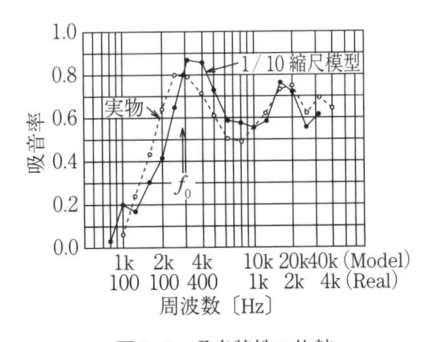

図3.6 吸音特性の比較

3. 室内音場の予測

〔3〕 **空気の音響吸収の補正**[6] 音波が伝搬する際には，**空気の音響吸収**のためにその強さが減衰する。空気の音響吸収は，周波数，気温，湿度などの要因によって複雑に変化する。また，縮尺模型実験にとって不都合なことに，高い周波数ほど減衰率が大きくなってしまう。模型実験では，残響時間のように実物のホールにおける音のエネルギーの減衰特性を模擬することが求められるので，模型化自体に起因する音響吸収の影響は排除しなければならない。周波数によって減衰率が異なると，音色が大きく変わってしまうので，可聴化によって評価する際にも不都合である。

このような空気の音響吸収の影響を取り除くために，化学的な空気吸収のメカニズムに関する物理的考察や，その理論に基づく多くの実験的検討が行われた。その結果，1/10縮尺模型実験に対して，実験媒質として窒素ガスを用いる方法（**N$_2$置換法**）と**乾燥空気**を用いる方法が考案された。これは，模型実験で音響吸収の影響が顕著となる数十kHz以上の周波数帯域では，酸素分子

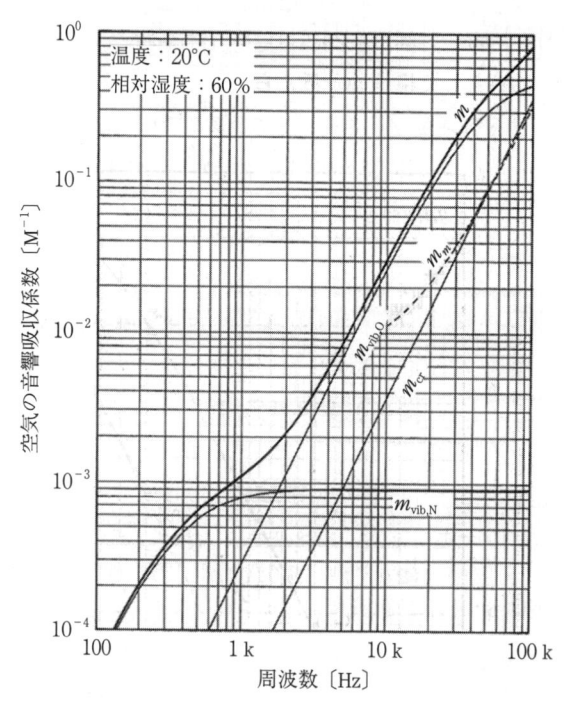

m_m：1/10 縮尺模型における音響吸収係数，m：実物における音響吸収係数，m_{cr}：空気の粘性，熱伝導と回転緩和現象による吸収係数，$m_{vib,O}$, $m_{vib,N}$：酸素分子，窒素分子の摂動緩和現象による吸収係数で，$m = m_{cr} + m_{vib,O} + m_{vib,N}$ である。
10 kHz 以上の周波数では m_m が m_{cr} とほぼ同程度なので，実物の音響吸収係数から酸素分子による音響吸収係数 $m_{vib,O}$ を除くことによって縮尺模型内の音響吸収を模擬できる。

図3.7 標準状態（温度20℃，相対湿度60％）のときの空気の音響吸収係数の例

と水蒸気が音響吸収の主要因となっている(**図3.7参照**)ため,それらのどちらかを除去する方法として考えられたものである。

このうち,乾燥空気を用いる方法は,空気中の水分を除去するための非常に大規模な設備が必要となることや,実験模型自体を乾燥状態に保つために高度な処理が要求されることから,あまり実用的ではなく,工業用の安価な窒素ガスを用いて比較的簡便に実験を実施できる N_2 置換法が実用的にはよく用いられている。ただし,N_2 置換法は空気中の酸素を除去することが目的であるため,不用意に実験音場に入ると酸素欠乏に陥る可能性があり,安全上の十分な配慮が払われなければならない。

3.1.3 模型実験による音の可聴化

コンサートホールは,音の響きと音色で評価される。ホールの音響設計では,設計図の段階で完成後の音を予測して聴いてみたい。完成後の音をあらかじめつくって聴けるようにすることを可聴化という。縮尺模型実験では,実物の音場の物理状態を模型の中に模擬し,実際に音を出して実験を行うので,聴きたい受聴点の音を録音しておけば,それを再生することで完成後の音を聞くことができる。ただし,相似則によって縮尺比 $1/n$ の模型内では時間の経過が n 倍になっていることに注意が必要である。すなわち,再生の際には模型内で録った音を $1/n$ 倍の速度に変換しなければ意味がない。

この考え方に基づく**可聴化**のフローを図3.8に示す。まず,音源として音楽演奏音など再現したい音の無響室録音を用意する。模型実験では,対象とする空間の響きのみを抽出したいので,音源自体に空間の響きが含まれない無響室録音が必要である。この音源を,模型ホール内で実験用スピーカから n 倍の速度で再生し,受聴点の信号をマイクロホンを通して録音する。録音した音には,模型ホールの響きが加わっているので,これを $1/n$ 倍の速度に戻して再生すれば,実物のホールの響きが加わった音を聞くことができる。このように,音の発生から伝搬まですべて物理的に模擬する方法によって,響きの情報を含んだ音を再現することができるが,音源の再生系,録音の収音系それぞれ

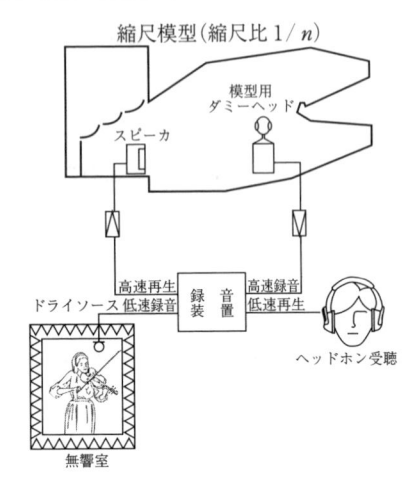

図 3.8 模型実験のためのアナログシミュレーション

に固有の周波数特性の影響や，さまざまなノイズに起因するダイナミックレンジの低下などの技術的な点で満足できる品質の音が得られないことが多かった。音源については，実験用スピーカは実物の n 倍の周波数の音を再生する必要があるが，可聴領域から超音波領域まで幅広い帯域を含む音を平坦な周波数特性で再生することは技術的に大変難しい。加えて，周波数が高いほどスピーカの指向特性が鋭くなり，建築音響で必要とされる無指向性を実現することも困難である。受音に関しては，かつてアナログ信号を磁気テープに記録する装置（テープレコーダ）が用いられていたが，ノイズの問題があり十分なダイナミックレンジを実現することができなかった。このような機器の性能に起因する問題を解決するために開発されたのが，次に述べる**ハイブリッドシミュレーション**である。

音の伝搬過程のシミュレーションのために模型実験手法による物理的シミュレーションを活用し，受音した音の可聴化にはコンピュータを用いたディジタル信号処理の技術を応用することによって，再現精度を向上させるとともに再生される音の品質を向上させることができる。このような手法がハイブリッドシミュレーションである[7]。その計測と評価のフローを**図 3.9** に示す。

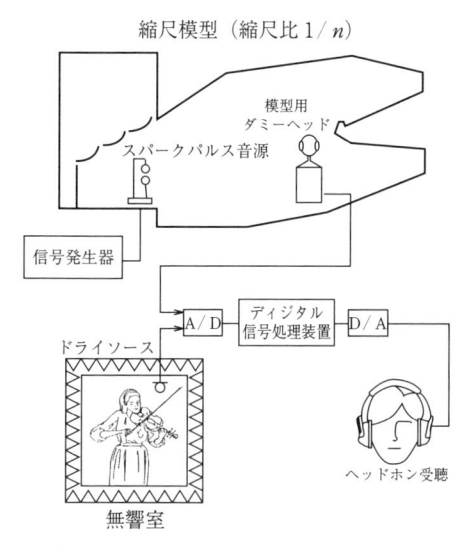

図 3.9 ハイブリッドシミュレーション

　音源から音を発生させ，反射や吸音などの室の特性が反映された音を受音する点は従来の模型実験と同様であるが，このシミュレーションでは音源として実際に聞きたい音ではなく，インパルス音を用いる点が大きく異なる。インパルス音は，発生時間が極端に短いパルス音であり，広く平坦な周波数特性を持っている。このインパルス音源による応答には，室の音響伝搬に関するすべての応答が含まれているとされ，ある信号を入力したときの出力は，たたみ込み積分（コラム3参照）で得ることができる。ハイブリッドシミュレーションでは，このたたみ込み積分をディジタル信号処理の技術を用いてコンピュータで行う。したがって，このインパルス応答さえ計測しておけば，楽音など任意の音源信号に対する応答を計算によって求めることができ，従来のシミュレーションのように音源ごとに実験を行う手間を省くことができる。

　音源装置としては，インパルス音が発生させられればよいので，再生周波数や指向性，寸法の点で制約があるスピーカを用いる必要性はない。ハイブリッドシミュレーションのための模型実験で用いられる音源の一つとして，**図 3.10**に示すような**スパークパルス音源**がある。この特殊な音源は，電気的なスパー

3. 室内音場の予測

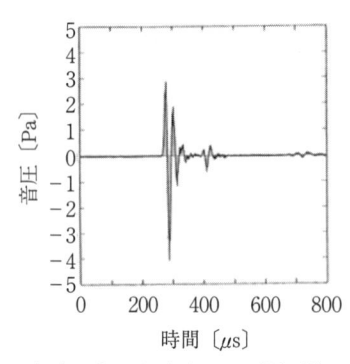

(a) 電極　　　　　　　　(b) 音圧波形（64回同期加算）

図3.10　スパークパルス音源

ク放電を利用してインパルス音を発生させるものである。放電が生じる先端部分は非常に小さく，また音源自体も固定された二つの電極を設置すればよいので，音源装置自体の容積も小さい。したがって，この音源によれば，無指向性の条件を近似的に成立させることができる。ただし，発生できるパルス音のエネルギーは非常に小さいので，ノイズの影響を低減させるための計測上の工夫が必要である。そのための一つの方法が同期加算で，信号を多数回同期して加算することで，ノイズの影響を低減させる。

この方法により測定した信号は，アナログ-ディジタル変換を介してコンピュータに送られる。ディジタル処理の利点は，ノイズ除去，音源特性の補正

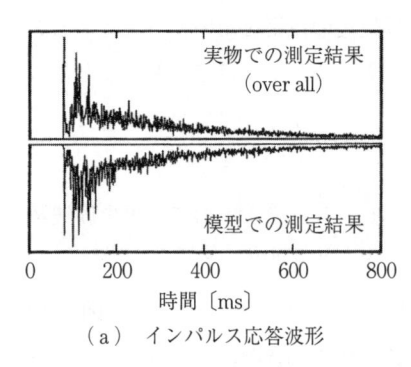

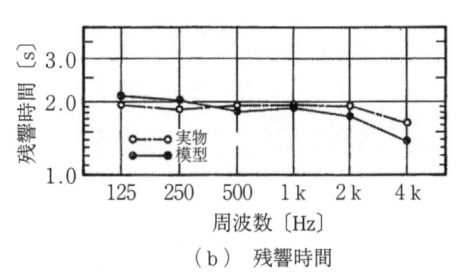

(a) インパルス応答波形　　　　　(b) 残響時間

図3.11　模型実験と実物測定の比較結果

等が容易に行える点であり，それらの補正処理を施したうえで聴感試験に耐えうる品質の可聴化を行うことができる。**図 3.11** は，縮尺模型実験の精度を調べるために，約 800 人収容のホール（**図 3.12**）を対象として実物ホールにおける音響特性と模型実験で得られた音響特性を比較した研究事例である[8]。

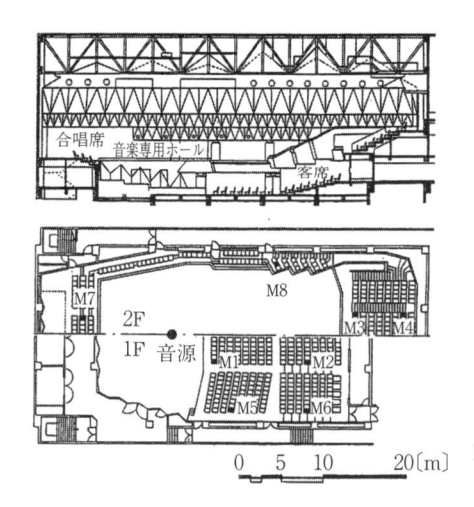

図 3.12 検討の対象としたホール

「空間音響」という言葉があるが，この技術用語に象徴されるように，ホール音響においても聴感的な空間印象を調べることが重要である。受聴点における聴感的な空間印象は，頭や耳介の形状により大きく影響を受けるので，これらの影響を反映させるために**ダミーヘッド**と呼ばれる特殊なマイクロホン（**図 3.13**）を用いて計測を行うことが多い。縮尺模型実験においても空間音響特性を正確に計測するため，模型用のダミーヘッドが開発され，実験で用いられて

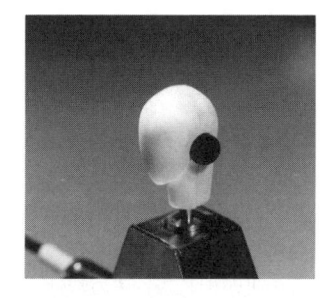

図 3.13 音場計測用ダミーヘッドと模型実験用 1/10 縮尺ダミーヘッド

いる。

コラム4

吸音材料・構造の種類と特性

吸音材料の種類はきわめて多いが，吸音のメカニズムに着目すれば**図1**に示す3種類に分類でき，**図2**に示すようにそれぞれ特徴的な吸音特性を持っている。実際に用いる場合には，それらの吸音の原理と特性を理解して適切に使い分けることが重要である。

（a）多孔質吸音材料　　（b）共鳴器型吸音構造　　（c）板振動型吸音構造

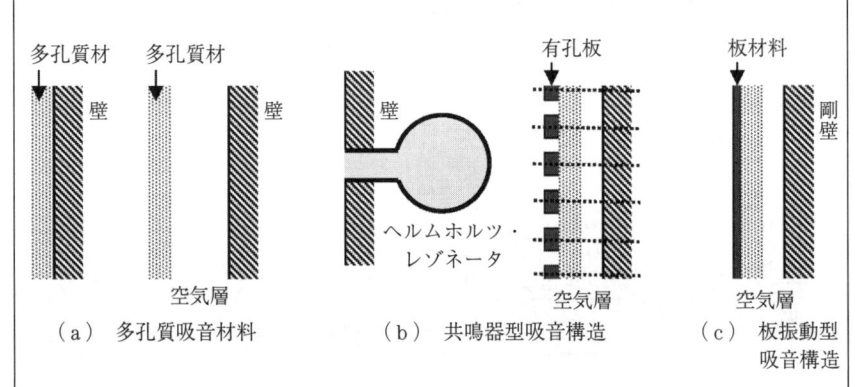

図1 吸音構造の分類

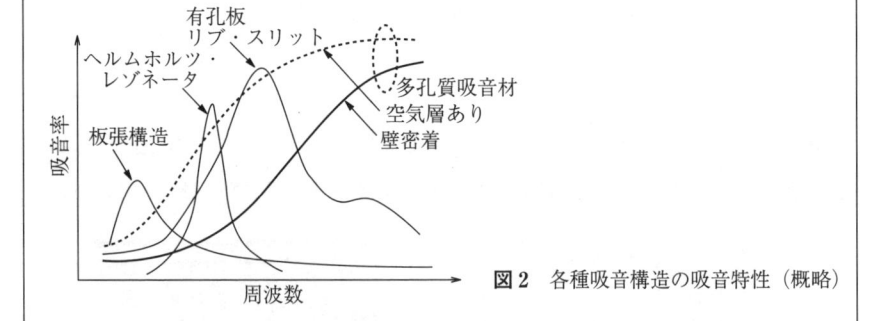

図2 各種吸音構造の吸音特性（概略）

A. 多孔質吸音材料

綿のような通気性のある多孔質材料に音波が入射すると，その振動が材料内部の空気にも伝わって材料内部で空気の粘性による摩擦が生じ，また繊維自体も振動する。それによって音のエネルギーの一部が熱のエネルギーに変換されて吸音効果が生じる。その特性は，材料の通気抵抗，厚さの他に，背後の条件

によって大きく変化する。多孔質材料を壁に密着させた場合は，一般に周波数が高いほど吸音率が大きくなる。その場合，材料が厚いほどほぼ全体的に吸音率が増大する。同じ材質および厚さの多孔質材料でも，壁との間に空気層を設けることによって低い周波数域まで吸音効果が増大する。これは多孔質吸音材料の使い方として重要な点である。

B. 共鳴器型吸音構造

（1） ヘルムホルツ・レゾネータ　　壷状（つぼ）の容器は，音響的にはヘルムホルツ・レゾネータと呼ばれている。このような容器のネック部分の空気を質量，空胴部の空気の弾性をばねと考えれば，機械系の単一共振系に相当し，それらから決まる特定の周波数で共鳴する。その際，ネック部分の空気の振動に対する摩擦抵抗によって入射した音の一部が熱に変換され，吸音効果が生じる。したがって，共鳴器の吸音特性は共鳴周波数を中心として鋭い山形の特性を示す。このような原理による吸音効果は，経験的に古くから知られており，中世ヨーロッパの教会の壁などに多数の壷が埋め込まれている例がある。現代でもしばしば用いられ，例えば東京カトリックカテドラル聖マリア教会のコンクリート打放しの壁・天井には，低音域の吸音のために塩化ビニルパイプ製のレゾネータが約 2 000 個埋め込まれている。

（2） 有孔板，リブ，スリット吸音構造　　無数の孔を開けた板材料を剛壁から間隔をおいて張った有孔板構法，リブ（格子）を並べた構造やスリット状の開口を持つ構造もよく用いられている。このような構造では，個々の孔ごとに仮想的な仕切りを考えると，先に述べたレゾネータが無数に並んだものとみなすことができ，共鳴器型吸音構造に属する。したがって，この構造も共鳴周波数を中心として山形の吸音特性を持っているので，開口部や背後空気層厚などの寸法を適切に設計する必要がある。

C. 板振動型吸音構造

板材料を剛壁との間に空気層をおいて張った構造も吸音効果を持っている。すなわち，板を質量，背後の空気と板自体の剛性をばねと考えればこれも単一共振系とみなすことができ，共振周波数（一般的には 100～200 Hz 程度の低音域）を持っている。この共振周波数に近い周波数の音が当たると板がよく振動し，板およびその下地材，それらの接合部における摩擦抵抗によって振動のエネルギーが熱に変換されて吸音効果が生じる。この種の吸音のピークはそれほど大きくはないが，ホールなどで面積が過大になると低音域の響きが不足することもある。

3.2 数値シミュレーション手法

　ホール空間の音場予測へのアプローチとして，3.1節に述べた縮尺模型実験のように，物理的に現象を模擬する考え方とは別に，物理数学を用いた理論によって音の発生・伝搬を捉え，コンピュータ上に現象を模擬する考え方もある。理論的に物理現象を取り扱うためには道具として数学を用いることになるが，建築空間のように複雑な形状を持つ空間を机上の数学ですべて取り扱うことは不可能なので，必然的に計算機の中の仮想空間に音の発生・伝搬理論を展開することになる。このような手法が数値シミュレーションやコンピュータシミュレーションと呼ばれる手法である。

　音響伝搬の理論的な考え方は，幾何音響理論と波動音響理論に大別される。**幾何音響理論**とは，基本的には音の伝搬をエネルギー粒子の伝搬と捉え，壁面での鏡面反射とエネルギー吸収の過程のみを考慮してその伝搬を追跡していく考え方である。理論的な背景については，6.3.1～6.3.2項を参照いただきたい。この理論は，考え方が直感的でわかりやすく，また実務的な観点で見れば波動音響に基づく方法に比べて計算負荷も小さい。それゆえに，ホールの音場予測の分野では波動音響学に基づく手法に先んじて実用的な場面に適用されてきた。しかしながら，音は物理的にまさしく波動であり，その意味では幾何音響理論は音の伝搬を正確にシミュレートしているとはいえない。したがって，これを実用的に適用する場合には，波動現象を無視したことによる限界点をつねに意識する必要がある。

　一方，**波動音響理論**は，音響伝搬を波の伝搬と捉え，壁面での音の反射，吸収だけでなく，波動の回折，干渉の現象も含めてその伝搬を追跡していく考え方である。考え方を言葉で説明することは非常に容易であるが，これを空間に適用して実際の計算を行うことにはさまざまな困難が伴う。一般的に波動音響理論に基づく音場解析は，微分方程式で表される**波動方程式**を数学的に解くことによって進められる。この微分方程式が数式のうえで解けるのは，直方体や

球，円筒のように形状がきわめて単純で，吸音に代表される境界条件も単純である場合しかない。実際の建築空間のように複雑な形状と境界条件に対しては，音場を十分に細かい小領域に分割（離散化）して，それらのローカルな部分での波動性を空間全体に合成していく手法を取らざるを得ない。このような手法を総称して計算力学的手法と呼ぶが，この方法を用いる場合には場を離散化することによる誤差が生じる点に注意する必要がある。また，有限の大きさに離散化するため解析できる波長に限界があり，建築で取り扱う比較的大きな空間を対象とした場合，現実的には適用範囲が比較的低い周波数に限定されてしまうことが多い。

以上に述べたように，幾何音響的手法と波動音響的手法，これらはどちらも近似的な手法であり，またそれぞれに異なる長所短所を持つので，その適用に際してはそれぞれの限界点に留意したうえで特徴を十分に生かすように用いることが重要である。

3.2.1 幾何音響学に基づく手法

幾何音響学では，境界面における音の鏡面反射とエネルギーの吸収を考慮しながら伝搬を追跡する。このようにして音の伝搬を追跡する方法に，音線法と虚像法と呼ばれる手法がある。**音線法**は，**図 3.14** に示すように，音源点から多数のエネルギー粒子を放出し，それぞれの粒子が壁面に到達するごとに，入射角度と反射角度が等しくなるような方向に粒子を反射させながら，音の伝搬を追跡する手法である。

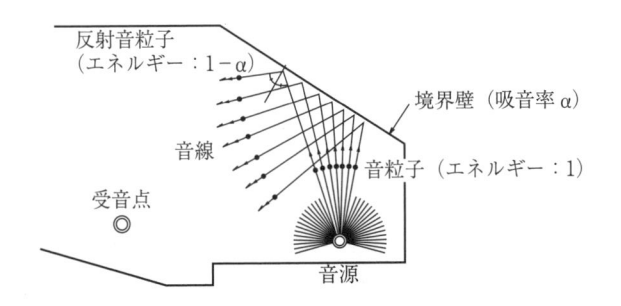

図 3.14 音 線 法

3. 室内音場の予測

　この計算手法における距離減衰は，時間の経過とともに粒子の密度が疎になることで表現する。音線追跡の過程で，個々の反射面の吸音率を α としたとき，反射波のエネルギーが $(1-\alpha)$ 倍になると考えることにより，境界面における音響エネルギーの減衰を考慮することができる。ホール音響を対象とする場合，音源は無指向性を仮定することが多いが，その場合，音源からは等しいエネルギーを持つ多数の粒子を等立体角となるような方向に放射させる。室内全体にむらなくエネルギーを分散させるために，一般的に数万～数百万と，非常に多くの音線を放射してその経路を追跡しなければならない。また，この方法では各音線の放射方向に応じてそのエネルギーに重みを付ければ，指向性音源のシミュレートも可能である。この特性を生かして，電気音響システムで用いるスピーカからの音のシミュレーション等が行われている[9]。

　音線法の場合，いくら多数とはいえ，放射される音粒子は有限で離散的なので，特定の受音点を音線がぴったり通過することは確率的に非常にまれである。そのため，図 3.15 のように，ある大きさを持つ受音エリアを設定し，その領域を通過する音粒子を受音点における応答としてカウントする。

（a）受音粒子の「漏れ」　　（b）エリアを設定することによって「漏れ」を防止

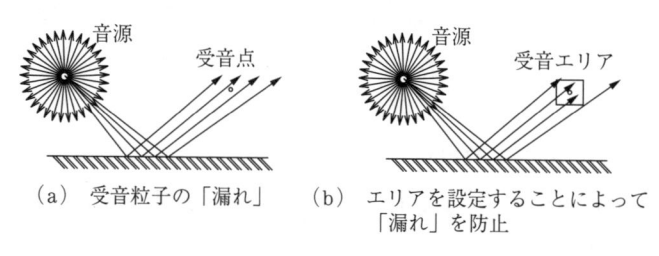

図 3.15　受音エリアの考え方

　鏡面反射を考えるとき，壁面における音の反射を鏡像音源からの寄与と捉えることもできる。すなわち，図 3.16 に示すように，壁面に対する音源の対称点に新たな音源を仮想的に設定し，壁面における音の反射を，虚音源から受音点への伝搬に置き換えて考える方法である。このような計算方法が**虚像法**である。仮想的に設定した音源を虚音源（イメージソース）と呼ぶ。異なる壁面で複数回反射する経路を考える場合には，最初に反射する壁についての虚音源

図3.16 虚像法

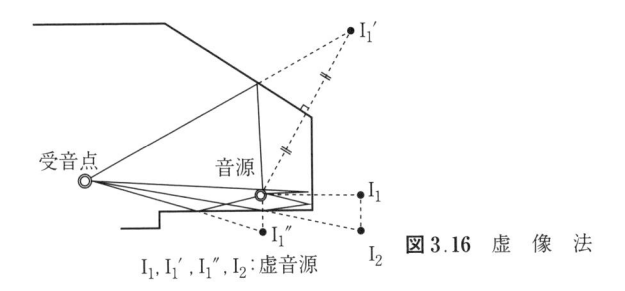

I_1, I_1', I_1'', I_2：虚音源

を，次に反射する壁に対する新たな音源と考えて虚音源を設定すればよい。こうして次々と壁面に対する複数次の虚音源を設定していくことにより，高次の反射音についても計算することができる。

幾何音響理論に基づくシミュレーション手法の比較を**表3.1**にまとめた。

表3.1 幾何音響理論に基づくシミュレーション手法の比較[10]

	音線法	虚像法
計算時間	壁面数，反射次数の積と粒子数に比例する	反射次数の増加に伴い指数関数的に計算時間が増加する
精度	・反射音の到来時刻と振幅に誤差が含まれる ・同一経路の音線を重複してカウントする可能性がある ・上記二つの誤差要因は，受音エリアで受音することに起因する	・反射音の到来時刻，振幅が厳密に特定できる ・面積の小さい面からの反射音を過大に評価する可能性がある
主な適用	比較的長時間の応答を計算することができ，残響減衰等の統計解析に利用できる	初期反射音構造，音響障害の検討に有効

3.2.2 幾何音響学の利用例

幾何音響学は，音をビームに置き換えて音の伝搬を計算するので，概念的にわかりやすく，可視化結果を理解しやすい。そのため，設計の基本計画段階における室形状の検討や，施主，建築主に対するプレゼンテーションの目的で実務の場面で有効に利用されている。

3. 室内音場の予測

〔1〕 **音線法による計算例とプレゼンテーション**　図3.17は，初期反射音の到来方向の検討例である[11]。シューボックスホールの代表例である図(a)ボストン・シンフォニーホールでは約100 msまでの初期の時間に反射音がほとんどの席に供給されるが，図(b)のように円形平面でドーム天井を有するような形状では音の集中が顕著になる様子がわかる。図(c)はSpandockが音声の明瞭度確保に理想的であると提案した形状であり，直接音到来後約50 msまでにほとんどの席に反射音が均一に到達している様子がわかる。

口絵8は，レンダリングしたホール内観の表現例で，舞台上の音源から客席までの到来経路がビジュアルにわかりやすく表現されている。

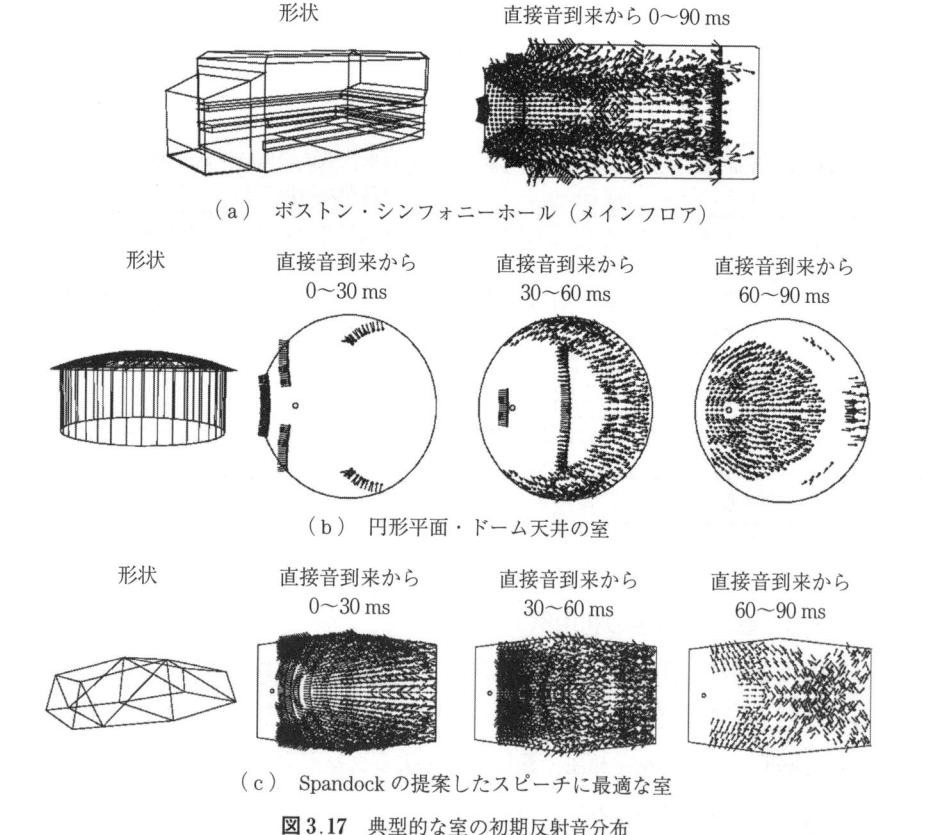

（a）ボストン・シンフォニーホール（メインフロア）

（b）円形平面・ドーム天井の室

（c）Spandockの提案したスピーチに最適な室

図3.17　典型的な室の初期反射音分布

〔2〕 **虚像法による計算例とプレゼンテーション**　ホールでは，音の広がり感や，音に包まれた感じなど，音場の空間印象が重要な要素の一つである。虚像法によれば，計算過程で用いた鏡像音源を3次元的に布置することによって，特定の受音点に対してではあるが，音の到来方向およびその強さを図に書き表すことができる。**口絵9**は，シューボックス型の大ホールにおける**虚音源分布**を表しており，丸の位置と大きさで虚音源の位置と音の強さを表現している。このようなプレゼンテーションによって音の方向情報を直感的に把握することができる[12]。

3.2.3 波動音響学に基づく手法

波動音響学に基づく音場予測法は，音場を支配する法則である波動方程式を数値的に解く方法である。ホール音場のように，形状も境界条件も複雑な音場は，解析的には到底解くことができないので，空間や境界面全体を微小な大きさを持つ要素に分割し，基本方程式に従って各要素の音圧に関する関係式を立て，近似的な解を求める。基本方程式は手法ごとに異なる。

〔1〕 **代表的な波動数値解析手法**　ホール音響に対して用いられる波動数値解析手法としては，**境界要素法**，**有限要素法**，**有限差分法**の三つの手法が代表的である。これらを要素分割の方法に着目して分類すると，有限要素法と有限差分法は対象となる空間全体を離散化するので領域型解法と呼ばれる。それに対して境界要素法は，境界面だけを離散化するので境界型解法である。壁面部位の反射特性を検討する場合に，自由空間に一つの反射面のみ存在するような単純な空間構成を想定することがあるが，そのような反射問題や，音源単体の放射特性を検討するような問題に対しては，領域型解法では無反射境界の実現に原理的に困難な点があるため，境界型解法が有利である。

次に，数値計算の基礎となる方程式の種類に着目して分類すると，有限差分法は基礎方程式である波動方程式をそのまま離散化する微分方程式型解法である。この解法では，微分項を差分で近似するので，単純な加減乗除によって解析が進められる。これに対し，有限要素法と境界要素法は，波動方程式を空間

あるいは境界における積分方程式に変換した後，作成した積分方程式を離散化する，積分方程式型解法である。したがって，有限要素法および境界要素法では要素内における積分計算があり，計算過程が複雑となる。これら三つの手法の概要および特徴を比較して**表 3.2**に示す[13]。

表 3.2 境界要素法，有限要素法，有限差分法

	境界要素法 (BEM)	有限要素法 (FEM)	有限差分法 (FDM)
要素分割	境界のみを任意の形状に分割	領域内部を任意の要素形状に分割	領域内部を格子状に分割
要素数	FEM に比べると少ないが，密な行列が形成される。	3次元的な分割となるのでBEMに比べると多いが，0要素が多い行列が形成され，対称バンド行列となる。	正方格子分割で，かつ細かく離散化しなければならないのでFEMよりも多いが，時間領域解法では行列計算を必要としないので必要メモリは小さい。
開領域計算	自由空間中の計算に適している。	無限遠での吸収層を近似する必要がある。	無限遠での吸収層を近似する必要がある。
不均質媒質（温度変化等）	適さない	可能	可能
主な適用	閉空間の音場解析開空間中の反射解析	閉空間の音場解析振動問題との連成	閉空間の音場解析室内外の音響伝搬解析
	吸音材料などの材料の内部領域を FEM で，外部領域を BEM で定式化し，領域の境界で連続条件を考慮して解析する方法もある。		

ここで，各手法の利点と欠点を比較するために，対象とする空間の規模と計算規模の関係を考える。3次元音場の場合，空間領域が長さの3乗に比例して大きくなるのに対して，境界面積は代表長さの2乗に比例する。したがって，

3次元領域全体を離散化せねばならない有限要素法や差分法より，境界面だけの離散化ですむ境界要素法のほうが，計算に必要な要素数が少なく，**計算負荷**が小さく済むといった議論がなされることがある。しかし，計算負荷の問題は，積分計算の必要性や，用いられる関数系の種類といった解析手法自体の要求項目とも密接に関係するので，離散化すべき対象の次元だけで決定されるものではない。近年は，反復解法を用いて行列計算を効率化することにより大規模な解析を行えるように工夫した研究例や，解析アルゴリズムの効率化を図った例などが報告されており，波動数値解析の適用の幅は大きく広がっている[14)〜17)]。

このようなソフト面の技術的進化，およびハードウェアの進化が着実な歩みを進めているにもかかわらず，今なお，コンサートホール音場を実用的な周波数帯まで解析した例は見られない。現在のコンピュータ技術をもってしても，波動的な音の解析を自由に行うことは不可能なのである。これは以下に述べる，スケールの問題に起因する理由による。

波動音響解析では，波を取り扱うので，サンプリングの定理により，どの方法を採るにしても対象とする波長の 1/2 以上の間隔で離散化することはできない。数値解析には，離散化問題が持つ原理的な限界点に加えて，計算手法に起因する離散化誤差が存在するので，いずれの手法をとったとしても，**離散化幅**は波長の境界面を 1/4 程度以下にしなければならないであろう。この基準を基に考えると，例えば対象上限周波数を 8 kHz とすれば波長は約 4.3 cm，したがって音場の離散化幅は最大で 1 cm 程度となると考えられる。ここで，ホール音場の寸法を，例えば 40 m×25 m×20 m とすると，必要な節点数は 4 000×2 500×2 000＝$2×10^{10}$，未知数も同じ $2×10^{10}$ かその数倍である。つまり，この解析を行うためには，要素数だけでもギガオーダの記憶容量が必要である。これでは，現状の計算機技術では不可能か，可能であっても莫大な計算機資源と計算時間が必要である。

以上の理由から，波動数値解析手法はまだ実際の音響設計でツールとして用いるまでには一般化しておらず，またその適用も現在のところ限定的である。しかし，いずれは計算機ハードウェアの技術革新に伴って，音の解析の分野にお

け␣波動数値解析が実用化し，多くの事例に適用されることになるであろう。

〔2〕 **幾何音響と波動音響の違い**　これまでに述べてきたように，幾何音響と波動音響では音の伝搬がよって立つ仮定が異なっている。そのため，両者による解はぴったりと一致するものではない。端的には，壁面による整反射，吸収の取扱いは両手法で同じであるが，その他の波動的性質は幾何音響ではまったく無視され，波動音響の解析結果と顕著な違いを生じる。2次元のホール音場を対象に，波動的な音の伝搬と幾何的な音の伝搬を比較した例を図3.18に示す。

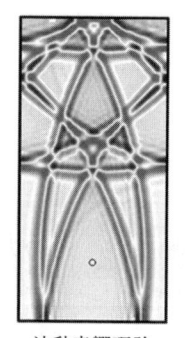

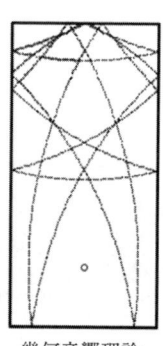

　　波動音響理論　　　幾何音響理論　　　　　波動音響理論　　　幾何音響理論
　　　（a）　壁面拡散体なし　　　　　　　　（b）　壁面拡散体あり

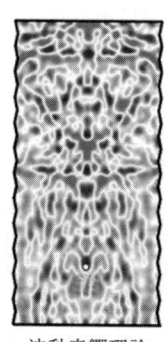

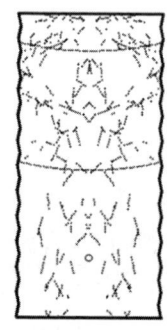

パルス発生後のある時刻における音場分布。Ray Tracing：音線法による音響エネルギー粒子，Wave theory：波動理論により計算した音圧分布で，色の濃淡で音圧振幅を表している。

図3.18　幾何音響理論と波動音響理論の違い

　図(a)は単純な矩形音場であり，音響エネルギーの伝搬パターンは同一となる。それに対して壁面に凹凸のついた図(b)では，両者の音響エネルギー分布は明らかに異なる。すなわち，幾何音響シミュレーションの場合にはエネルギーの存在する部分と存在しない部分の差が極端に大きいのに対して，波動音響シミュレーションではどの部分にもエネルギーが行き渡っている。波動現象である音は，境界のエッジ部分に当たると必ず回折を生じ，衝突点を中心として多かれ少なかれ全方向にエネルギーを放散する。したがって，音源放射後の経過時間が長くなり，反射回数が増加するにしたがって，エネルギーは満遍な

く室内に行き渡ることとなる．それに対して幾何音響シミュレーションでは，反射波は鏡面方向にのみ伝搬するので，反射回数が増加してもエネルギーが行き渡らない部分が残る．

〔3〕 **境界条件**　境界条件は，音波あるいは音のエネルギーが壁，床，天井等の境界面に入射した際の挙動を規定する条件である．前述の幾何音響理論では，エネルギー粒子の挙動を追跡する手法であるため，境界面に入射したエネルギーのうち何パーセントが壁面に吸収され，何パーセントが音場に跳ね返されるかを反射率や吸音率で規定した．それに対して波動音響理論では，波の振る舞いとして吸収や反射を規定する必要があるため，境界条件を**比音響インピーダンス**や**比音響アドミタンス**で規定し，境界壁面での振幅の変化と位相の変化の両方を考慮しなければならない．ここで，インピーダンスとアドミタンスはたがいに逆数の関係にあるので，以下では比音響インピーダンスによって説明する．波動音響理論では，振幅と位相の二つの条件を一度に規定するため，境界条件は一般的に複素インピーダンスで規定する．境界面のある位置 r における法線方向比音響インピーダンス $z_n(r)$ は，音圧 $p(r)$，と外向き法線方向粒子速度 $u_n(r)$ の比として定義され，以下のように表される．

$$z_n(r) = \frac{p(r)}{u_n(r)} \tag{3.1}$$

図 3.19 に，壁面に対する音波の入射と反射の関係を模式的に示す．図（a）のように境界面が剛の場合は境界面上の空気粒子は動くことができず，粒子速

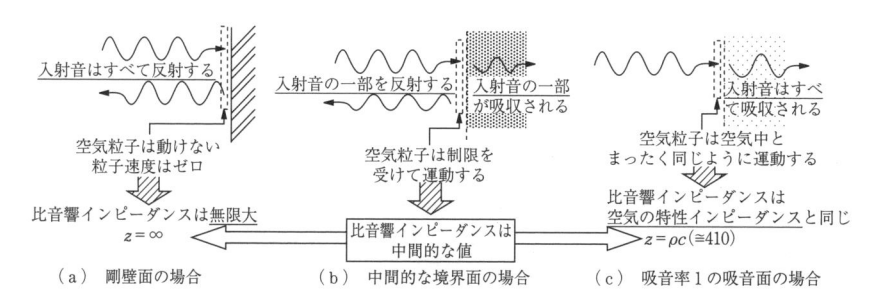

図 3.19 境界面と比音響インピーダンスの関係

(a) 剛壁面の場合：入射音はすべて反射する．空気粒子は動けない，粒子速度はゼロ．比音響インピーダンスは無限大 $z = \infty$

(b) 中間的な境界面の場合：入射音の一部を反射する．空気粒子は制限を受けて運動する．比音響インピーダンスは中間的な値

(c) 吸音率 1 の吸音面の場合：入射音はすべて吸収される．空気粒子は空気中とまったく同じように運動する．比音響インピーダンスは空気の特性インピーダンスと同じ $z = \rho c (\approx 410)$

72　3. 室内音場の予測

度が 0 となるので，境界面上の比音響インピーダンスは∞と規定される。すなわち，完全反射の境界条件は比音響インピーダンスが∞である。一方，図(c)のように完全に音波を吸収する理想的な吸音条件の場合，音波はあたかも空気中をそのまま進むがごとくに伝搬すると考えられる。空気中を平面音波が進むとき音圧と粒子速度の比は**空気の特性インピーダンス**と呼ばれる量と一致する。空気の特性インピーダンスは，空気密度 ρ と音速 c の積と一致することが知られている。すなわち，完全吸音面の境界面インピーダンスは ρc である。以上は完全反射と完全吸音という両極端な場合の説明であるが，一般的な吸音面の場合図(b)の境界面比音響インピーダンスは ρc から∞の間の値をとることとなる。一般的に吸音構造は，**図 3.20**(a)のように複層構造をとる場合が多く，そのような場合には反射波が複数の波面から構成されて入射波との位相関係が複雑に変化する。また図(b)のように細かな凹凸のある壁面を平坦面に近似する場合には，反射位置によって反射波の位相が複雑に変化する。したがって，比音響インピーダンスはその振幅と位相情報を同時に表現できるように，複素量として規定する必要がある。また，吸音特性が周波数に強く依存することから，境界条件は周波数の関数として与えられるのが通常である。

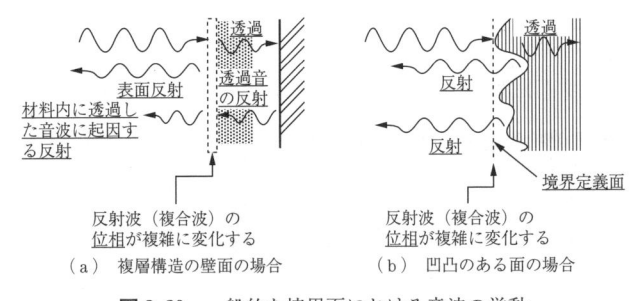

(a) 複層構造の壁面の場合　　(b) 凹凸のある面の場合

図 3.20　一般的な境界面における音波の挙動

3.3　形と音との関係

本節では，数値シミュレーションを用いて形と音との関係を検討した例を紹

3.3 形と音との関係

介する。以下に紹介する例は，3.2節で述べた波動理論に基づく数値解析手法による例である[18]。波動数値解析は，開発が鋭意進行中の途上技術であり，現在のところ実際のホール空間に全面的に適用された例は残念ながら未だない。しかし，部分的・局所的な伝搬を波動音響解析によって解析した例や，単純化された仮想のホールに対するケーススタディ等が見られるようになってきた。そこで最初に示す事例として，長方形，扇形，楕円形の3形状（2次元音場）に対する音波伝搬を，**時間領域有限差分（FDTD）法**を用いて解析した例を示す[18]。三つのケースで基本的な条件を合わせるため，面積を $518.4\,\mathrm{m}^2$ で統一し，周壁の吸音率を20％とした。数値解析では，空間離散化幅，時間離散化幅をそれぞれ $\Delta h = 1\,\mathrm{cm}$，$\Delta t = 0.02\,\mathrm{ms}$ とした。

図3.21は，室内におけるパルスの伝搬をFDTD法によって計算した結果のうち，パルス発生後の各時刻における瞬時音圧分布を出力して並べたものであ

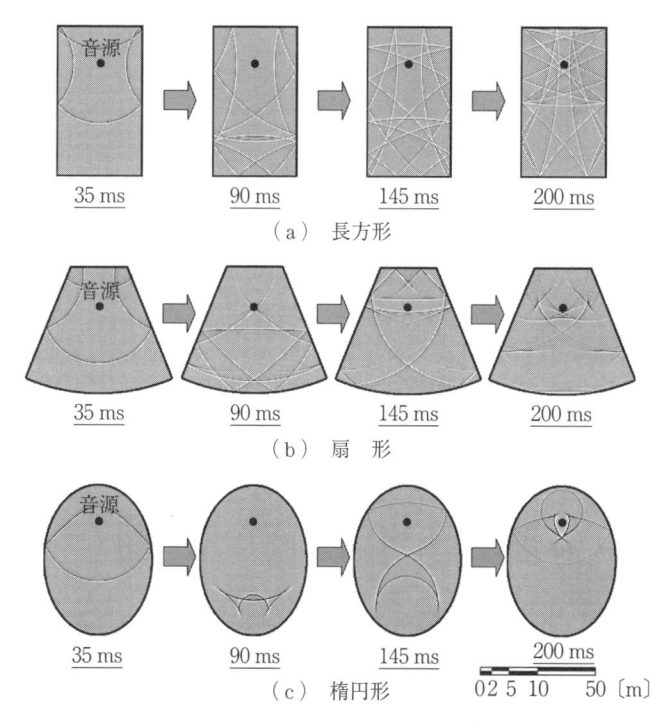

図3.21 室の平面形状による音波伝搬の違い

る。図を見ると，長方形の場合には時間がたつに従って波面の数が増え，音が全体に満遍なく行き渡っていく。それに対して扇形や楕円では時間によってある特定の位置に波面が集中し，特に楕円形では，音波の集中の度合いが著しい。その波面のパターンは，見た目には美しいが，耳で聞く音としては問題がある。図の表現は，時々刻々変化する音場の瞬時の状態を示したものであるが，このように時々刻々変化する音のエネルギーをそれぞれの位置において積分すると，定常状態における音圧分布として表現することができる。この表現をここでは累積エネルギー表現と呼ぶ。

　図 3.21 に示した三つの形状における**累積エネルギー分布**を**図 3.22** に示す。この図は，色が黒色に近いほどエネルギーが小さく，白色に近いほどエネル

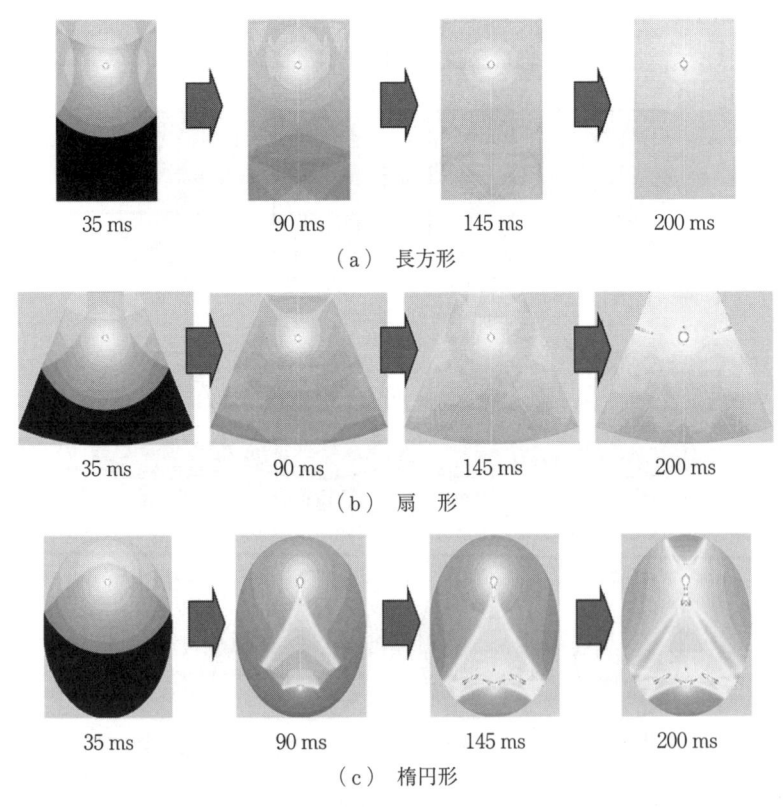

35 ms　　90 ms　　145 ms　　200 ms
（a）長方形

35 ms　　90 ms　　145 ms　　200 ms
（b）扇　形

35 ms　　90 ms　　145 ms　　200 ms
（c）楕円形

図 3.22　累積エネルギー分布図

ギーが大きいことを示している。200 ms 後の分布を見ると，長方形の場合は色の濃淡があまりないので音圧分布が平坦であるのに対して，扇形では後方で音圧が低く，楕円形では前方，後方，側方で音圧が低くなっている。このように，形によって音のエネルギー分布は大きく変わる。この計算例は 2 次元に簡略化された音場を対象とはしているが，3 次元音場でも同様の傾向が見られる。ホールを設計する際には，その最初の段階である室形の決定が音響的に非常に重要であることがわかる。

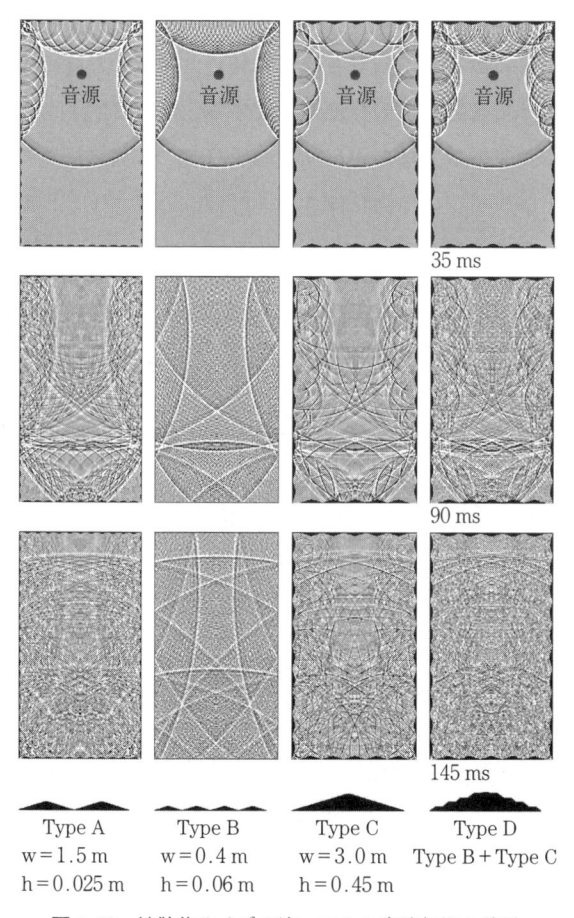

35 ms

90 ms

145 ms

Type A
w = 1.5 m
h = 0.025 m

Type B
w = 0.4 m
h = 0.06 m

Type C
w = 3.0 m
h = 0.45 m

Type D
Type B + Type C

図 3.23 拡散体サイズの違いによる音波伝搬の差異

76 　3. 室内音場の予測

　口絵5は典型的な**拡散壁**の例である．図（a）は，ウィーン・楽友協会大ホールに見られる女神像の柱列であり，設計時に音の拡散を意図したものではないと考えられるが，入射音を散乱させるという意味では**音響拡散体**と同様の効果を持つものと考えられている．室の境界壁に屏風折型の音響拡散体を取り付けた場合の2次元音場における音圧分布を解析した例を**口絵10**に示す．これを見ると，音は壁面に入射した際に拡散体によって散乱し，さざなみが伝わるように，空間内にランダムに，むらなく拡散していく．図3.21と比較してみると，音響拡散体が室内における音の集中を緩和する効果がわかる．この拡散体によって励起される散乱波の細かさは拡散体のサイズや形状の違いによって異なり，これによって音響拡散の程度が変化する（**図3.23**）．

　天井の高いホールでは，前方から中央のエリアの客席に届く初期反射音を増強するために，ステージの上方に**浮き雲**と呼ばれる吊り下げ反射板が吊るされることがある．**図3.24**は，吊り下げ反射板からの反射音の伝搬を可視化した

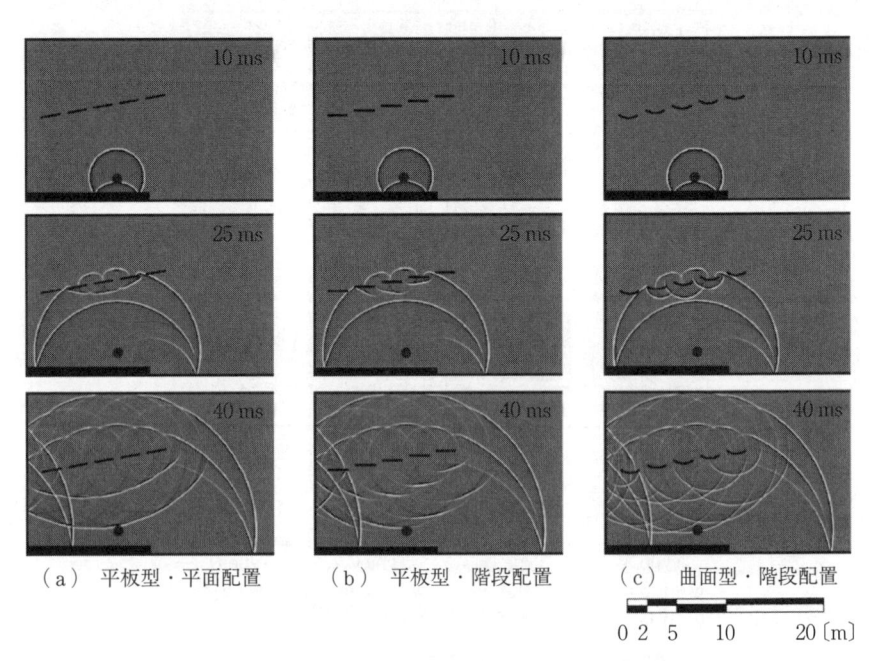

（a）平板型・平面配置　　（b）平板型・階段配置　　（c）曲面型・階段配置

0　2　5　　10　　　20〔m〕

図3.24　吊り下げ反射板（通称浮き雲）による音の反射・散乱

ものである．吊り下げ反射板に到達した音波が各反射板によって反射される様子，隙間から天井方向へ抜けていく様子，さらに各反射板の端部で回折する様子が明瞭に観察できる．さらに時間が進むにつれて，直線上に配置した場合には個々の反射板に反射された音波の波面が合成されて一つの大きな連続波面として伝搬していく様子も観察できる．

3.4 波動音響シミュレーションの適用事例

3.4.1 小ホールのインパルス応答の解析

波動数値解析を実在するホール音場に適用し，**シミュレーション精度**を調べた例を示す[19]．対象音場は，図 3.25 に示すような客席数 260 席程度の小ホー

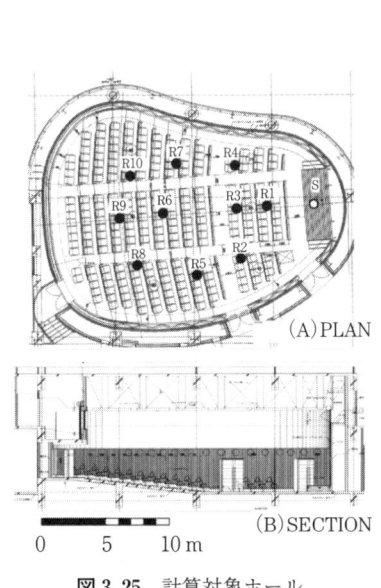

図 3.25 計算対象ホール

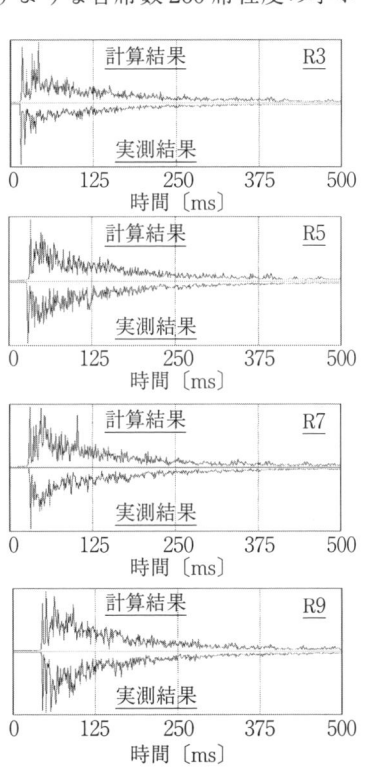

図 3.26 インパルス応答の比較例

ルである。計算精度を確認するために，図中Sの音源に対するR1〜R10のインパルス応答を実測し，計算結果と比較した結果が**図3.26**である。計算結果は，主要な反射音構造について大まかな特徴をよく捉えている。

この音場について，室内音圧分布の時間変化を可視化した結果を**図3.27**に示す[20]。図中，右上のワイヤーフレーム図は，FDTDの計算において入力した空間形状を表している。

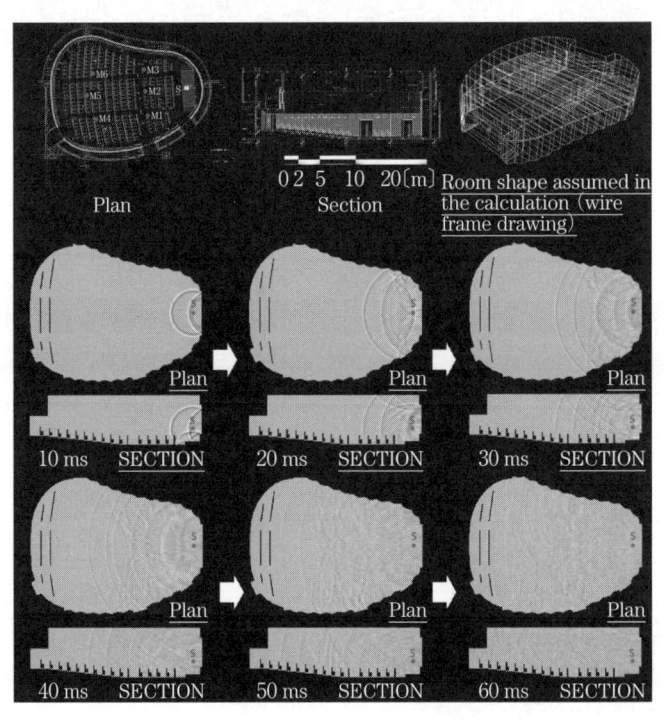

図3.27 ホールにおける音圧分布の時間変化

3.4.2　鳴き竜のシミュレーション：縮尺模型実験と波動数値解析

平行壁面の間で手を叩くなど短音的な音を発すると，"ピチピチ" "プルプル"といった特異な音色がつくことがある。これを英語で**フラッタエコー**と呼び，音響障害として音響設計で絶対に回避すべき現象とされている。この現象

を日本語では**鳴き竜**と呼ぶが，これは日光東照宮本地堂（**図 3.28**）で聞かれる特異な音の現象をその起源としている。

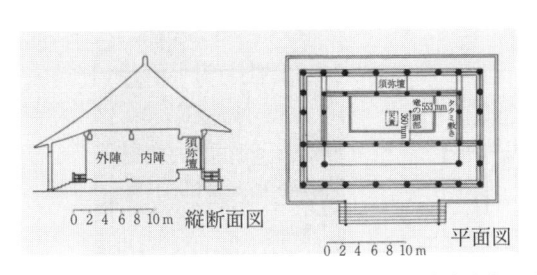

図 3.28 日光東照宮本地堂の鳴き竜

この鳴き竜現象に関しては，縮尺模型実験の開発が盛んに行われていた昭和 44 年に詳しい実験が行われ，その発生要因が明らかにされた。その後，同じ研究課題が，波動数値解析を用いて検証された。

〔1〕**再建のための縮尺模型実験**[21]　日光東照宮本地堂は昭和 36 年に一度焼失し，現在の建物は昭和 44 年に再建されたものである。その再建にあたって"鳴き竜"現象の復元が大きな課題とされ，主に"**むくり**"の程度と"鳴き竜"の響きの長さについて音響模型実験による検討が行われた。この模型実験の結果に基づき，再建工事の途中の段階で本地堂内に天井を仮張りし，"鳴き竜"現象の再現を確認するための現場実験も行われた。最初に，本地堂の再建にあたって石井らによって行われた模型実験の概要を示す。この実験では，本地堂内陣の天井面と床面を一辺 5.4 m の正方形でモデル化し，それらの 1/4 縮尺模型が石膏を材料として作成された。天井面の"むくり"（天井の周辺部に対する中央部の高さ）の条件としては，実物換算で 6 cm，9 cm，21 cm および，"むくり"なしの 4 条件を設定し，それぞれ模型が作成された。模型実験における測定点配置の概要を**図 3.29** に示す。パルス音源としては，拍手音に近い音を電気的に発生させ，受音点で得られた応答波形をシンクロスコープを用いて観察するとともに，テープレコーダの速度変換を利用して実験時に 76 cm/s のテープ速度で録音した音を 19 cm/s で再生して聞く，という可聴

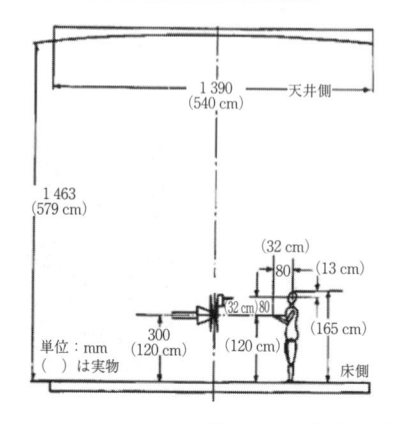

図 3.29 1/4 縮尺音響模型実験

化実験も行われている．これらの実験の結果として，以下の興味深い結論が得られている．

① "むくり"の程度が大きくなるほど，"鳴き竜"の継続時間は長くなる．
② 焼失前の"鳴き竜"（NHK による録音記録による）を再現するには，"むくり"は 9 cm が適当である．
③ 音源・受音点を"むくり"の頂点直下からずらした位置に設定した場合，"鳴き竜"は大きくなったり小さくなったり，波打ちながら減衰する．

〔2〕 **波動数値解析**[22]　　日光東照宮・本地堂内部をモデル化し，その内部で生じる"鳴き竜"現象について，時間領域有限差分法を用いた3次元解析を行った．解析対象とした本地堂の平面図を**図3.30**に示すが，境界条件と

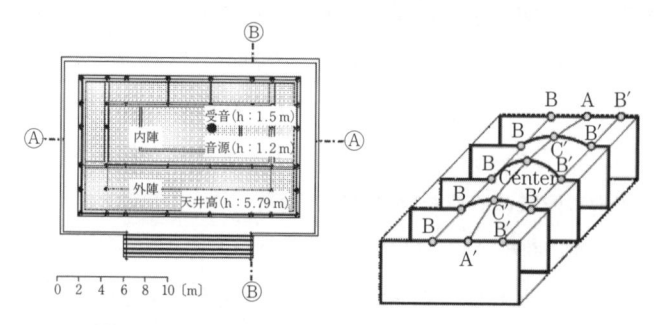

図 3.30 波動数値解析の対象音場とむくりのモデル化

3.4 波動音響シミュレーションの適用事例

しては，天井面は完全反射とし，その他の壁，床および柱の表面については垂直入射吸音率5%とした．また，正面入り口の開口面については，無反射の条件として空気の特性インピーダンスを比音響インピーダンスとして設定した．解析対象周波数を1 kHzオクターブバンドの上限周波数にあたる1.4 kHzまでとした．内陣天井の"むくり"（凹曲面）については，①内陣天井の中心点の天井高を最大とする，②内陣天井の周辺（4周）は同じ高さとするという条件で幾何学的なモデル化を行った．

"むくり"なしおよび"むくり"9 cmの場合の音波の伝搬の様子を**図3.31**に示す．これらの2条件の結果を比較すると，時刻が経過するとともに，天井に"むくり"がある場合には，天井と床との間での往復反射（フラッタエコー）がはっきりとした波面として浮き出てくる様子が見られる．この結果からも，天井面の"むくり"によって鳴き竜現象が顕著になることが確認できる．

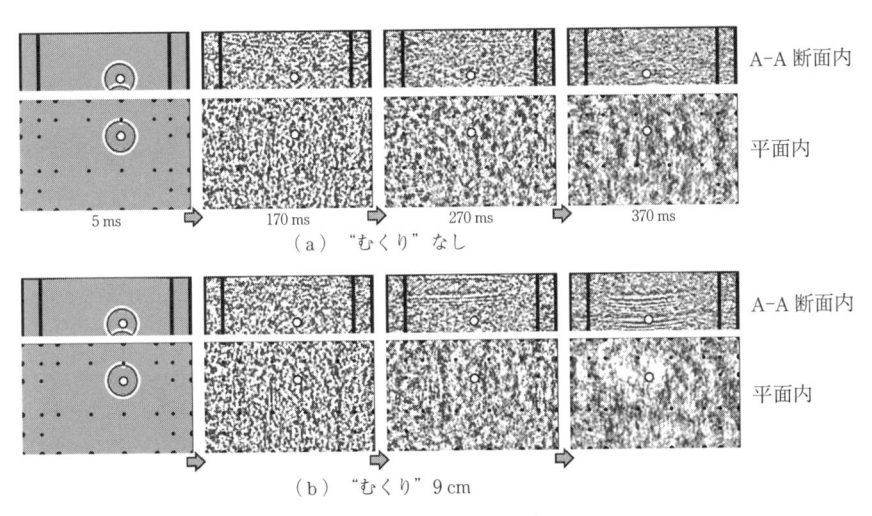

図3.31 鳴き竜の波動数値解析結果

受音点におけるインパルス応答波形を比較して**図3.32**に示す．"むくり"なしの場合，"鳴き竜"現象を引き起こすようなはっきりとしたエコーは波形からは確認できない．それに対して"むくり"がある場合，"むくり"の程度が大きくなるほどエコーが大きく，また継続時間が長くなる様子が見られる．ま

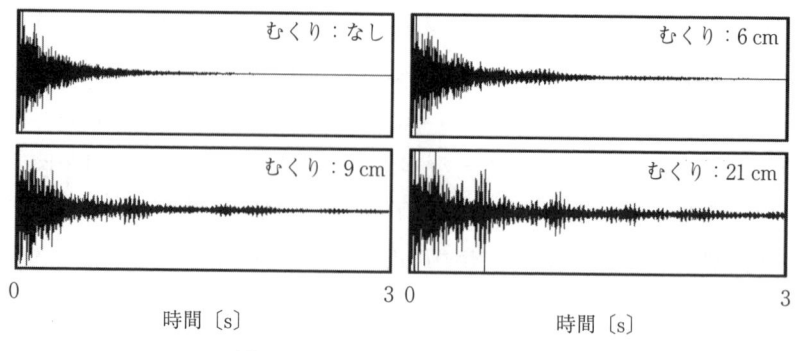

図3.32 インパルス応答波形の比較

た，エコーは徐々に小さくなるのではなく，波打ちながら減衰する様子が顕著であり，これは縮尺模型実験で得られた知見と同様である．

引用・参考文献

1) Berliner Philharmonie Gmb H : The Past. The Present. The Future 40 Years Berlin Philharmonie, p. 79 (2003)
2) 石井聖光，平野興彦：日生劇場の音響について，生産研究，**16**, 2 (1964)
3) 石井聖光，橘　秀樹：ザ・シンフォニーホールの音響について，建築音響研究会資料，AA82-24 (1982)
4) 橘　秀樹，石井聖光：音響模型実験における相似則と実験手法，音響会誌，**32**, 10, pp. 621-630 (1976)
5) 橘　秀樹，石井聖光：音響模型実験のための内装材・吸音特性のシミュレーション，音響会誌，**28**, 4, pp. 169-175 (1972)
6) 橘　秀樹，石井聖光，平野興彦：N_2置換法による音響模型実験，音響会誌，**27**, 3, pp. 163-169 (1971)
7) Yoshito Hidaka, Hiroo Yano, Hideki Tachibana : Scale model experiment on room acoustics by hybrid simulation technique, J. Acoust. Soc. Jpn. (E), **10**, 2 (1989)
8) 佐藤史明，橘　秀樹，青木ふみ，菅眞一郎：ホールの1/10縮尺模型と実物の対応について，日本音響学会平成3年秋季研究発表会講演論文集，pp. 759-760 (1991)
9) 荘　大作：音源指向特性を考慮した幾何音響シミュレーション，音響技術，**129**, pp. 24-27 (2005)
10) 日本建築学会編：室内音場予測手法―理論と応用―，pp. 9-25 (2001)

11) 小口恵司：室内音響設計におけるコンピュータシミュレーション，音響技術，**129**, pp. 40-42 (2005)
12) K. Ishida, M. Kato, K. Sugino : Prediction of subjective properties of sound field in an auditorium using tenth-scale model, Proc. ASVA **97**, pp. 325-330 (1997)
13) 日本騒音制御工学会編：騒音用語事典，p. 267，技報堂出版 (2010)
14) 佐久間哲哉：境界要素法による音場の数値解析，騒音制御，**31**, 4, pp. 248-254 (2007)
15) 萩原一郎：有限要素法による音場の数値解析，騒音制御，**31**, 4, pp. 255-262 (2007)
16) 坂本慎一：有限差分法による音場の数値解析，騒音制御，**31**, 4, pp. 263-270 (2007)
17) 日本建築学会編：音環境の数値シミュレーション―波動音響解析の技法と応用―，丸善 (2011)
18) Takatoshi Yokota, Shinichi Sakamoto and Hideki Tachibana : Visualization of sound propagation and scattering in rooms, Acoust. Sci. & Tech., **23**, 1, pp. 40-46 (2002)
19) Shinichi Sakamoto, Hiroshi Nagatomo, Ayumi Ushiyama, Hideki Tachibana : Calculationof impulse responses and acoustic parameters in a hall by the finite-differencetime-domain method, Acoust. Sci. & Tech., **29**, 4, pp. 256-265 (2008)
20) 坂本慎一，佐藤史明，矢野博夫，橘　秀樹：建築音響と環境騒音制御における音場の可視化，可視化情報，**27**, 104, pp. 19-25 (2007)
21) 石井聖光，平野興彦：本地堂の鳴き竜復元に関する研究，生産研究，**17**, 4 (1965)
22) 横田考俊，坂本慎一，橘　秀樹，石井聖光：FDTD法による鳴き竜現象の数値解析と可聴化，日本建築学会環境系論文集，**73**, 629, pp. 849-856 (2008)

第4章
コンサートホールの設計の実際

　本章では，まずホールの室内音響計画・設計のプロセスについて述べる。次に，ホール内部の建築要素・意匠が，響きとの関連でどのような意図を持って設計・実現されているかを解説する。なお，ここでは科学的には十分に明らかになっていないけれども，設計では重要と考えられている事項についても触れることとする。

4.1　ホール計画

4.1.1　室内音響設計の役割

　19世紀から新世紀に変わる時期に建設され，今でもその響きが高く評価されているシューボックスホール（ウィーン・楽友協会大ホール，アムステルダム・コンセルトヘボウ，ボストン・シンフォニーホール）[1]は，ホールの響きを創造する方法がわかっていて設計されたというわけではない。室内音響学の始祖といわれるセービンが関わったボストン・シンフォニーホールにしても，彼がこだわったのは残響時間とそれに直接関連するホール容積であった[2]。その後100余年，響きを創造する物理・心理要素に関する研究が進められ現在も進行中である[3]。

　その経緯は本書の各章で解説されているとおりであるが，聴衆が感じる響きの感覚要素と対応する物理指標や演奏者が求める響きの要件は，単一ではなく複数抽出されている。コンサートホールの室内音響設計の役割は，科学的知見に加えて科学的には未解明であるが設計上重要な事項も含めて，それらを建築要素や意匠にバランスよく組み込み，コンサートに適した音響空間を創造する

ことである。また，それ以前の検討項目として，エコーや音響集中などの音響障害を生じさせないことも音響設計の重要な役割である。

4.1.2 ホール建設の動機付け

　欧米では，特に大型ホールの場合，特定のオーケストラのためにコンサートホールを建設するというケースが多い。本公演だけではなく普段のリハーサルもホールで行っているオーケストラがほとんどである。例えば，ボストン・シンフォニーホール（ボストン交響楽団），ベルリン・フィルハーモニーホール（ベルリン・フィルハーモニック），ウォルト・ディズニー・コンサートホール（ロサンゼルス・フィルハーモニック）など，いわゆる**フランチャイズ**（本拠地）**ホール**である。ホールにはそれぞれ響きの個性（癖）がある。その個性を十分生かした演奏を行うために，常日頃のリハーサルも定期公演会場のホールで行えることがクラシックの演奏家にとって理想的な環境といえる。

　日本のクラシック音楽の殿堂である東京文化会館（1.2節参照）は，「オペラやバレエもできる本格的な音楽ホール」として建設された[4]。大ホールは今日でも在京オーケストラの定期演奏会会場として重要な拠点の一つであるが，ゲネプロ以外の普段のリハーサルまで行われることはない。1980年代に入ってコンサート専用ホールの建設ラッシュが始まるが，しばらくは特定の演奏者

コラム5
　　　　実験室音場と実際のホール

　実験室音場においては，あるパラメータのみを変化させることが可能である。極端な条件も含めて系統的に実験を行い，パラメータと聴感印象との関係を導きだそうとする手法は研究上一般的な手続きである。一方，実際のホールでは何か一つを変えると他も変わる。例えば客席に直接反射音を返すように壁を内傾させると，以前その壁を経由して遅れ時間を持って到来した反射音（残響音）が減る。このように，響きに関するある一つの属性だけを変化させて他を一定に保つことは建築的には不可能であり，さまざまな属性・要素のバランスに注意を払いながら設計を進めることが重要である。

による演奏を想定した建設計画ではなかった。1990年以降，ようやく国内でもフランチャイズホールを持つ演奏団体が出てきている（水戸室内管弦楽団，新日本フィルハーモニー交響楽団，オーケストラ・アンサンブル金沢他）。

4.1.3　ホール規模の設定

　コンサートといっても，ソロや小アンサンブルから合唱付きフルオーケストラまで，演奏規模には大きな幅がある。ここでは，既存のホールの諸元を参照しながら演奏規模とホール規模の関連を概観する。既存ホールの諸元を，室内楽ホールとオーケストラホールに分けて巻末の**付表1，2**に示す。

　〔1〕　**ステージの大きさ**　　室内楽ホールとオーケストラホールの直接的な違いはステージの大きさである。付表を参照すれば，おおむね面積 150 m^2 以下のステージを持つホールは室内楽，それ以上のステージ面積を持つホールはオーケストラホールとして認識されている。150 m^2 のステージには，2管編成のオーケストラ（弦楽器14型50名（7-6-5-4-3プルト）＋木管楽器8名＋金管楽器10名＋打楽器数名，総勢約80名）が乗ることができる。

　〔2〕　**客席数**　　付表を参照すれば，客席数に関して室内楽ホールとオーケストラホールの境目はおおむね1 000席である。

　オーケストラホールの中には3 000に近い客席を有するホールもある。地域と年代で見ると，ヨーロッパの古いホールは2 000席未満，アメリカのホール，またヨーロッパの新しいホールは2 000席を超えるものが多い。オーケストラホールとして音響的に無理のない規模は2 000席前後といわれているが[5]，客席数に関しては，採算性や定期演奏会の会員数など音響以外の要因で決定されることもある。

　なお，新旧ホールの客席数比較に関しては注意が必要である。新しいホールにはサイズの大きい客席椅子が採用されている。また，避難のための前後間隔と縦通路の本数が法律等で規定される。結果として，現在，同じ床面積に対して古いホールと同数の客席数を配置することは不可能である。例えば，ウィーン・楽友協会大ホールの客席数は1 680席であるが，現在の規定に沿って配置

すると約1200席に減ってしまう。

〔3〕 **容　積**　コンサートホールでは，豊かな残響を得るために客席1席当り8～12 m³が必要といわれている。付表をもとに，室内楽ホールとオーケストラホールに分けてホール容積に対する**1席当りの容積 V/N を整理して図4.1，図4.2**に示す。

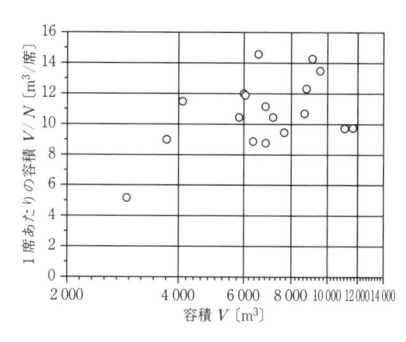

図4.1　室内楽ホールの容積と1席当りの容積

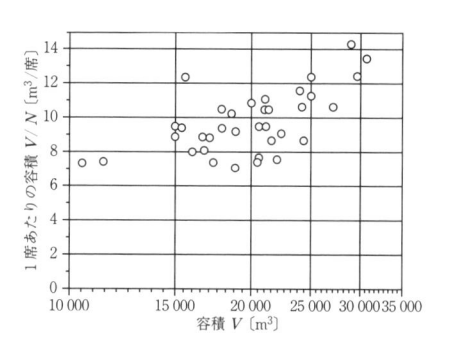

図4.2　オーケストラホールの容積と1席当りの容積

図4.1を参照すると，室内楽ホールでは1席当り10 m³以上を有するホールが多い。一方オーケストラホール（図4.2）では，室容積とともに1席当りの容積も大きくなる傾向（比例関係）が認められる。また，1席当り8～12 m³を超えて7～14 m³の範囲に分布している。

4.2　設計の流れ

ホール建設プロジェクトにおける**音響設計**の流れを**表4.1**に示す。また，各段階における音響上の要点を以下に示す。

[**基本計画**]　この段階では施設建築物全体のボリュームや室配置の検討が行われる。特に高さが必要なコンサートホールについては，この段階で十分なボリュームを確保しておく必要がある。

[**基本設計**]　ホールの基本的な形状はこの段階で決定される。響きの質に直

4. コンサートホールの設計の実際

表 4.1 プロジェクトの各段階における室内音響設計検討事項と検討手法

フェーズ	検討事項	検討手法
基本計画	室配置・ボリューム	スケッチ，ボリューム模型
基本設計	基本的な室形状	数値シミュレーション（幾何音響）模型（1/100〜1/50）
実施設計	詳細形状，内装仕上	音響模型実験（1/10〜1/50），残響計算，数値シミュレーション（波動音響）
施工	納まり，施工方法	図面，モックアップ，現場監理
竣工	響きの確認	物理測定，試聴
オープン準備	オリエンテーション，響きの微調整	試聴

接影響を与える壁・天井・反射板の位置・大きさ・形状・角度について，十分な検討が必要である．この段階でホールの外枠（躯体）はほぼ決定される．

［**実施設計**］ 拡散形状，客席椅子や必要であれば吸音材など内装仕上げに関して詳細な検討を行う．これまでにない室形状については，この段階の初期においてエコー等の音響障害の有無の確認と障害が予想される場合の対応の検討が重要となる．

［**施工**］ 設計仕様どおりの施工が行われているかどうかの現場監理が中心となる．客席椅子の吸音特性に関する最終確認もこの段階で行われる．工事最終段階において，音響測定で確認しながら内装仕上げを最終決定する場合もある．

［**竣工**］ 音響測定により，設計で意図した基本的な音響性能が得られているかどうか確認を行う．試演・試聴も行われるが，演奏者・試聴者双方にとって初めての空間における体験であるので，その評価の解釈には注意が必要である．

［**オープン準備**］ 新ホールの響きに慣れてもらうことを目的に，本拠地とする演奏者・演奏団体によるリハーサルが繰り返し行われることが理想的である．同時に施設全体の運用リハーサルも行われる．必要であれば，響きの微調整を行う（予算取りが必要）．

4.3 設 計 各 論

4.3.1 基本形のデザイン

優れた室内音響効果を有するコンサートホールとしてつねにその名を挙げられるのが、いわゆる3大シューボックスホール，ウィーン・楽友協会大ホール，アムステルダム・コンセルトヘボウ，ボストン・シンフォニーホールである。いずれも100年以上の歴史を持ち，最も新しいボストンでも1900年オープンである。これらはコンサートホール界のストラディバリ・グァルネリといった趣であるが，ヴァイオリンと違ってその形が寸分たがわず踏襲されることはまずない。その理由は，発注者・建築家，特に建築家が今までにない新た

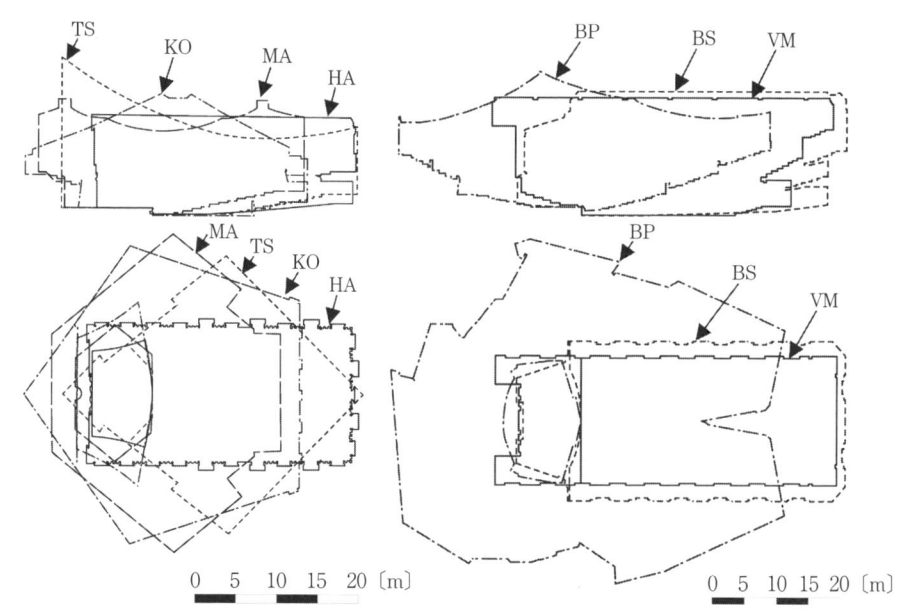

TS：東京文化会館小ホール
HA：浜離宮朝日ホール
KO：軽井沢大賀ホール
MA：水戸芸術館コンサートホール ATM

VM：ウィーン・楽友協会大ホール
BS：ボストン・シンフォニーホール
BP：ベルリン・フィルハーモニーホール

図 4.3　代表的な室内楽ホールの形状比較　図 4.4　代表的なオーケストラホールの形状比較

な造形をつねに模索しているからであり,また,時代とともに多くの客席数,大型の客席椅子,広めの通路などが要求されてきたからである。

代表的な室内楽ホールとオーケストラホールの平面・断面図を比較して図4.3と図4.4に示す。図はステージ先端中央を合わせて重ね合わせてある。図を参照すると,客席数が少なくステージ規模の小さい室内楽ホールでは,さまざまな(基本)形が存在していることがわかる。

以下では,コンサートホールの二つの基本形,シューボックス(Shoe-Box)とヴィニャード(Vineyard)と,今後新たなコンサートホールの基本形となり得るRAV(reflector in acoustic volume)について,ホールの響きに関連するそれぞれの特徴を述べる。

〔1〕 **シューボックス**(Shoe-Box)　シューボックスホールの音響効果を生み出す建築要素は,幅の狭い直方体である,客席勾配が緩やかで客席に隠れない壁面が多い,浅いサイドバルコニーを有する,天井や壁面の大小の凹凸,などである。なお,舞踏会場としても利用される古典的なシューボックスホールの客席床はフラットであるが,現代のシューボックスホールは,ステージへの視線確保やシート・ディップ・エフェクト(コラム8参照)を避ける目的で客席勾配が設けられている。

直方体ホールの横断面の幅と高さを変えた場合の反射音線図を図4.5に示す。上向きに放射される音に関して,幅が広く天井の低いホールでは,2次反

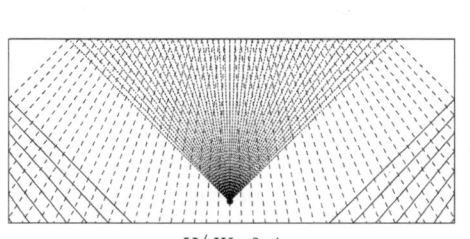

$H/W=0.4$　　　　　　　　　　　　$H/W=0.8$
⋯⋯⋯⋯：直接音,　------：1次反射音,　―――：2次反射音

図4.5　直方体ホール横断面の反射音線図

射音が到達しない範囲が客席中央部に生じる。オーケストラを正面から見たときの弦楽器配列の幅は最大約 20 m であるので，天井高（H）/ ホール幅（W）= 0.8 を確保しようすると必要な天井高は 16 m となる。

次に，**サイドバルコニー**を有するホールの横断面の反射音線経路を**図 4.6** に示す。側壁とバルコニーが交わるコーナー付近を経由する反射音が音源近傍まで到達する。シューボックスホールでは，真横ではなくこれら斜め上方向からの初期反射音が豊富に客席に到達する。

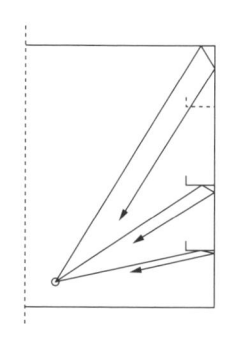

図 4.6　サイドバルコニーを経由する反射音線経路

図 4.7 は前述したシューボックスホールの音響的特徴を保ちつつ，水平ではなくピラミッド型の天井を有するホールの例である。

さて，シューボックスホールでは音響的にも視覚的にも良い条件の客席を増

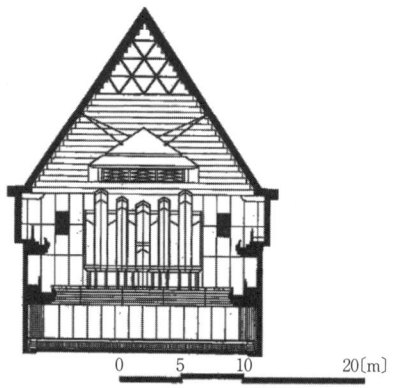

図 4.7　東京オペラシティコンサートホール（1 632 席）[6]
（提供：竹中工務店）

やすことが難しい。ホール幅を広くできないので，多人数を収容しようとすれば奥行きを深くするか，バルコニーの数を増やすことになる。前者の場合，ステージから遠い席は視覚的に遠く，前に座る聴衆に添って伝搬する直接音が大きく減衰する。また，サイドバルコニーを積み上げることは天井と側壁を経由する反射音を妨げることになる（図4.6参照）。シューボックスホールの適正な規模は1800席程度までといわれている。

〔2〕 **ヴィニャード**（Vineyard）　ベルリン・フィルハーモニー（2 218席，1963年）のヴィニャード（段々ブドウ畑）というコンセプトは，建築家 H. Scharoun の"室の中央にステージを持ってきたい"というアイデアに対して，音響設計のL. Cremer が客席をいくつかのブロックに分け，たがいに段差を設けることによって生み出される客席内の小壁（テラス壁）を初期反射音の供給に利用するという提案を行い実現した。

図4.8はヴィニャードの基本コンセプトである[7]。客席をいくつかの六角形に分割し，ステージから離れるに従って六角形を持ち上げる。各テラス（六角形）には，前方の聴衆による超過吸収を受けない直接音が，またテラス段差から生じる横・後方壁から初期反射音が到達する。

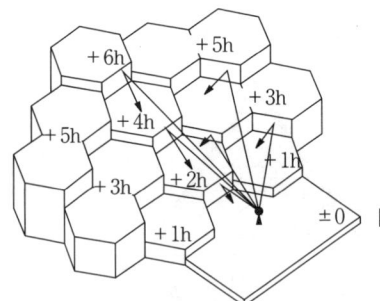

図4.8 "ヴィニャード・ステップ"と"テラス壁"の組合せによる客席ブロック配置の考え方（L. Cremer）

ヴィニャード・ステップを採用したアリーナ型ホール[†]は多くの聴衆をステージ近くに配置できるので，大型（2 000席以上）のコンサートホールが実現できる。ステージ後方の席からは，正面を向いて演奏する奏者の顔は見えないがコンサートは楽しめる。

4.3 設 計 各 論　　93

図 4.9 はヴィニャード・ステップの考え方を採用したアリーナ型ホールの例である。平面図の太線はテラス壁を示す。また，断面図にはテラス壁からの反射音線経路を示す。

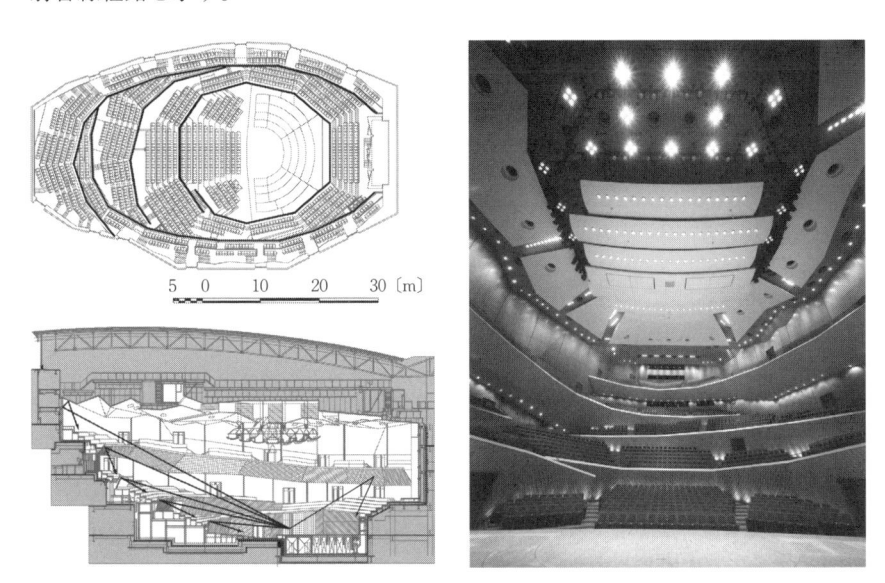

図 4.9　ミューザ川崎シンフォニーホール（1 997 席）
（写真提供：ミューザ川崎）

〔3〕　**RAV**（reflector in acoustic volume）　　E. Kahle はパリ・フィルハーモニー（Philharmonie de Paris）のコンペティション要綱の中で，また A. C. Gade は Acoutics '08 Paris における講演[3] の中で，21 世紀の新しいコンサートホールは高い明瞭性と豊かな残響感を兼ね備えたホールを目指すべきであるとしている。

図 4.10 は，この明瞭性と残響感の両立を実現できる可能性があるといわれているホールタイプの一つ RAV ホールの概念である。明瞭性に寄与する初期反射音は音響空間内部に設置された反射板から供給され，後部残響音は反射板背後も含む大きな音響空間で形成されるという考え方である。

4. コンサートホールの設計の実際

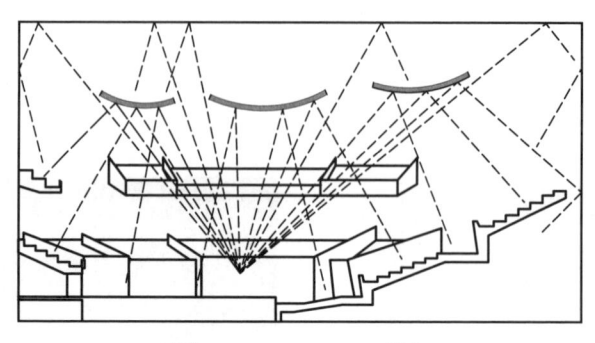

図 4.10 RAV ホールの概念

コラム 6
視覚的な雰囲気と響き

　シューボックスホールとヴィニヤードホールの各々の特徴をとりまとめると表1のようになる。シューボックスの場合，その空間ボリュームが比較的小さいこともあって，どちらかというと小〜中型のオーケストラないしはアンサンブルに適している。その響きはタイトで濃密な印象があり，ホール自身が楽器として鳴っている印象が強い。一方，ヴィニヤードの場合，大型のホールが多いこともあって，より大型のオーケストラ，アンサンブルに適している。ホール空間の広がりが感じられ，響きが大きなホール空間を漂うような印象がある。同時に明瞭度も高い。

表1 シューボックスホールとヴィニヤードホールの特徴

	シューボックス	ヴィニヤード
適切な大きさ	小型から中型（2 000 席以下）	中型から大型（1 500 席以上）
音響性能	比較的良好に作りやすい	さまざまな工夫，検討が必要
性格，雰囲気	伝統的，フォーマル	モダン，ダイナミック
視覚的印象	静的，格調	動的，親密さ
デザインの拡張性	制限大	可能性大

（出典：永田音響設計ニュース　http://www.nagata.co.jp/news/news9806.htm）

4.3.2 音響障害の防止

コンサートホールに適した室内音響条件を考える以前に，コンサートホールに限らず室内において避けなければならない音響現象（**音響障害**）がある。その中にはホール設計の初期段階（基本的な室形状を検討する段階）で注意・解消しておかないと，完成後の対処が困難な場合もある。ここでは，音響障害の原因と防止方法について概説する。

〔1〕 **ロングパスエコー**　　直接音と分離して聞こえる反射音（群）で，ステージから遠い壁面を経由する反射音がステージ上やステージに近い客席でロングパスエコーとして聞こえることがある。コンサートでは，一つの楽音が2重に聞こえたり別の方向から聞こえたりする。後者は**イメージシフト**と呼ばれることもある。

ロングパスエコーはインパルス応答波形上では直接音から50 ms以上遅れて到来する孤立した反射音として観測されることがよくある。ロングパスエコーと認識されたインパルス応答波形の例を図4.11に示す。1 500席のアリーナ型

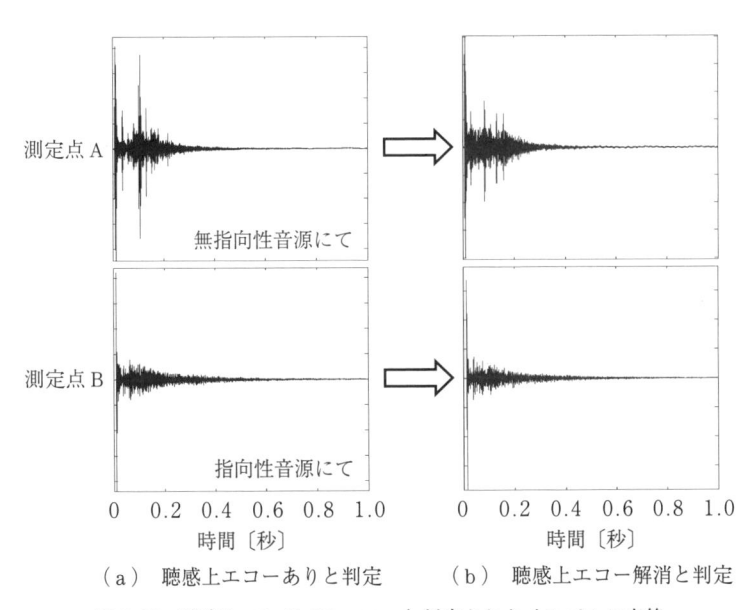

図4.11　聴感上ロングパスエコーと判定されたインパルス応答
（a）聴感上エコーありと判定　　（b）聴感上エコー解消と判定

コンサートホールの縮尺模型内の二つの測定点における観測結果である。聴感上エコーありと判断された場合の波形を左列に，原因箇所に仮に吸音材を貼ってほぼエコーが解消されたと判断された場合の波形を右列に示す。測定点A左の波形はエコーを判別しやすいが，測定点B左の場合には波形上でエコーの有無を判断することは困難である。逆に一見エコーに思える波形でも試聴してみると問題ないと判断できる場合もある。このように，ロングパスエコーに聞こえるかどうかをインパルス応答波形のみから判定するのは困難な場合があり，ロングパスエコーの有無は数値シミュレーションや模型実験で得られた信号音の試聴など聴感印象に頼らざるを得ない。なお，2.3.3項で述べているように，演奏者にとって適度な遅れ時間と強度を持つロングパスエコーは，障害ではなくむしろ演奏をサポートする反射音であることが実験的研究で示されている。

　ロングパスエコーに対しては，原因となる境界面の角度を変更する，同境界面を散乱面や吸音面とする，などが一般的な対処方法である。

　〔2〕　**フラッタエコー（鳴き竜）**　　平行な平滑壁面間や平坦なステージと凹面天井間などでは，音が特定の経路でのみ反射を繰り返すため，手を叩いたときに"パタパタ"，"ビーン"といったフラッタエコーと呼ばれる特異な響きが残る。日光東照宮の鳴き竜（図3.28）のように興味を持って迎えられる場合もあるが，コンサートホールでは避けなければならない現象である。楽音の場合には音色の変化（カラレーション）と感じる場合もある。

　シューボックスホールは直方体であるので平行面ができやすい。特に音源を取り囲むステージ壁面や天井に角度を付けて平行を崩したり，大小さまざまな凹凸を設けたりして音を散乱反射させるのが一般的なフラッタエコーの対処法である。客席内の平行壁面は，極端な平滑壁面でない限りステージ上の音源に対してフラッタエコーを感じることは少ないが，平滑面からの"鋭い"反射音の音色を和らげることを目的として，小さなスケールのランダムな凹凸を計画する場合が多い。ちなみに，ウィーン・楽友協会大ホールの主階席側壁は平行であるが前面にはタペストリーが掛けられている（一種の吸音）。

〔3〕**カラレーション**　繰返し周期の短いフラッタエコーの他に，直接音と反射音の干渉や，規則正しく並んだリブからの回折音どうしが干渉して音色が変化する現象をカラレーションという。

前者は，平滑な壁面に近い席において，すなわち直接音に対する反射音の遅れ時間が非常に短く（20 ms 程度未満）振幅が大きい場合に経験することがあり，極端な場合には特定のピッチの音が強調されて聞こえる。平滑な壁面にスケールの小さいランダムな凹凸を設けることで解消される。

後者の場合には，打楽器やピアノの短音の後に"ヒュン"という響きが残ったり，原音とは異なる雑音性反射音が聞こえたりする。対処方法はリブの間隔や深さをランダムに変化させるなど規則性を崩すことが有効である。

〔4〕**音響集中**　円形・楕円形平面やボールト天井（ドーム状天井）など凹面を有する空間では，極端に音圧の高い場所が生じることがある。凹面で反射した音がほぼ同じ時間遅れで集まる音響集中が生じているのである。円の中心や楕円の焦点近傍など特異な位置でなくても，曲率の小さい凹面が覆う範囲では音響集中を知覚する。

大小の拡散体を取り付けて反射音の伝搬方向を分散させる，吸音を分散配置して集中の強度を弱める，などの対応が有効とされているが，音響集中を完全に解消することは困難である。コンサートホールでは曲率の小さい凹面は避けたほうが無難である。

4.3.3　ステージのデザイン

ステージ音響の評価は演奏者の"慣れ"も微妙に絡んで非常に難しい問題である。ホールが完成して間もない時期に多く聞かれる演奏しにくいという声が，時間とともにしだいに少なくなることがよくある。では，どんな音響条件でも時間がたてば慣れによって克服可能かというと，そうとばかりはいいきれない。コンサートホールのステージとして絶対的な条件は押さえておく必要がある。ここではオーケストラ演奏を対象とした大型ステージの条件について考察する。

4. コンサートホールの設計の実際

〔1〕 楽器配置とステージの平面的な大きさ　　付表2を参照すると，オーケストラホールのステージは年代とともに大きくなる傾向がある。後期ロマン派の大編成オーケストラを考えると，上手・下手とも6プルトずつ弦楽器を配置するためのステージ幅は18〜20 m 必要となる。ウィーン・楽友協会大ホール，ボストン・シンフォニーホールでもステージの幅は18〜20 m である。一方奥行きは，弦2〜3段＋管3段＋打楽器で12 m 程度が必要となる。ソリスト・合唱を配置し，ピアノのスムーズな出し入れのためのスペースを確保しようとすると，さらに奥行きの深いステージが必要になる。ウィーン・楽友協会大ホール，ボストン・シンフォニーホールと現代のホールのステージの広さの違いはこの奥行きにある。

オーケストラの楽器配置について，第2次世界大戦前に一般的であった1stヴァイオリンと2ndヴァイオリンを上手と下手に振り分け，下手1stヴァイオリンの隣にチェロ，さらにその奥にコントラバスを並べる**ドイツ配置**（図4.12（a））が近年復活している。この配置に対して戦後の配置は**アメリカ配置**（図（b））と呼ばれることがある。このような配置を採用したのは指揮者のレオポルド・ストコフスキーといわれており，左に高音のヴァイオリン，右に低音のチェロとコントラバスを配置したほうが，開発されて間もない比較的分離の悪いステレオ録音方式でも効果的な録音ができるというのが理由である。ヴァイオリンをまとめることで1stと2ndのアンサンブルが取りやすくなるという

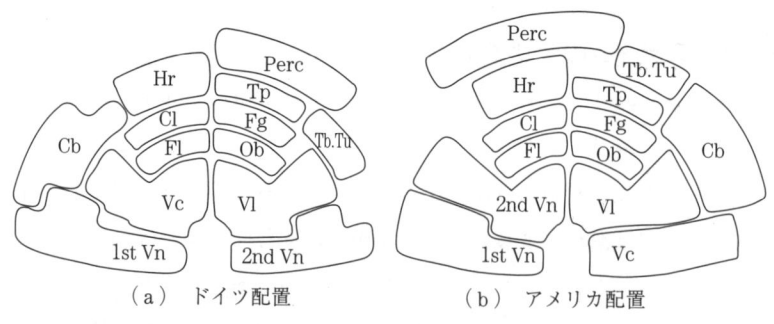

　　　　　（a）ドイツ配置　　　　　　　（b）アメリカ配置

図4.12　オーケストラの楽器配置（16型オーケストラ）

メリットもある．ただし，ドイツ配置を想定して書かれた楽曲の音楽的（音響的）効果がヴァイオリン全体をまとめてしまうアメリカ配置では失われてしまうこともある．またドイツ配置では，1stと2ndが離れることで1stが2ndにマスクされずに引き立つことや，チェロ・コントラバスの音の放射方向がより正面客席に向くというメリットがある．一方で，1stと2ndのアンサンブルが取りにくくなるというデメリットがある．

両配置ともに，アンサンブルのしやすさをサポートする上方からの反射音や，ステージ横の客席に対する遠い側の楽器の反射音の供給が重要である．これを満たすためには，天井反射板も含めたステージ周りの天井と壁の位置・形状の検討が重要であり，弦楽器も含めたオーケストラひな壇も効果的である．付表2の新しいホールの多くにはこのようなオーケストラひな壇が導入されている．ただし固定式ではなく，昇降式の分割迫りやワゴン式でフラットなステージも形成できる可動式である．

コラム7

ルイジ・ノーノ：プロメテオ＠秋吉台

秋吉台国際芸術村コンサートホールは，ルイジ・ノーノの"プロメテオ－聞く悲劇－"の上演を前提として設計された[25]．プロメテオでは，1階とプラットフォームに器楽アンサンブル・合唱・独奏・独唱・語り手が聴衆を取り囲んで二重の螺旋状に配置された．また演奏音を集音・信号処理して拡声するためのスピーカが螺旋の内側に高さを変えて12台配置された（ライブ・エレクトロニクスLE）．聴衆は螺旋の内側でさまざまな方向からの音響を聞くことになる．

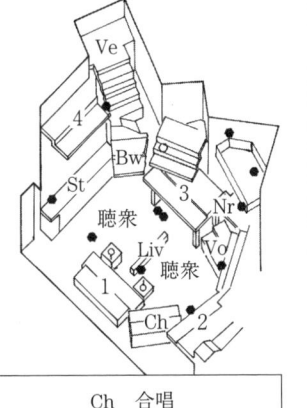

○-	指揮者(2名)	Ch	合唱
1-4	オーケストラI-IV	Vo	独唱
St	弦楽独奏/アンサンブル	Nr	語り手
Bw	金管独奏/アンサンブル	Liv	LEオペレータ
Ve	ヴェトリ(打楽器)	●	LE用スピーカ

100   4. コンサートホールの設計の実際

〔2〕 **ステージの天井高さ**　付表2を参照すると，ステージ上の天井高さがおおよそ16 mを超える場合には，なんらかの音響反射板が導入されている。ライプツィヒ・ノイエス・ゲヴァントハウスやロサンゼルス・ウォルト・ディズニー・コンサートホールはアリーナ型でありながら，デザイン的に巧妙に天井高さが抑えられている。一方，ステージ上の天井が高いミュンヘン・フィルハーモニーホール（ガスタイク）では，オープンの数年後にホームオーケストラであるミュンヘン・フィルハーモニックからの要望で浮き雲タイプの透明な反射板が取り付けられた。

天井の高いホールに設置されている音響反射板の役割は，ステージ上の演奏者とステージ周辺の客席への初期反射音の供給である。その形態は，小さなパ

（a）サントリーホール 　　　　　（b）軽井沢大賀ホール

図 4.13　浮き雲タイプの音響反射板の例

（a）札幌コンサートホール 　　　（b）東京オペラシティコンサートホール
　　　　　　　　　　　　　　　　　　（1/10 模型）（提供：竹中工務店）

図 4.14　大型キャノピータイプの音響反射板の例

4.3 設 計 各 論   101

ネルを多数並べた**浮き雲タイプ**（口絵6，図4.13）と大きなパネル数枚からなる**大型キャノピータイプ**（図4.14）がある。一般に，小さなパネルから有効な低音域の反射音を得ることは難しく（6.3.5項参照），したがってパネルの基本寸法は反射を期待する音の波長と同程度以上とすることが設計の目安である。

さて，多目的ホールにおいて，プロセニアムステージからコンサートステー

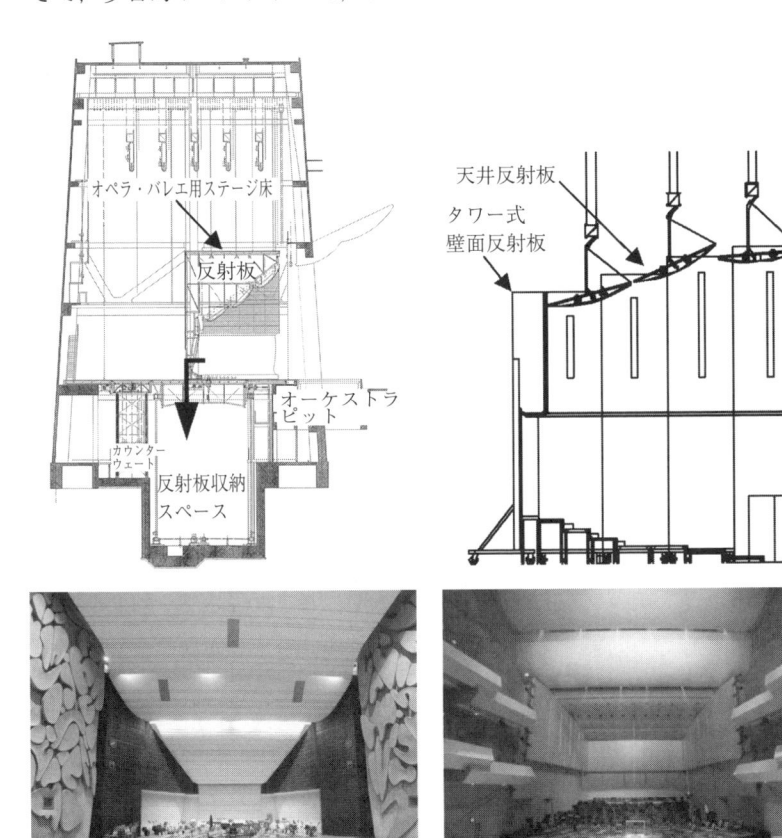

（a）　東京文化会館大ホール
奈落に収納された一体型音響反射板が迫り上がりコンサートステージが構成される

（b）　ニューヨーク・バードカレッジ
タワー式壁面反射板と吊り式天井反射板によりコンサートステージが構成される

図4.15　プロセニアムステージからコンサートステージへの転換

ジへの転換を行うために舞台内に設置される**エンクロージャ**も（舞台）音響反射板と呼ばれる（図4.15）。その目的は，天井が高く吸音性も高いフライタワーを反射パネルで閉ざしてコンサート用のステージ空間を創出することである。音響的に良質なコンサート空間を創出するために重要なのは，ステージから客席に連続的に繋がる形状を重量のあるパネルで構成することである。オペラ・バレエでオーケストラピットとして使われる部分を迫り上げてコンサートステージの一部として使う方式（東京文化会館大ホール）は，この要件を満たす有効な方式の一つである。

〔3〕 **ステージ床の役割**　コンサートホールに限らず，また洋の東西を問わず，ホール・劇場のステージ床は客席床から一段高い位置に設定されている。その理由は客席からステージを見やすくするためと考えられる。コンサートホールのステージ床については，視覚的な条件の他に，定性的に次のような音響的な役割も合わせ持っている。

（1）ステージ高さとオーケストラ配置による直接音と反射音のバランス　伝統的なシューボックスホールのステージ床レベルは比較的高く（1 m以上），新しいホールのそれは低い（1 m未満）傾向が見られる。

（2）反射面としての効果　フラットな床面の場合，音源から下方に放射される音も上方に反射させる効果（いわゆる指向係数 $Q \approx 2$）があり，さらにオーケストラひな壇の立ち上がり面は客席方向に音を反射させる効果を持つ。

（3）振動板としての効果　発音時の振動が直接ステージ床に伝わるピアノ，チェロ・コントラバス，打楽器などの場合，楽器からの直接音とステージ床から放射される音が一体となって聴衆に届く。ソリストが使う演奏台（小型ライザー）の構造や床板材料の違いで，ソロ楽器の音量・音質が異なることをときどき経験する。残念ながら，ステージの床構造・材料に関する学術的な研究はあまり行われていない。

〔4〕 **ステージライザーの役割**　伝統的なシューボックスホールには弦楽器も含めてオーケストラ全体をひな壇状に配置する固定のステージライザーが組まれている。ウィーン・楽友協会大ホールのライザー（**図4.16**(a)）はそ

(a) 固定ライザー　　　　　　　　　　(b) 昇降式ライザー
（ウィーン・楽友協会大ホール）　　（ヘルシンキ・音楽センター・コンサートホール）

図 4.16　ステージライザーの例

の典型的な例である。主階席は後部数列を除いてフラットなので，ライザーなしでは主階席からオーケストラ全体を見渡すことができない。

　ステージ床面がフラットな場合とライザーを組んだ場合の演奏者の見え方を図 4.17 に示す。同じホールの主階席とバルコニー席からのステージの見え方を比較するとバルコニー席からはステージ全体が見渡すことができ，バルコニー席のほうが聴感的に明瞭性と残響感のバランスが良い印象を受けることがよくある。オーケストラ全体が見渡せるということは，音響的には反射音成分に対する直接音成分の割合が増えることに相当し，したがって明瞭性の向上に寄与していると考えられる。

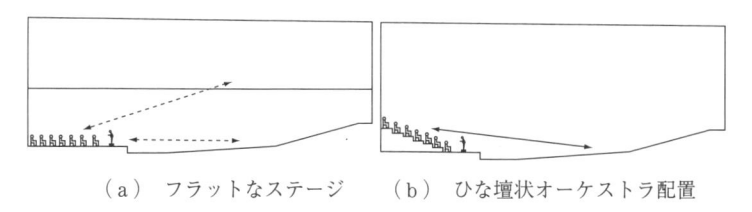

(a) フラットなステージ　　　(b) ひな壇状オーケストラ配置

図 4.17　ステージの見え方

　主階席に傾斜が設けられている新しいホールにも，オーケストラを立体的に配置できるライザーが導入されている（図 4.16(b)）。これは，ステージに近い主階席に対して前述した視覚的・音響的効果が期待できる他に，オーケスト

コラム8　シート・ディップ・エフェクト

　ホールの座席上を列に沿って伝搬する音の低音域に生じる超過減衰をシート・ディップ・エフェクト（seat-dip effect：SDE）という。1964年，ニューヨーク・アヴェリ・フィッシャーホールの音響測定で偶然発見された。座席列上を伝搬する直接波と座席の背の上縁を連ねた面より下部の空間を経由する波との干渉によって生じる現象である[24]。音が座席列に擦過入射する場合に強く現れる。図1はウィーン・楽友協会大ホールの異なる席で測定された直接音（ただし直接音のすぐ後に到来する座席・床からの反射音を含む）の周波数特性である。主階席（stalls seats）でSDEによる低音域のディップが認められるのに対して，サイドバルコニー席では認められない。同ホールの実際の演奏では主階席においても低音不足を感じることはない。それには，ステージ上に設置されている固定ステージライザーが役立っているといわれている。ステージライザー上の楽器からの直接波は座席面に対して擦過入射の条件から離れるのでSDEが緩和される。さらに，SDEを引き起こす座席列からの反射音の時間的な干渉領域に，ステージライザーからの反射音や回折音も到来し，その結果低音域減衰が緩和される[24]。

　シューボックスに分類されるホールも含めて近年のホールは，ステージへの視線を確保するために客席床勾配が大きく設計されることが多い。これも，SDEによる低音域減衰の緩和には有利である。

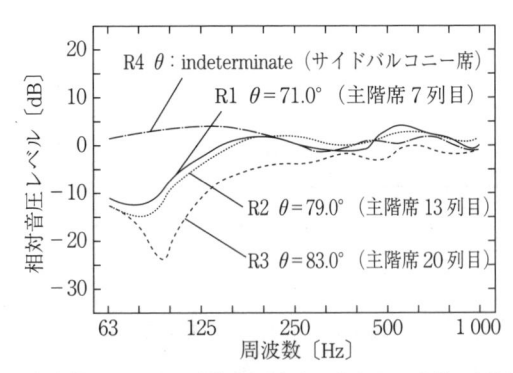

さまざまな座席位置における直接音（座席・床からの直後の反射音を含む）

図1　ウィーン・楽友協会大ホールにおける測定結果[24]

ラをコンパクトに配置できる，演奏者どうしのアイコンタクトが取りやすい，ライザー立ち上がり面が奏者に時間遅れの少ない反射音を供給するなど，演奏やアンサンブルのしやすさをサポートする役割を担っている。

〔5〕 **ステージ床構造・材質**　日本のホールのステージ床は，**図4.18**に示すように木構造の組み床で表面材は檜(ひのき)が一般的である。ハレの場を"ひのき舞台"というように，明治期に西洋音楽が入るはるか前から檜は伝統的に舞台の床材として用いられてきた。この木組床は比較的振動しやすい構造と考えられるが，コンサートホールのステージ床にも適した仕様であると確認されていたわけではなかった。

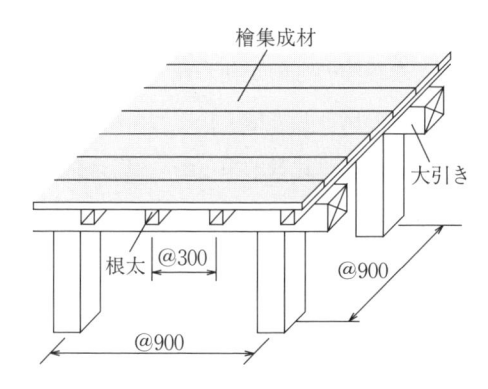

図4.18 日本のステージ床構造の例

京都コンサートホールの設計にあたって，10数種類の床のサンプル（弦楽器1プルトが乗れる大きさ1.8 m×1.5 m）を製作して，新ホールが定期演奏会場となる京都市交響楽団の団員（ヴァイオリン，チェロ，コントラバス，ティンパニ）による試奏実験が行われた[8]。指揮者，演奏者，設計者等による選定過程における意見は同一傾向を示すほど単純ではなく，楽器によって，また人の好みによってばらつきがあった。特に，鳴り方の印象について，"ふくよか"な鳴りを好むグループと明瞭な音を好むグループに大別された。最終的に採用された仕様は伝統的な「檜ムク材（50 mm厚）+300 mmピッチ根太」であった。その後，同じサンプルを用いて，新日本フィルハーモニー交響楽団とロサンゼルス・フィルハーモニックのメンバーによる同様の実験（それぞれ

新ホールのステージ床選定のため）が行われたが，最終的に最も良いと判定されたのは京都と同じ構造であった。

　この実験以前に，シカゴの音響コンサルタントのR. L. Kirkegaardは，サンフランシスコのデイヴィス・ホールの音響改修設計を行うにあたって同様の実験を行っている。結果として選定されたステージ床材は，表面が楓でハニカムコアやフェルト材を組み合わせた構造であった。また，N. V. Jordanも国立デンマーク放送局の旧コンサートホールの音響改修設計にあたって同様な実験を行っている[9]。このときは裏貼りなしの楓のムク材が選定された。これらの実験で選ばれた床材はいずれもかなり硬めの振動しにくいもので，京都の実験結果とは異なった傾向のものである。

　ステージ床の表面木材はさまざまな種類のものが使われているが，大きく針葉樹系と広葉樹系に分けられる。前者の例として檜・松など，後者の例として楓・ナラ・樫などがある。一般に，針葉樹系は比較的柔らかく，広葉樹系は硬い。わが国のステージ床材で圧倒的に数が多いのは檜である。しかしながらこれはわが国特有の傾向で，諸外国ではそもそも"ひのき舞台"という言葉がない。

4.3.4　壁・天井（拡散）のデザイン

　音響設計者は建築家に対して「壁や天井になんらかの**拡散形状**（scattering structure）が欲しい」と提案する。ホール音響にとって壁・天井になんらかの凹凸が必要であることには賛成していただけると思うが，問題は"どのような形状・大きさの凹凸がどの部位にどのくらいの密度で必要なのか"，という方針の提案が難しいことである。拡散形状の具体例を挙げることはできる。例えば，伝統的なシューボックスホールの格子天井や彫像，新しいところでは**シュレーダ拡散壁**[10]などである。これまでの研究でホールの音響を説明するさまざまな物理パラメータが提案され，その測定方法について規格化の動きもある[11]が，音響の質との関連で壁・天井の拡散形状を評価することに関しては，現地視察や写真・図面の観察といった"目視調査"に基づく不規則度指数（surface diffusivity index）の提案[12]があるだけである。なお，壁・天井の拡散形状に関して，欧

米(特にアメリカ合衆国)では Micro-shaping という用語を用いることがある。

M. Barron によれば,20世紀の一時期"音響的な空間印象(sense of space)"はさまざまな方向から均一に反射音が到来すること(fully diffuse,拡散音場の一要件)により生まれると考えられていた。そのために聴衆が座る床面以外の壁と天井を大小さまざまな凹凸形状で仕上げたベートーベンホール(ドイツ・ボン)が誕生した[13),14)]。入射音をさまざまな方向に一様に散乱反射させる境界面で構成された空間が拡散音場となる保障はないが,少なくとも壁・天井面の大部分を拡散形状とすることで反射音の到来方向の偏りを均そうという試みである。なお,このホールの天井の凹凸には緩やかな凹面天井による音響障害を防ぐ目的もある。その後同じゲッティンゲングループの研究により,空間印象を生むのに必ずしもすべての方向から均一に反射音が到来する必要のないことが示された[15)]。さらに近年の研究から,空間印象は**みかけの音源の幅**(ASW)と**音に包まれた感じ**(LEV)に分けられ,後者の知覚に音場の拡散の程度が影響する可能性があることが示された[16)]。

以上も含めてこれまでの研究成果や教科書を参照すると,壁や天井の拡散形状の役割は次の三つに集約できる。

- ロングパスエコーやフラッタエコーなど音響障害の解消
- 平滑面からの"鋭い"反射音の音色を和らげること
- 反射音の空間分布の均一化

〔1〕 **拡散形状の設計指針**　永田[5)]および前川[17)]は角柱・円筒などの2次元拡散体について,設計周波数(散乱効果を期待する最低周波数)が与えられた場合の底辺・繰返し周期と高さの決定方法を提示している。底辺または繰返し周期=設計周波数の波長程度,高さ=波長の15~30%というのが設計指針である。

ベラネク[1)]は,弦楽器の"ギラギラした(glare)"音色を和らげて"柔らかい(mellow)"反射音を得るために初期反射音を供給する反射面に深さ数 cm 程度の不規則な凹凸が必要であり,また後期残響音の空間分布の均一性を得るために天井と壁上部に深さ数 10 cm の不規則な凹凸を設けることが重要であるとしている。そして,音響の評価の高いウィーン・楽友協会大ホールやボス

トン・シンフォニーホールは，格子天井や壁の彫像・装飾・窓が拡散形状に関して高位の拡散性（high diffusivity）を有していると評価している。

T. J. Cox と P. D' Antonio[18]は，シュレーダ拡散体（QRD）などの新しい拡散体について，Diffusion Coefficient（指向拡散度）を示し，さまざまな室・状況への適用例を紹介している。

〔2〕 **音響障害の解消のための拡散形状**　ロングパスエコーやフラッタエコーなど音響障害の解消のために拡散体が取り付けられることがある。ニューヨーク・カーネギーホールの主階後壁に，ステージで知覚されるロングパスエコーの解消を目的としてシュレーダ拡散体が取り付けられたのは有名である[18]。2次元直方体音場の側壁に拡散体を取り付けた場合のフラッタエコーの低減効果に関する試聴実験については文献19）の報告がある。

〔3〕 **"鋭い"反射音の音色を和らげるための拡散形状**　平滑な仕上げ（例えば石磨き仕上げなど）の壁面近くの席では，同壁面で反射する弦楽器や

（a）東京オペラシティコンサートホール側壁の拡散形状（提供：竹中工務店）　　（b）パリ・ザールプレイエル側壁の拡散形状（2004年改修後）

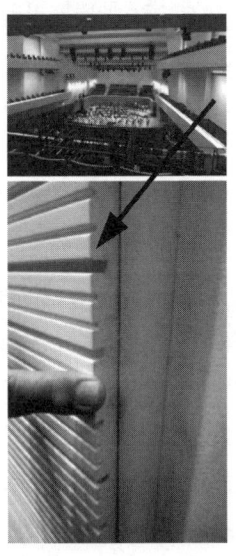

深さ：□ 0　■ −3　■ −6　■ −9　■ −12

図4.19　"鋭い"反射音の音色を和らげるための拡散形状の例

ピアノの音を"ギラギラした","鋭い"と感じることがある。そこで，1～数次の反射の後に客席に反射音を供給する面には深さ数 cm 程度の拡散形状が推奨される。図 4.19 に実例を示す。

〔4〕 **反射音の空間分布の均一化のための拡散形状**　ベラネクは後期残響過程が適度な時間をかけて減衰することと残響音の空間分布の均一性はコンサートホール音響にとって重要で，歴史的なシューボックスホールの格子天井や壁面の窓・装飾・彫像がその役割を果たしていると解説している（図 4.20（a））。新しいホールにおいて，これらの要素が意匠的にそのまま取り入れられることはまずないが，音響的に必要なものとして実現された拡散形状の例を図（b）に示す。また，3 章では波動音響シミュレーションによる音響拡散体の効果の視覚的な説明が紹介されているので，こちらも参照いただきたい。

（a）　ウィーン・楽友協会大ホール壁面上部の拡散形状　　（b）　デンマーク国立放送局コンサートホール壁面上部の拡散形状

図 4.20　残響音の空間分布の均一化のための拡散形状の例

ステージ空間においても，演奏・アンサンブルのしやすさのために反射音の空間分布の均一化は重要である。国内では，大きな平滑面で構成された音響反射板に大小のくぼみを取り付けて，ステージ空間内の響きの均一化を図った例がある[20]。また，ニューヨーク・アヴェリ・フィッシャーホールでは，1992 年のステージ改修でティンパニの胴を思わせる拡散体が側壁に取り付けられた（図 4.21）。

110　4. コンサートホールの設計の実際

（a）改修前 　　　　　　　　　（b）1992年改修で取り付けられた拡散体

図4.21　ニューヨーク・アヴェリ・フィッシャーホールのステージ

コラム9

拡散形状の趣

音響的に機能する拡散形状の姿（解）はさまざま存在するように思えるが，実際よく目にするのは折板形状や円筒形である。そんな中，東京文化会館大ホール側壁の拡散体（図1(a)）や舞台音響反射板のデザインはユニークである。カーテンのヒダを模した拡散壁（図(b)）やフラクタル的な構造を持つ拡散壁など意匠的に特色を持つ拡散形状が他にもある。

（a）東京文化会館大ホール側壁の拡散体 　　（b）カザルスホールのカーテンを模した拡散形状

図1　さまざまな拡散形状

4.3.5 建築的な音響可変

多目的ホールでは，長めの響きが好まれるクラシック音楽から響きが短いことが必要とされる講演会まで，さまざまな催し物が行われる。これら幅広い用途に対して，残響時間を建築的にコントロールする仕掛けがいわゆる**残響可変装置**で，反射面と吸音面の反転や吸音カーテンの出し入れで実現されている。また，ステージ音響反射板もその一つである。

さらに，クラシック音楽の中でも，作曲家が想定していた演奏空間や，演奏規模や楽器など演奏される音楽に適した音響状態はさまざまなので，コンサートホールはそれぞれに適した音響状態をできるだけ実現すべきであるという主張がある。これは，残響時間したがってインパルス応答の後期部分のみではなく，初期部分の反射音構造も可変させるべきという考え方である。

東京芸術大学の新奏楽堂は，天井を分割して昇降させることで音響可変を行っている（**図 4.22**）。天井の昇降は，容積を変えて残響時間を変化させるだけではなく，インパルス応答の初期部分の反射音構造を変えることにもなる。

新奏楽堂の基本計画で提示された，①オーケストラ，管弦楽，弦楽合奏，管打合奏，オペラ，合唱，邦楽，室内楽，器楽・声楽ソロ，試験等の用途に対応できること，②音響特性を使用目的に応じて変化させること，という与件に対して採用された方法である。壁あるいは天井の一部を反射→吸音に変える一般的な（残響）可変機構は楽器から放射された音の一部（特に初期反射音）を間引くことになり，音楽の研鑽を積む場としてのホールの音響可変機構としては好ましくないという判断によるものである。ホールがオープンして10年が経過し，その間天井昇降が積極的に試されてきた。図4.22は，演奏形態の違いによる現在の天井パターンである[21]。

図4.23は，ジョンソン（R. Johnson, ARTEC Consultants, ニューヨーク）が提案するコンサートホール（図(a)）の横断面モデルと実現されたホールの例である。シューボックスを基本とし，天井を非常に高い位置に設定して壁面上部背後と天井裏に大きな空間（**残響チャンバ**と呼ばれている）を付加し，ほぼステージ全体を覆う可動大型キャノピーが計画される。ホールと背後空間は

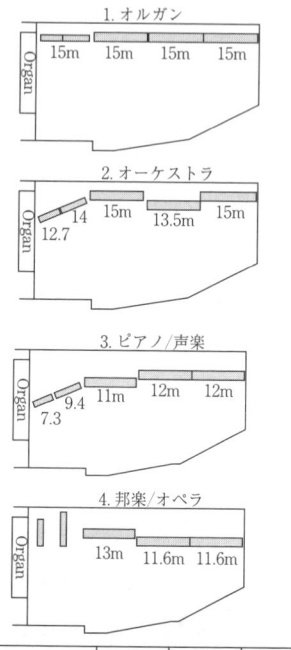

112　4. コンサートホールの設計の実際

天井パターン	T[s]	C80[dB]	C50[dB]
1 オルガン	2.34	5.46	4.53
2 オーケストラ	2.20	5.37	3.64
3 ピアノ	2.17	5.91	4.06
3a ピアノ(シャッター開)	2.05	4.40	2.57
3b 声楽(シャッター開)	1.97	4.44	2.63
4 邦楽(天反無)	1.74	8.10	6.24

図 4.22　東京芸術大学・新奏楽堂の音響可変（昇降天井）[21]

コンクリート扉で仕切られており，扉を開けて残響チャンバとホール空間を結合させて容積を増やし残響時間を伸長させる。"より Warmth（暖かみ）のある響きを実現するためには低音域の残響時間を伸ばせばよい"という考え方がこの仕掛けの発想の原点である。残響式からいえば残響時間は室容積に比例して周波数に無関係に長くなるが，このタイプのホールの場合，背後空間との結合は限られた面積の開口を介するのみであるので，一体的な空間として働くのは低・中音域に限られる。実際，残響時間が伸びるのは低・中音域であることが測定で確認されている[1]。

4.3 設 計 各 論　　113

横断面モデル

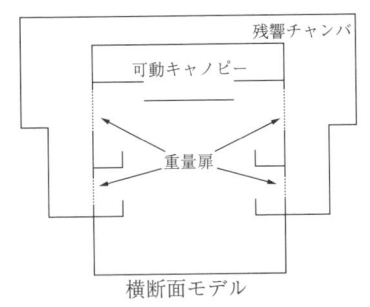

（a）ラハティ・シベリウスホール（フィンランド）　　（b）客動線を兼ねる残響チャンバ内部

図 4.23　残響チャンバを有するホール

4.3.6　客席椅子のデザイン

　客席椅子はホールの総等価吸音面積の 30〜40% を占める大きな吸音要素である。伝統的なシューボックスホールに見られる客席椅子は，サイズが小さく，またクッション部分も少ないので等価吸音面積も小さい（**図 4.24**(a)）。日常の使用で椅子はしだいに傷んでくるので定期的な更新が行われるが，その際音響を変えないためにそれまでの仕様が踏襲されるのが普通である。一方，新しいホールの椅子は，座り心地を考えてサイズも大きめで，座ったときに人の体が触れる座表・背表ともにクッション付き布張りが一般的である（図(b)）。したがって等価吸音面積も大きめである。座表・背表は聴衆が座ったとき隠れ

(a) ウィーン・楽友協会大ホールの椅子　(b) 新ヤマハ銀座ホールの椅子
（提供：ヤマハ株式会社）

図4.24　コンサートホールの椅子

る面であり，その部位が吸音（クッション付き布張り）であるということは，空席時と着席時の等価吸音面積の差が小さいということ意味している。なお，ベラネクは椅子の吸音特性について吸音率（したがって椅子が占める総等価吸音面積＝吸音率×椅子が占める床面積）で議論している[1]が，日本では椅子を吸音体とみなして1脚当りの等価吸音面積で扱うのが一般的である。

椅子の等価吸音面積は残響室法で測定される。測定は数脚〜十数脚を残響室に持ち込んで行われるが，その際 ISO 354：2003[22]では椅子周縁を椅子と同程度の高さの反射パネルで囲う（Well）ことが推奨されている。これは，音の入射条件を実際のホールで多数の椅子が並んだ状態（すなわち前後左右からの音の入射は少なく，面積効果も小さい）に近づけるための測定条件である。Wellを使わずに測定された椅子の等価吸音面積は，実際にホールに設置された状態のみかけの等価吸音面積より大きな値を示す[23]。

さて，ヴィニャードタイプのホールは客席テラスを積み上げるので，必然的に客席段床のレベル差が大きく，したがって客席勾配が急になる。ホール音場に直接露出する椅子部位の割合が大きくなり，ホールに設置された状態における椅子のみかけの等価吸音面積は残響室のフラットな床に設置して測定された

椅子のそれより大きい可能性がある。図4.25は，客席勾配が急なホールの残響時間について，残響室で測定した椅子の等価吸音面積を用いた予測値と実際のホールの測定値を比較したもので，両者にはかなりの違いがある。同じ椅子でも設置条件の違い（フラット／勾配あり）でみかけの等価吸音面積に大きな差が生じること，したがって椅子の吸音特性の事前確認では実際の設置条件を想定した試験方法を検討する必要がある。

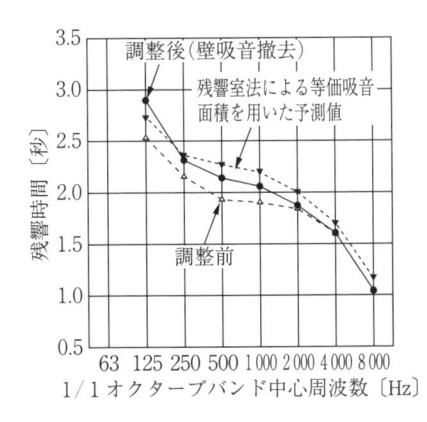

図4.25 客席勾配が急なホールの残響時間

4.3.7　パイプオルガン

コンサートホールにおけるパイプオルガンは，その使用頻度はそれほど多くないものの，通常は正面に据えられるので意匠的なホールの"顔"としての存在感を持つ。ホール音場に対しては，拡散体と吸音体の両側面を持つ。

前者の拡散体という性格について，定量的な議論はなされていないが，円筒形の金属パイプが並んだファサードは音響的な拡散体としての効果を連想させる。なお，ファサードのパイプ列は"飾り"で音の鳴らないオルガンもある。実際に鳴る場合でも表面に見えているパイプはごく一部で，背後に数千本のパイプが林立している。パイプ一本一本はレゾネータであることからオルガン全体は吸音体としての側面も持つ。パイプオルガン以外の建築要素は変わらずオルガン設置前後の残響時間を測定できた場合について，全等価吸音面積の差から求めたパイプオルガンの等価吸音面積を図4.26に示す。同等価吸音面積に

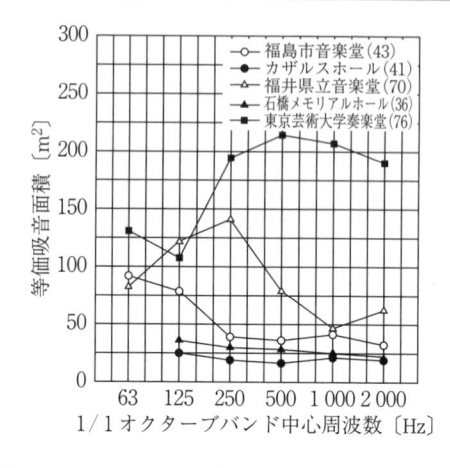

図4.26 パイプオルガンの等価吸音面積

は木製オルガンケースの等価吸音面積も含まれており，東京芸術大学奏楽堂を除けばパイプオルガンは低音の吸音体といえる．

引用・参考文献

1) L. L. Beranek : Concert Halls and Opera Houses: Music, Acoustics, and Architecture, Springer (2004)
2) W. C. Sabine : Collected Papers On Acoustics, Harvard University Press (1923)
3) 例えば Proc. Acoustics' 08 Paris (2008)
4) 牧田康雄ほか：東京文化会館の音響設計，NHK技研, **69** (1964)
5) 永田穂：新版建築の音響設計，オーム社 (1991)
6) T. Hidaka, L. L. Beranek, S. Masuda, N. Nishihara and T. Okano : Acoustical Design of the Tokyo Opera City (TOC) Concert Hall, Japan, J. Acoust. Soc. Am., **107**, pp. 340-354 (2000)
7) L. Cremer : Different Distributions of the Audience, Proc. International Symposium on Architectural Acoustics, Auditorium Acoustics, pp. 145-159, Appl. Sci. Publ. 9 (1975)
8) 小口恵司，豊田泰久，石渡智秋，永田穂：ステージ床構造の試聴実験，建築音響研究会資料，AA97-006 (1997)
9) V.Jordan, et al. : The New Orchestra Platform in the Danish Radio Concert Hall, Prep. Nordic Acoustical Meeting (1990)
10) M. R. Schroeder : Number Theory in science and communication, Springer (1990)
11) ISO/DIS 3382-1 : Acoustics - Measurement of room acoustic parameters Part 1 :

Performance rooms (2008)
12) C. H. Haan, F. R. Fricke : An evaluation of the importance of surface diffusivity in concert halls, Appl. Acoust., **51**, pp. 53-69 (1997)
13) M. Barron : Auditorium Acoustics and Architectural Design, E & FN Spon (2003)
14) E. Meyer, H. Kuttruff : Zur akustischen Gestaltung der neuerbauten Beethovenhalle in Bonn, Acustica, **9**, pp. 465-468 (1959)
15) P. Damaske : Subjektive Untersuchungen von Schallfeldern, Acustica, **19**, pp. 199-213 (1967)
16) M. Morimoto, K. Iida and K. Sakagami : The role of reflections from behind the listener in spatial impression, Appl. Acoust., **62**, pp. 125-136 (2001)
17) 前川純一：建築・環境音響学，共立出版 (1990)
18) T. J. Cox, P. D' Antonio : Acoustic Absorbers and Diffusers Theory, Design and Application, Spon Press (2004)
19) T. Yokota, S. Sakamoto, H. Tachibana : Sound field simulation method by combining finite difference time domain calculation and multi-channel reproduction technique, Acoust. Sci. & Tech., **25**, 1, pp. 15-23 (2004)
20) 山本至：尼崎市総合文化センターアルカイックホール，音響技術，**57**, pp. 54-55 (1987)
21) 福地智子，岩﨑真，亀川徹：奏楽堂の設計概要と実際の運用について，建築音響研究会資料，AA2009-67 (2009)
22) ISO 354 : Acoustics-Measurement of sound absorption in a reverberation room (2003)
23) 福地智子，藤原恭司：Sound absorption area per seat of upholstered chairs in a hall, J. Acoust. Soc. Jpn.(E), **6**, 4, pp. 271-279 (1985)
24) 日本建築学会編：室内音場予測手法―理論と応用― (2001)
25) 磯崎新：新建築，新建築社，**5** (1999)

写真提供：特記なき限り永田音響設計

第5章
コンサートホールにおける電気音響技術

　コンサートホールにおいても，場内アナウンスや解説を伴うコンサートなど，電気音響設備による拡声が行われている．近年では，多目的な用途をさらに拡大するため，電気音響的に残響感を延長させるシステムも導入されている．前者は響きが長い空間において明瞭な音を伝送するために使用されているのに対して，後者は響きが短い空間において残響感を増強することを目的に使用されている．本章では，コンサートホールにおけるこのような電気音響技術である「拡声技術」と「音場支援技術」について基本的な課題とその解決方法，制御方法，そして実施例を紹介する．

5.1　コンサートホールにおける電気音響の利用

　コンサートホールは，これまでに述べられてきたように，「残響感」や「広がり感」など，室内音響効果をクラシック音楽会場として最適にすることを目的に設計が行われる．電気音響技術の利用も，従来の情報伝達を目的とした**拡声技術**だけでなく，建築音響的には実現が難しい場合にも室内音響効果の最適化を可能にする，いわば建築音響を補完するための電気音響技術の研究や実用化も行われている．

　従来の拡声技術の設計課題では，近年のレクチャーコンサートや多目的使用の拡大から，響きの長い空間の中でも情報の伝達が必要な催しが行われるようになり，情報の伝達には好ましくない音響空間という特殊性を考慮した拡声技術が必要とされている．また，室内音響効果を補完するための電気音響技術の利用については，残響感の延長，広がり感の増強，など建築条件に起因する室

5.1 コンサートホールにおける電気音響の利用

内音響効果の改善を目的とした**音場支援技術**が研究開発されている。まず，両者の基本的な違いを述べる。

情報伝達を目的とした拡声技術は，**図** 5.1 で示すように初期音成分の増幅を目的としている。話者の近くにマイクロホンを設置し，話者の近くにあるスピーカから再生され，話者の初期音がみかけ上増幅されるような状態に近づけることが好ましい。それに対して後者は，初期音の増幅は行わずに，室内音響効果に関連する初期音以外の反射音を補強する必要があるため，マイクロホンは室内の残響音を集音しやすい音源から離れた場所に設置され，スピーカも初期音よりも遅れて客席に到達するよう，客席から離れた場所に設置される。本章では，前者を**拡声技術**，後者は室内音響効果を支援することから**音場支援技術**と呼ぶ。

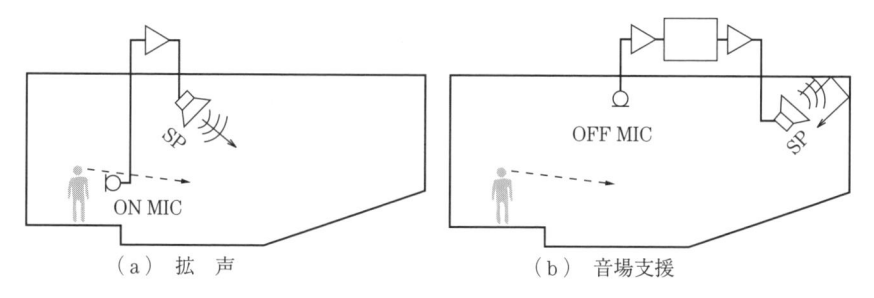

(a) 拡声　　(b) 音場支援

図 5.1　拡声と音場支援の概念図

残響感を重視したクラシック音楽会場における「拡声技術」の課題は，残響時間が長く設計され，残響音のレベルも高いことによる，明瞭度の不足やハウリングの発生を抑止することにある。ホールにおける拡声音の明瞭度は室内音響の主観評価の研究でも明らかになっているように，初期音成分と残響音成分のエネルギー比に関連があり，初期音成分が大きいほど，明瞭度は高くなるため，残響が多い空間の中でも，客席で初期音成分が大きくなるような音場を設計する必要がある。また，システムが不安定になったときに生じる**ハウリング**の問題は，図における拡声の模式図からもわかるように，スピーカから再生された音がマイクロホンに戻り，再びスピーカで拡声されるというループ（**音響**

帰還）が原因となるため，音響帰還系のゲインを増加させずに十分な音量を得るための拡声システムの設計や，音響帰還系の伝達関数（周波数特性）の制御方法が検討されている．本章では，コンサートホールにおけるこのような問題を解決するための基本的な考え方を述べながら，研究課題についてもふれていくようにする．

音場支援は，H. Kuttruff が Room Acoustics（1973年）[1]の中で述べているように，建築によって物理的に決定された室内音響条件を電気音響的手段により改善する目的で多くの研究や実用化がなされている．著作の第1版から30年以上が過ぎ，ホールの多用途化やコンサート形態の変化における新たな要求が生まれ，そして機器のディジタル化による高品質化が伴って，新しいシステムの考え方や制御方法の実用化がさらに進んでいる．また，物理的音響特性を電気音響的に変化させようという研究も音場制御の分野で適応型信号処理[2]の応用として行われているが，ここで行われている技術は主観印象と対応した音響指標の制御を目的としている点で異なっている．

5.2 コンサートホールにおける拡声技術

コンサートホールにおける拡声はその使用形態から考えると，舞台上に音源があり，マイクロホンで集音を行いながら拡声する場合と，場内アナウンスのように舞台上での集音がない場合に分けられる．いずれの場合にも，明瞭なアナウンスを客席全体に届ける必要があるため，音量と明瞭性を確保することが重要である．さらに，前者の場合には場内にマイクロホンが設置されるため，拡声時にハウリングが生じないよう，音響帰還系の安定化を考慮した設計検討を行う必要がある．また，話者が実際に舞台で話をしている場合には，話者のいる場所とまったく異なる場所から話者の拡声音が聞こえてくることは好ましくないため，視覚と聴覚の方向感が一致（**音像定位**）するような検討が必要となる．スピーカの設置方法についても，コンサートホールではスピーカの存在が目立たなくなるような建築デザインとの融合が重要である．建築デザインを考

慮したスピーカの設置例を**図5.2**に示す。

大空間における拡声システムの模式図を**図5.3**に示す。

舞台上のマイクで集音された音は，拡声システムでミキシングやイコライジングなどの後，客席において明瞭に聞こえるようになるまで，音は増幅（g）され，スピーカによって拡声される。受音点の特性（S'）は式（5.1）で示すように，話者とマイクロホン間の伝達関数（H_m），スピーカから受音点に到達する直接音と反射音の特性を表している伝達関数（H_d）と話者と受音点間の伝達関数（H_o）によって表される。一方，スピーカから出た音はマイクロホンの位置にも回りこむため，ハウリングが生じない拡声音の大きさはスピーカとマイクロホン間の伝達関数（H_{rr}）によって決まる。

音源から出た音の受音点における特性は式（5.1）のように表される。

$$\begin{aligned} S' &= SH_o + SH_m gFH_d + SH_m gFH_{rr} gFH_d + \cdots \\ &= SH_o + SH_m gFH_d + SH_m gF(gFH_{rr} + \cdots)H_d \\ &= SH_o + SH_m gFH_d + SH_m gFH_d \frac{gFH_{rr}}{1 - gFH_{rr}} \end{aligned} \qquad (5.1)$$

図5.2 壁面の拡散形状のデザインを考慮して設置されたサイドスピーカの例（銀座ヤマハホール）（提供：ヤマハ(株)）

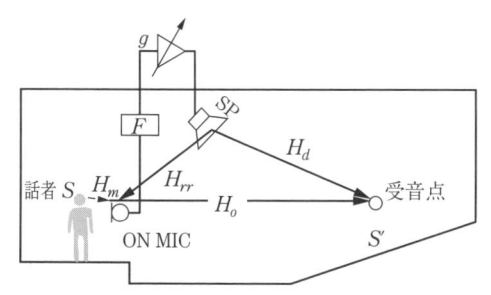

図5.3 拡声システム

拡声音（S'）は話者の生音（第1項）とマイクロホンで集音された音がスピーカから直接客席に到達する項（第2項）と，マイクロホンに戻り同一の系を繰り返し循環しながらスピーカから客席に伝達する音響帰還系の項（第3項）からなる。マイクロホンが舞台上にない場合には，第1項と第2項が存在しない。gFH_{rr} は，拡声システムの音響帰還系が閉じていない場合のゲインとなるため，**開ループゲイン**と呼ばれている。音響帰還系が生じている場合，gFH_{rr} が1より小さければ，式（5.1）は収束し，有限の数値となるが，gFH_{rr} が1になると式（5.1）は発散し，ハウリング状態になる。十分な拡声音量を得るためには，システムのゲインである gF を大きくする必要があるため，gFH_{rr} は小さく，gFH_d は大きくなることが好ましく，H_d/H_{rr} が大きくなるように，スピーカやマイクロホンの指向特性を考慮した設計が必要である。

5.2.1 ハウリング：システムの安定性

拡声時に最も注意する必要があるハウリングの安定化技術について考えてみよう。拡声時におけるシステムのゲイン（**拡声ゲイン**：gF）を徐々に大きくしていくと，特定の周波数で振幅が大きくなり，gFH_{rr} が1に近づくと，式（5.1）の分母が0に近づくため，急激にゲインが増大し，音色の変化や特定周波数の残響が検知され，**カラレーション**が生じる。さらにゲインが増加すると，自励発振である**ハウリング**と呼ぶ不安定な状態になる（**図5.4**参照）。

音響帰還系によって生じるハウリング状態では，マイクで集音された音が同

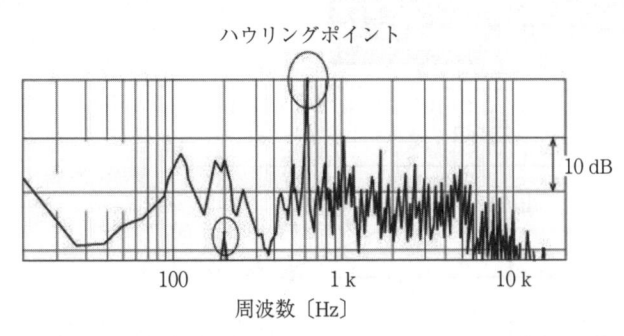

図5.4 ハウリング状態に近づいた場合の閉ループゲイン周波数特性

一のループを位相が0で循環したときに起こる。先にも述べたように，gFH_{rr} は帰還量に相当するため，開ループゲイン G_o と呼び，ループが生じている場合のゲインである**閉ループゲイン** G_c は

$$G_c = \frac{1}{1 - gFH_{rr}} = \frac{1}{1 - G_o} \tag{5.2}$$

となる。

音響帰還系が不安定になる状態は

$$\mathrm{Im}(gFH_{rr}) = 0 \tag{5.3}$$
$$\mathrm{Re}(gFH_{rr}) \geq 1 \tag{5.4}$$

であり[3]，位相がそろい，さらに開ループゲインの実部が1以上になる場合にシステムはハウリングを起こす。この条件を除けば，システムは安定であることから，式(5.3)，式(5.4)は **Nyquist の安定性基準** として知られている。

実際の建築空間において，拡声状態のシステムの安定性を示す指標としては，日本劇場技術協会（JITT）で提案された**安全拡声利得**[4] がある。**図 5.5** に測定ブロック図を示す。

測定では，①マイクロホンを舞台中央に設置し，マイクロホンから50 cm離れた場所に話者の会話音を模擬した一次音源スピーカを設置する。②マイクロホン位置で約80 dBになるよう一次音源スピーカで再生されたピンクノイズのレベルを調整し，マイクロホンの位置での音圧レベル（L_m）を確認し，測定する。③マイクロホンの入力レベル（調整卓）をハウリングが生じるレベルまで増幅し，そのレベルから6 dBマイクロホンレベルを抵抗減衰器により下げる。④一次音源スピーカで再生されたピンクノイズを拡声し，場内代表点における音圧レベル（L_A）を求める。⑤安全拡声利得（$L_\mathrm{M} - L_\mathrm{A}$）を求める。以上の手続きにより，安全拡声利得を求めることができる。安全拡声利得を評価する場合の目安を**表 5.1**に示す。

安全拡声利得は，マイクの場所や指向特性によりその値は変化するため，設置する場所ごとにマイクロホンを変えて測定評価を行う必要がある。

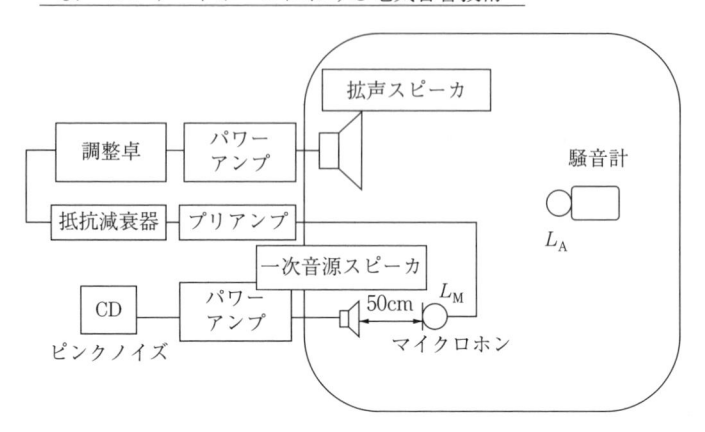

図 5.5 安全拡声利得の測定ブロック図

表 5.1 安全拡声利得の評価の目安

測定値	評価
-7 dB 以上	きわめて良好
-7 dB〜-10 dB	正常
-10 dB〜-15 dB	ハウリングを起こしやすい
-15 dB 以下	満足な拡声ができない

5.2.2 拡声音の明瞭性

拡声された話者の声の明瞭性と室内音響条件の関連については，室内音響指標である D_{50} ですでに述べられているように，受聴位置で直接音が到来後 50 ms 以内に到来する反射音（初期音成分）は直接音を補強し明瞭性の向上に寄与するが，50 ms 以降に到来する反射音（残響音成分）は初期音成分をマスキングし，拡声された会話を不明瞭にする。また，音源から離れた場所においては室内で拡散された残響音成分が初期音成分のレベルよりも大きくなるため明瞭度を低下する原因になる。受聴エリア全体で高い明瞭性を実現するためには，時間・空間的に初期音成分のエネルギーが残響音成分のエネルギーよりも大きいことが必要である。建築的には残響音のエネルギーが小さくなるよう吸音材を使用することが，また電気音響的には，受聴位置以外の壁面に反射し

て，時間的にも遅れた反射音が受聴位置に来ないよう，スピーカの指向特性を選定・設計する必要がある。

室内に拡散した直接音と残響音のエネルギーの比は，音源の指向特性によって変化するため，スピーカの指向特性を示す **DI**（**directivity index**）や **Q** といった**指向係数**が使われている。室内での音圧レベルの距離減衰は指向係数 Q を用いて表すと

$$SPL = PWL + 10\log\left(\frac{Q}{4\pi r^2} + \frac{4}{R}\right) \tag{5.5}$$

$$R = \frac{S\overline{\alpha}}{1-\overline{\alpha}}$$

PWL：音源のパワーレベル，Q：音源の指向係数，$\overline{\alpha}$：室内の平均吸音率，r：音源からの距離，R：室定数，となる。

無響室など残響音のエネルギーを無視できる条件で，無指向性音源と指向性音源の音響出力を同じにした場合，DI は図 5.6 で示すように両スピーカの軸上音圧レベルの差

$$DI = SPL_Q - SPL_1 = 10\log Q$$

$$SPL_1 = PWL + 10\log\left(\frac{1}{4\pi r^2}\right) \tag{5.6}$$

$$SPL_Q = PWL + 10\log\left(\frac{Q}{4\pi r^2}\right)$$

として定義されており，**図 5.6** の条件で測定することができる。

指向係数 $Q=2$ におけるスピーカ再生音の音圧レベル距離減衰を**図 5.7** に示す。

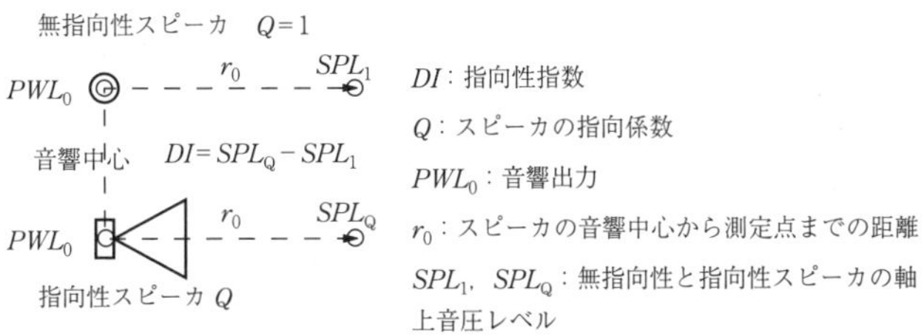

無指向性スピーカ　$Q=1$

PWL_0　－ － r_0 － － SPL_1　　DI：指向性指数
音響中心　$DI = SPL_Q - SPL_1$　　Q：スピーカの指向係数
　　　　　　　　　　　　　　　　　PWL_0：音響出力
PWL_0　－ － r_0 － － SPL_Q　　r_0：スピーカの音響中心から測定点までの距離
指向性スピーカ　Q　　　　　　　SPL_1, SPL_Q：無指向性と指向性スピーカの軸上音圧レベル

図 5.6　directivity index の定義

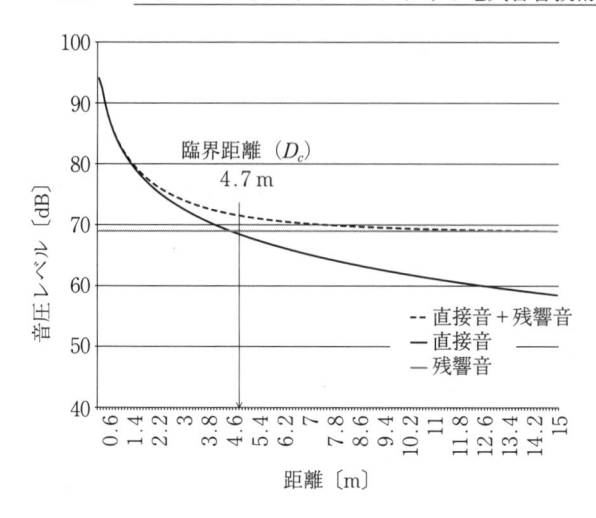

5. コンサートホールにおける電気音響技術

図5.7 室内における音圧の距離減衰

図中では，直接音の距離減衰，直接音＋残響音の距離減衰，残響音のレベル，以上の計算例を示す。直接音のエネルギーが残響音のエネルギーよりも大きい範囲では，会話は明瞭に聞こえるが，残響音のエネルギーが直接音のエネルギーよりも大きくなると，明瞭性が失われてくる。そのため，明瞭に聞こえる距離の目安として，直接音のエネルギーと残響音のエネルギーが等しくなる距離を**臨界距離**（D_c：critical distance）とし，スピーカの指向係数の評価や，後で述べる補助スピーカの必要性の有無を判断するための指標として，利用されている。D_c は

$$\frac{Q}{4\pi r^2} = \frac{4}{R} \tag{5.7}$$

$$D_c = 0.14\sqrt{QR}$$

D_c：臨界距離　Q：指向係数　R：室定数，によって求めることができる。

スピーカの指向特性は，すべての客席が臨界距離の範囲にあるように選択することが好ましいとされている。

明瞭性の評価指標については，先に述べた D_{50} 以外にも，拡声音エンベロープ波形のひずみに着目した **STI**（**speech transmission index**）[5), 6)] がある。STI は，オリジナルの会話の振幅変動が，暗騒音，残響音，ロングパスエコー

5.2 コンサートホールにおける拡声技術

などによって，受聴位置で小さくなることに着目している。オリジナルの振幅変動が小さくなることはその信号のひずみを大きくし，明瞭度を低下させるため，ひずみの度合いを示す指標として STI を T. Houtgust らが提案した。この考え方のもとになった **MTF（modulation transfer function）** の概念図を図 5.8 に示す。

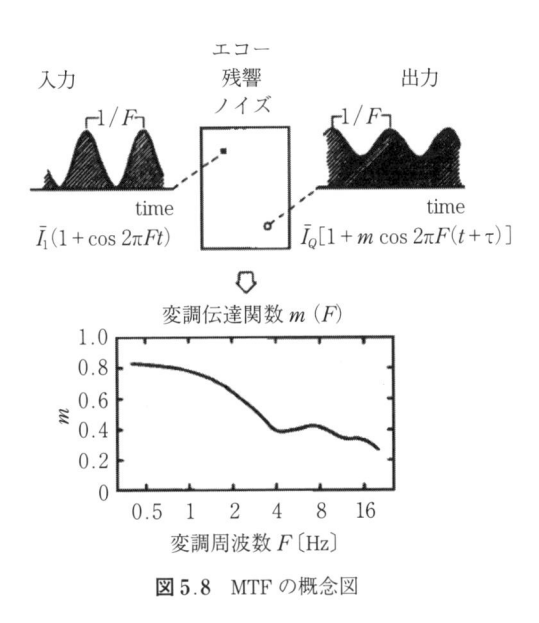

入力 $\bar{I}_1(1+\cos 2\pi Ft)$ → エコー・残響・ノイズ → 出力 $\bar{I}_Q[1+m\cos 2\pi F(t+\tau)]$

変調伝達関数 $m(F)$

図 5.8 MTF の概念図

会話における主要な周波数帯域は 125 Hz〜8 kHz であることから，STI はその帯域を 7 個のオクターブバンドに分け，会話のエンベロープ波形を模した 0.63 Hz〜12.5 Hz の 14 個の変調周波数について測定した 7×14（98）個の変調度（m）をもとに，STI を算出することができる。近年コンサートホールをはじめとした会場での明瞭度を評価する物理指標として使用されている。

STI の測定は，会話の振幅変動と周波数帯域を考慮した専用の音響信号を使用して測定されるが，その簡略版として会話への影響が大きい 500 Hz と 2 kHz の帯域だけを計算する **RASTI**[8] も使用されている。

STI の評価の目安を図 5.9 に示す。

〈明瞭度　評価指標〉

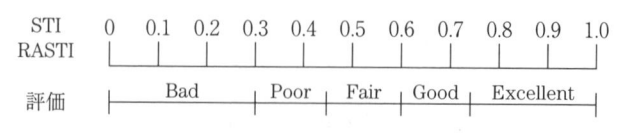

```
STI     0   0.1  0.2  0.3  0.4  0.5  0.6  0.7  0.8  0.9  1.0
RASTI   |   |    |    |    |    |    |    |    |    |    |
評価         Bad          Poor     Fair     Good    Excellent
```

図5.9　STI評価の目安

5.2.3　拡声音の音像定位

　舞台に話者がいる場合に，話者のいる方向と違う場所から声が聞こえた場合，視覚・聴覚の方向感が異なるため，好ましくない。聞こえてくる音の方向と視覚的な方向を一致させることが望ましい。このような音の定位感・方向感の制御には，**ハース効果（第一波面の法則）**（第2章参照）が利用されている。一般のホールのスピーカシステムは，図5.10で示すように，舞台前面に取り付けられたフロントスピーカ，左右の舞台袖近くに設置された**サイドスピーカ**，天井近くに設置された**プロセニアムスピーカ**で構成されている。

　話者に近い位置に設置されたサイドスピーカや**フロントスピーカ**によって，会話の拡声音の音像を舞台位置まで下げるよう調整され，プロセニアムスピーカは客席内の音量感が均一になるよう調整されている。特に，フロントスピー

図5.10　舞台周辺のスピーカ配置例（提供：東京国際フォーラム(株)）

カやサイドスピーカは話者の位置に近いため，音像を下げて話者の位置に近い場所に音像を定位することが目的の一つであり，天井が高いコンサートホールでは，舞台天井付近に設置されたスピーカの，音量をある程度上げた場合においてもサイドスピーカやフロントスピーカよりも遅れて客席に到達するため，ハース効果によって，音像はフロントスピーカやサイドスピーカの方向に知覚することになる。ハース効果を積極的に応用したものとして，バルコニー用の補助スピーカや話者が使用する演台の中にスピーカを設置した演台スピーカの例がある（**図 5.11**）。

図 5.11 演台スピーカの例

　バルコニーに設置される補助スピーカは，舞台から遠く離れ，舞台周辺に設置されたスピーカの持つ指向性から求めた臨界距離を超えた客席に対して，音量感，明瞭性を補助するため客席近くの天井部分に設置されているが，客席の位置近くに設置されるため，舞台とは異なる補助スピーカへの定位感を人に与えてしまう可能性がある。そのため，バルコニー用の補助スピーカの系統には，音が舞台周辺のスピーカよりも早く客席に到達しないよう拡声音に遅延をかけて再生することが一般的に行われている。この例は補助スピーカに定位感が生じないようにするためのハース効果を利用した例であるが，演台スピーカは演台の話者の位置に定位感を感じさせることを目的としている。サイドスピーカや天井に設置されたスピーカに送られる信号に遅延をかけ，すべての客

席の位置で演台スピーカの音が最初に到達するように調整され，話者の拡声音の音像は下がり演台位置に定位感を与えることができる。このような方法は，舞台上の演奏者や演者の近くにスピーカを設置し，あたかも演奏者の歌声やアコースティック楽器の音量が大きくなったような自然な定位感を与えることを重視した電気音響システムに発展し，野外ホールや大型のコンサート会場において音量感の増強を目的に使用されている[9),10)]。

5.3 音場支援を目的とした電気音響の利用

「残響感」の増強は，コンサートホールの評価で古くから使用されている残響時間（T）を延長することにより実現することができる。建築が完成された後の残響時間の調整として使用されたのが，この技術の誕生のきっかけとなった。特に，このような要求に対応するための手段として，電気音響的な手法が建築コストや実現性に対して大きな優位性を持っていることが，建築家や施主にとっても大きな魅力になっている。音場支援が初めて使用され，実用化への大きな役割を果たしたロンドン・ロイヤルフェスティバルホールの **Assisted Resonance**（**AR**）[11)]の例は有名であり，低域の残響時間を延長するための多くの検討が行われ，長い期間を経て，初めて実用化された。残響感が不足気味の多目的ホールにおける残響時間の可変幅の拡大を目的とした手法として，その後も応用されている。建築デザインという側面からみると，建築的な修正が比較的少ないというメリットを生かして，建築的な保存が必要とされる歴史的建造物の音響改善や多様な建築デザインにおける音場支援への応用も行われている。一方，近年では，クラシック音楽の野外コンサート，スタジアムオペラ，5 000人規模のコンサート会場の出現，などコンサート会場の巨大化が進み，アコースティック楽器の音響出力不足を補強することを意図した応用も行われている。

以上述べてきたように，主観量である「残響感」の不足を改善する技術として音場支援の研究・開発は始まり，建築的な改修が難しい残響時間の延長や

ホールの多用途化に対応するための残響可変幅の拡大を代表例とした音響設計への応用が行われている。現在では，それ以外にも演劇における演出場面に対応した音場を再現する「音場効果」や「音場創生」と呼ばれる建築的には実現できない音場を積極的に創り出してコンサートを行う手法などに発展している。

一方，使用者側からみると，電気音響を利用した音場の支援は，クラシック音楽に対する電気音響の利用の是非や，視覚的な印象との違いによる不自然さなどの問題を引き起こす可能性があり，その制御範囲や使用の是非は注意深く運用する必要がある。ホールの響きを考慮して，演奏を行う演奏者にとって，響きだけでなく演奏された音の質が，電気的に変化してしまうことや，ホールの響きという固定されたものがなくなってしまうことが，演奏中の不安や疑問につながることも指摘されている。技術的な視点で見れば，アコースティック楽器から出た音と，システムを経由した音が区別できないようにすることは可能であるが，その使用方法にあたっては，演奏者や使用者がその存在に違和感を感じることを避け，建築音響による可変と同じような使用感になるよう配慮をする必要がある。

5.3.1 システムの基本的構成と音響的課題

基本的なシステム構成を説明する前に，目的とする主観印象の制御性と電気音響システムの構成という面で考えてみよう。

〔1〕 **初期反射音制御と残響音制御による主観印象の増強**　音場支援システムにより増強が期待できる室内音響効果としては，「音量感」「残響感・明瞭性」，「広がり感」，があり，それらは音源の初期反射音成分や残響音成分と関連することがこれまでの研究で明らかになっている。音場支援システムの多くは，このような研究結果から初期反射音成分と残響音成分を制御するシステムに分かれているが，初期反射音制御には，初期音成分に対しての信号処理が必要であり，残響音制御では室内の残響音の特性を考慮した処理が必要となるなど，マイクロホンの設置位置やスピーカの配置も異なっている。

〔2〕 **in-line system／non-regenerative system** と **non-in-line system／regenerative system**[12]　音場支援システムの一般的な構成を図5.12で示す。

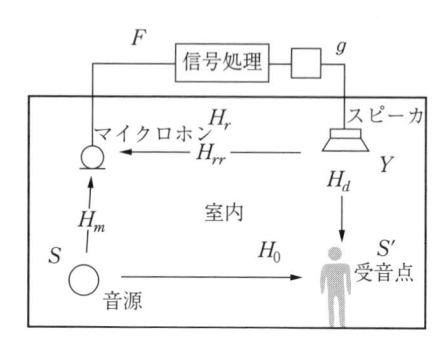

図5.12　音場支援システムの基本構成と伝達関数

いずれの音場支援システムも室内でマイクロホンにより集音された音に対して，必要な信号処理を行い，スピーカから再生するという考え方は，マイクの本数，独立チャンネル数，スピーカ台数は異なるが，共通している。舞台上に音源があるときの受音点の特性（$S'(\omega)$）は周波数領域で記述すると式（5.8）で示される。式（5.8）は室内の初期音と反射音による伝達関数（$H_0(\varpi)$）と音源の音響出力（$S(\varpi)$）すなわち，建築音響的に決まる第一項と音響帰還を含む音場支援システムによって再生される音の伝達関数（$Y(\varpi)$）と $S(\varpi)$ で決まる第二項で表すことができる。

$$S'(\omega) = S(\varpi)H_0(\varpi) + S(\varpi)Y(\varpi) \tag{5.8}$$

ここで，$S(\varpi)$：音源の出力，$H_0(\varpi)$：音源と受音点間の室内音響伝達関数，$Y(\varpi)$：音場支援システム系伝達関数，である。

第二項は図5.12で示すように，マイクロホンに集音された音に信号処理（$F(\varpi)$）が施され，式（5.9）における第一項の聞き手に伝達する音（直接放射成分）と，第二項のマイクロホンに帰還してさらに集音・伝送される音（音響帰還放射成分）に分けて考えると式（5.9）となる。

$$Y(\varpi) = gH_m(\varpi)F(\varpi)H_d(\varpi)(1 + H_{rr}(\varpi)) \tag{5.9}$$

ここで，$F(\varpi)$：信号処理の伝達関数，$H_m(\varpi)$：音源と音場支援用マイクまで

の伝達関数,$H_d(\varpi)$:音場支援用スピーカから受音点までの伝達関数,$H_{rr}(\varpi)$:音場支援システム用スピーカからマイクロホン間の伝達関数,である.

In-line system は初期音を集音し,音場支援システムの直接放射成分を主に再生する方式であり,**non-in-line system** は残響音を集音するため,直接放射成分よりも音響帰還成分のウェイトが大きくなる.また,音響帰還系に対する影響の程度から,前者は **non-regenerative system** と,後者は **regenerative system** と呼ばれている.

In-line system は,初期反射音成分の増強を目的に初期音成分を集音するため,マイクロホンは音源の近くに設置される.大きな音を集音することができるため,音響帰還系のゲインは比較的低く保ちながら拡声音のレベルを十分にあげることができ,安全なハウリングマージンを保ちながら大きな制御幅が得られる.音響帰還系の不安定性を回避することはできるが,音源の近くにマイクロホンを設置する必要があるため,演奏形態や,楽器の指向性の影響も出るため,マイクロホン位置の修正など運用上は一般の拡声同様の操作が必要となる場合もある.

一方,non-inline system は残響音を集音することから,マイクロホンと音源の距離は臨界距離以上離して設置されるが,入力信号のレベルが低く,音場支援システムの再生レベルを十分に上げるためには,ゲインを大きくする必要があることから,ハウリングや**カラレーション**の問題が生じる.ハウリングポイントにいかに安全に近づけられるかが課題である.システムを安定に動作するための動作範囲に制約があるため,制御幅に限界があるものの,音が自然であり不快感が少ないという利点もある.

〔3〕 **音場支援システムの課題:音響帰還系の安定化**　　Regenerative system における音響帰還系は,大きなゲインが必要となるため,ハウリングやカラレーションなどの問題を起こす可能性がある.その問題を解決する方法として,これまで独立システムによる多チャンネル化が採用されたが,近年はシステムの時変性制御,などの研究が行われ,新たなシステムの基本的考え方として実用化されてきた.

A. 音響帰還系の特性　　音響帰還系を含めた受音点の音響特性は

$$S'(\varpi) = S(\varpi)H_0(\varpi) + gS(\varpi)H_m(\varpi)F(\varpi)H_d(\varpi)(1 + H_r(\varpi)) \quad (5.10)$$

$$H_r(\varpi) = gH_{rr}F(\varpi) + g^2H_{rr}^2F(\varpi)^2 + g^3H_{rr}^3F(\varpi)^3 + \cdots$$

$$= \frac{gH_{rr}F(\varpi)}{1 - gH_{rr}F(\varpi)} \quad (5.11)$$

となる。

システムが動作しているときに，ゲイン（g）を徐々に大きくしていくと，ループゲインにおける特定の周波数でS'は大きくなり，$gH_{rr}F$が1に近づくと，先にも述べたように分母が0に近づくため，急激に数値が増大し，カラレーションが生じ，自励発振である**ハウリング**状態になる。また，ハウリングに近づいた場合の波形の時間的変化を見ると，一定の時間間隔で波形が繰り返されるため，その循環により残響が生成され，ハウリング状態では，残響時間も無限大になる。また，音響帰還系のループゲインの周波数特性を見ると，ハウリングに近づくと，平均値に対する極大値の差が大きくなり，音色の変化としてカラレーションを感じる。Kuttruff は，カラレーションを検知できない閉ループゲインの限界値として

$$20\log\left(\frac{q}{q_0}\right) \leq -12 \text{ dB} \quad (5.12)$$

q：閉ループゲイン，q_0：開ループゲイン

であることを実験的に求めており，会話再生では-17 dB以下に保つ必要があると指摘している[12]。

B. 安定性確保のための方策　　ハウリングを起こさずにシステムを安定に動作させる方策については，多チャンネル化と時変性制御があげられる。

システムを独立した多チャンネルのシステムで構成すると，安定性が向上する理由は，N. V. Franssen[13]の研究による。図5.13にその原理を示す。

各マイクロホン，スピーカを相互に臨界距離（十分に離れている）以上離して設置すると，受音点kの音圧$S_k(\varpi)$はシステムが動作していないときの音圧$S_0(\omega)$から

$$S_k(\varpi) = S_0(\varpi) + \sum_{i}^{N} gG_{ik}(\varpi)S_i(\varpi) \quad (5.13)$$

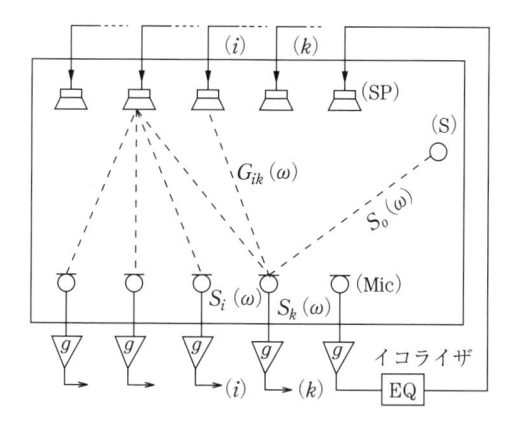

5.3 音場支援を目的とした電気音響の利用

図5.13 システムの模式図

S: 音源
SP：スピーカ
Mic：マイクロホン
$G_{ik}(\omega)$：スピーカとマイクロホン間の伝達関数
g：ゲイン

となる。さらに独立チャネル数を N として自乗平均を求めると

$$\overline{S_k^2} = \overline{S_0^2} + \sum_i^N g^2 \overline{G_{ik}^2}\, \overline{S_i^2} = \overline{S_0^2} + Ng^2 \overline{G^2}\, \overline{S_k^2} \tag{5.14}$$

となり，システムが動作しているときの音響エネルギーの増加比は

$$\overline{S_k^2} / \overline{S_0^2} = 1 / (1 - Ng^2 \overline{G^2}) = T_k / T_0 \tag{5.15}$$

となる。

　音響エネルギーの増加比は拡散音の音響エネルギー密度の増加比に対応するため，音響エネルギー密度に比例する残響時間の延長度は式 (5.15) で示すように T_k/T_0 となる。また式 (5.15) は，チャネル数 N を増やせば，各チャネルの開ループゲインを小さくできるため，ハウリングやカラレーションの発生を防ぎながら，残響時間の延長と音響エネルギーの増強ができることを示している。Franssen はオープンループゲインを 0.01 以下にすることを推奨しており，チャネル数を 50 とすると残響時間を 2 倍にすることができる。

　時変制御については，システムを構成する遅延ユニット，ゲイン，フィルター，などにわずかな変化を与えることで，ループゲインの周波数特性が変化し，特に，周波数特性におけるピークが大きく変動するため，長時間平均ではループゲインの平均値と極大値との差が小さくなる。制御範囲を大きくするためには，ゲインを大きくする必要がある一方，カラレーションはループゲイン周波数特性の極大値で起こるため，極大値と平均値の差が小さくなると，ゲイ

ンが大きくなっても音色や残響音においても不自然な状態を回避できる。しかし，時変制御により低い周波数まで平均化を行うためにはその変動幅を大きくする必要があるが，その変動自身が不自然さを引き起こすため，制御幅と時変性パラメータによる音の不自然さはトレードオフの関係にあり注意を要する。

シュレーダは，周波数や位相特性に変化を与える時変制御において，オープンループゲインの周波数特性を平坦化する方法を提案した[14]。帰還ループを一巡するごとにスペクトル成分の周波数に微小量のシフトを与えることは，周波数間の位相関係が変化するため，周波数特性の平均操作に等しいとしている。

ヤマハが提案する**時変制御**[15]は，室内伝達関数の空間における変化に着目してループゲイン周波数特性の変動を滑らかにする方法を実用化している。室内伝達関数の空間における変動を利用して周波数特性の空間平均を行うために異なる場所に設置されたマイクロホンを準静的に切り替える方式（**electronic microphone rotator**：**EMR**）や反射音付加を目的とした有限インパルス応答に時間的な変動を与える方式（Fluc-FIR フィルタ）を考案し，ループゲインの周波数特性を平均化することができることを示している。

EMR[15] は図 5.14 で示すように，異なる位置に設置されたマイクロホンの出力を残響時間と同程度の周期で，ゆっくりと切り替えながらミックスする。すなわち，受音点をゆっくりと移動しながら周波数特性を観測すると，変化が激しい周波数特性上の極大値はスピーカとマイクロホン間の距離で決まる周波数帯域で変動するため，その時間平均波形はエネルギー領域で平均化され極大値

(a) EMR　　　　　　　　　　(b) Fluc-FIR フィルタ

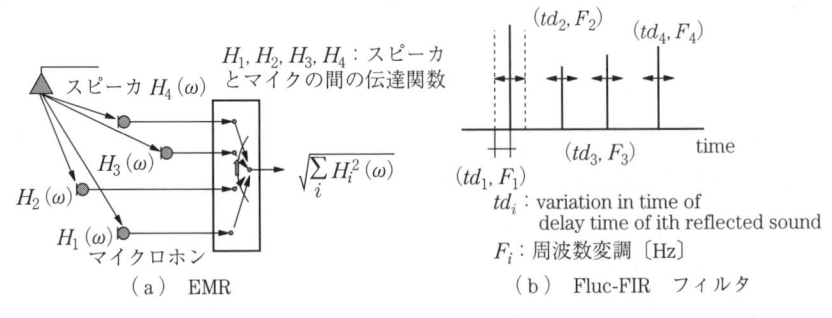

H_1, H_2, H_3, H_4：スピーカとマイクの間の伝達関数

$\sqrt{\sum_i H_i^2(\omega)}$

td_i：variation in time of delay time of ith reflected sound
F_i：周波数変調〔Hz〕

図 5.14　時変制御の例

と平均値の差は小さくなっている．また，有限 FIR の時変制御（**Fluc-FIR フィルタ**）は，システムに挿入する疑似的な室内のインパルス応答に時変性を与えるもので，EMR 同様，櫛形フィルタによる極大値をスムージングすることができる．それぞれの時変制御を行った場合のループゲイン周波数特性の変化を図 5.15 に示す．

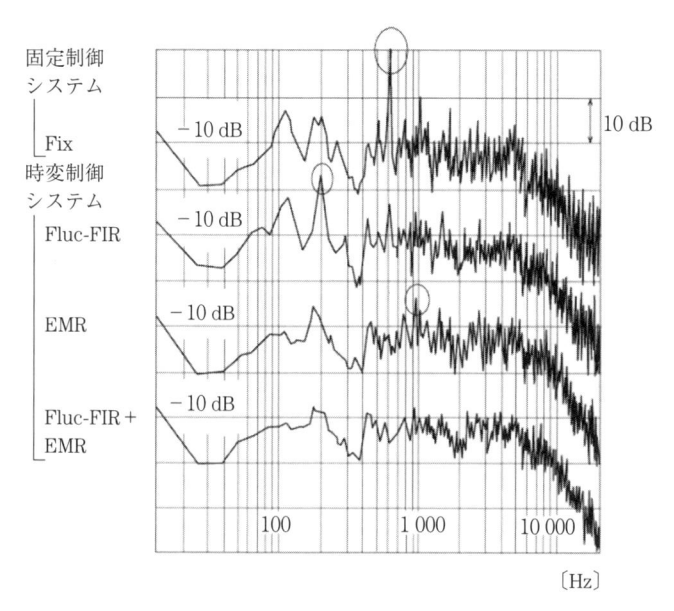

図 5.15 時変制御によるループゲイン周波数特性の変化

ハウリングを抑制するために，ピークの信号をフィルタリングにより除去する手法とは異なり，このような時変制御は周波数特性上での劣化が少ない．

時変制御は，以上述べてきたようにシステムを構成するパラメータに変動を与えることで，ループゲインの周波数特性が変動することを利用し，時間平均波形のスムージングが可能である．その方式は，位相，遅延，空間，ゲイン，あるいはその組合せが考えられるが，その変化スピード，あるいは周期は，音質に変化を与えるため，平均化効果は起きるが，不自然さが生じない範囲でパラメータを設定することが必要である．J. L. Nielsen が時変制御に関する詳細の実験を行っているので参照されたい[16]．

ハウリングが生じる成長過程を示す周波数特性の変化を図5.16で示す。

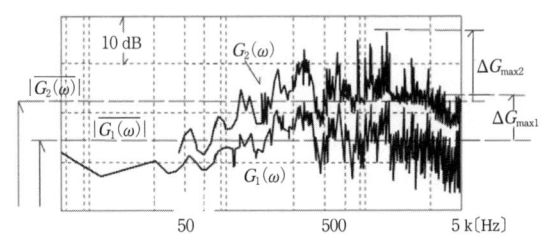

図5.16 G_1とG_2のループゲイン周波数特性

システムのゲインを上げる前と後の閉ループゲインの特性がG_1, G_2で表されている。その周波数特性の変化は図に示すように，システムゲインを大きくすると，平均ループゲインが大きくなるとともに，ハウリングが発生する特定の周波数の極大値も大きくなるが，平均値と極大値の差（ピークファクタ）をΔG_{max}とすると，ΔG_{max}の増加は平均ループゲインの増加よりも大きくなっていることがわかる。ハウリングの発生を防止するには，ループゲイン周波数特性におけるΔG_{max}を小さくすることが有効であり，時変制御は周波数特性のスムージングを行い，ΔG_{max}を小さくすることを目的に開発されている。

ループゲインの周波数特性は室内におけるスピーカとマイクロホン間の伝達関数を含んでいるため，Kuttruffが述べているように，ピークファクタは拡散音場の統計的性質から

$$\Delta G_{max} = 4.31 \ln(\ln(BT)) \tag{5.16)[1]}$$

ΔG_{max}：周波数応答における最大値と平均値との差〔dB〕，B：周波数帯域幅〔Hz〕，T：残響時間〔s〕

として表され，残響時間が長く，周波数帯域幅が大きいほど，周波数特性の変動が大きくピークファクタも大きくなることを示している。このことは，残響時間が短い響きの少ない音場はピークファクタが小さいために平均ループゲインを上げることが可能であり，残響が長い空間は周波数特性の変動幅が大きく，不安定になりやすいことを示している。

〔4〕 **室内音響効果の制御に対する考え方** 電気音響技術による室内音響

5.3 音場支援を目的とした電気音響の利用

効果の制御性に関する考え方は，ホールにおける主観印象の増強を目的に，さまざまなシステムがこれまでも検討されている。多くは，増強する主観印象に関連した物理音響現象をモデルにしており，図 5.17 に示すように，①吸音力の低減，②容積の拡大，③カップルドルームといった残響の延長に関連した物理的モデルに着目している。

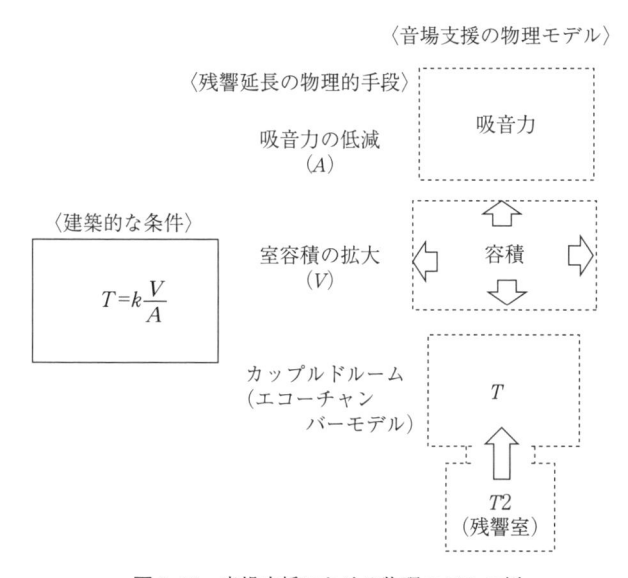

図 5.17 音場支援における物理モデルの例

① 吸音力の低減モデル：初期に開発されたシステムのモデルとなっているが

$$T = \frac{kV}{A} \tag{5.17}$$

$$E = \frac{4W}{cA} \tag{5.18}$$

$$T = kV\frac{cE}{4W} \tag{5.19}$$

T：残響時間，V：室容積，A：総吸音力，W：音響パワー，E：音響エネルギー密度，c：音速，k：定数

式 (5.19) から，残響音のエネルギー密度 (ΔE) を増幅することは，みか

け上吸音力を低減（ΔA）することになり，物理的に残響時間が延長（ΔT）された状態と等価になる，という考え方を基本にしている．残響音のエネルギーを増幅することから，このシステムは non-inline のシステムに分類され，実用化には音響帰還系を安定化することが重要となる．

② エコーチャンバーモデル：レコーディングの手法として，録音したのちに残響音を付加する手法は古くから使用されているが，マイクで集音した音を残響室の中に設置されたスピーカーで再生・集音し，もとの部屋の中で，再生するというエコールームをモデルとしたものである．実際の残響室を利用することで，空間の残響音を自然に付加することができる．近年，電気的な残響付加装置の信号処理能力が向上し，室内の残響音を電気的に模擬することが可能になったため，実測した部屋のインパルス応答の畳み込み加算を利用したものが実用化されている[17]．

③ カップルドルームモデル：残響延長を目的として，カップルドルームを利用した室内音響設計が行われているが，それを模擬した音場支援システムを M.Polletti が提案している[18]．

④ 室容積の拡大モデル：容積が大きくなった場合には，反射音の間隔が広がることに着目し，FIR フィルタの時間構造を変化させることにより残響時間を延長する手法が実用化されている[21]．

⑤ 波面創生モデル：A. J. Berkhout[19] の提案するシステムは初期反射音の不足や室形状を修正するため，反射音を再合成（電気音響的に反射波を創生・合成）するという考え方が実用化されている．

⑥ 境界面の反射可変モデル：境界面での音の反射率に着目したシステムの実用化[20] が行われている．

このような考えに基づいて，これまで実用化されたシステムの一覧表を**表 5.2** に示す．

実用化されている音場支援システムの例を以下に紹介する．

表 5.2 実用化されている音場支援システム

	システム名称	安定性制御	考え方	制御方式	備考	開発者
non-inline system Regenerative system	Assisted Resonance	狭帯域周波数独立多チャネル 空間独立多チャネル	室内モードのダンピング係数の低減による残響時間の延長	残響音の増幅 ループゲインの増加	初期反射音制御部を含む	H. Parkin
	MCR	wide band 空間独立多チャネル	吸音力の低減による残響時間の延長	残響音の増幅 ループゲインの安定な増加		N. Franssen
	AFC (AAS)	空間独立多チャネル 時変制御	有限インパルス応答を挿入し、吸音力の増減と、ループディレイの変化による残響時間の延長	FIR フィルタのゲインと時間制御	初期反射音制御部を含む	Yamaha
	Constellation (VRAS)	空間独立多チャネル	残響音レベルの増幅による吸音力の低減による残響時間の延長 残響装置との音響的なカップリング	ループゲインの増幅とカップルする残響装置の特性変化	初期反射音制御部を含む	M. Polleti
	CARMEN	フィードバックキャンセラー	壁面の反射特性のアクティブ制御 Virtual Wall	インパルス応答の制御	反射音制御	C. Rougier D. Guicking
In-line system Non-regenerative system	ERES		初期反射音の付加	電気的な遅延	初期反射音制御	C. Jaffe
	ACS	オンマイク	キルヒホッフ・ヘルムホルツ積分を音響的に応用し、反射音の波面を生成する	スピーカー・マイクロホン間の伝達関数を制御	反射音の畳み込みの長さで残響音まで生成	A. Berkhout
	LARES	時変制御	レキシコン残響装置により生成された音を室内に均一化	残響装置の特性を制御	初期反射音＋残響音	D. Grezinger
	VIVACE	オンマイク	低遅延の畳み込み装置で、残響音を生成	畳み込みの係数	反射音制御	Müller-BBM

5.3.2 実用化されているシステムの考え方

〔1〕 **吸音力低減モデル**　　**AR（assisted resonance）**[11]は音場支援が初めて実用化され，実際のホールに設置された例として知られている。ARはP. H. ParkinとK. Morganにより，ホールの低域の残響時間を延長させることが目的で開発され，1964年ロンドン・ロイヤルフェスティバルホールに設置された。

音響帰還系において，多チャンネルシステム相互の影響が少なくなることで安定化を図りながら，残響エネルギーの増幅を行うため，Qの高い帯域フィルタを使用して

① 周波数帯域の独立した多チャネル化

② 信号の多チャネル化

の基本的考え方をもとにシステムが構築されている。**図5.18**に，システム単一チャネルの概念図を示す。

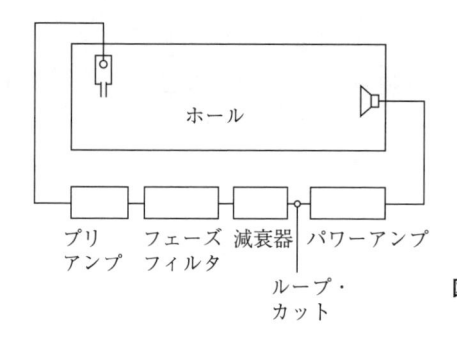

図5.18 ARシステムの概念図

システムは，天井面に設置されているが，マイクロホンは室のモードの腹に相当する場所に急峻な周波数特性を持つレゾネータの中に設置され，チャネルによって異なる周波数の残響音を集音し，各モードの腹の位置に設置されたスピーカから放射する。励振するモードの周波数は，特定の周波数がカラレーションとして検知できないよう，170チャネルで構成され，低域を中心に支援される。システム動作時の残響時間測定結果を**図5.19**に示す。

周波数軸上のモード周波数の距離の平均は，$\Delta F = 4/T$で示されるため，ロイヤルフェスティバルホールの場合は，700 Hz以下で考えると約200チャネ

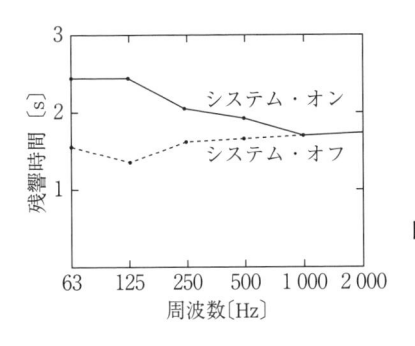

5.3 音場支援を目的とした電気音響の利用

図 5.19 ロンドン・ロイヤルフェスティバルホールの残響時間の変化（170 チャネル）

〔2〕 **信号処理と残響理論**　ヤマハグループが提案している **AFC**（**active field control**）[21)] は既存の建物において，建築条件を変えずに残響時間を長くすることができないかという課題に対して開発された。その後，ホールの音響改修，多目的性の拡大，建築デザインと音響性能の両立など，建築的に解決が困難な場合においても音響性能を最適化できるように，残響音制御と初期反射音制御を持つシステムとして実用化された。残響音制御用システムは図 5.20 で示すように，室内に設置されたマイクロホンとスピーカ間に有限インパルス応答フィルタ（FIR フィルタ）を挿入したシステムで構成され，このシステムで形成される音響帰還系によって生成される残響音とともに，残響エネルギーの増加を行っている。残響音制御システムの集音マイクは音源から離れた位置に配置され，室内の残響音成分を集音するため，non-inline system の分類に入

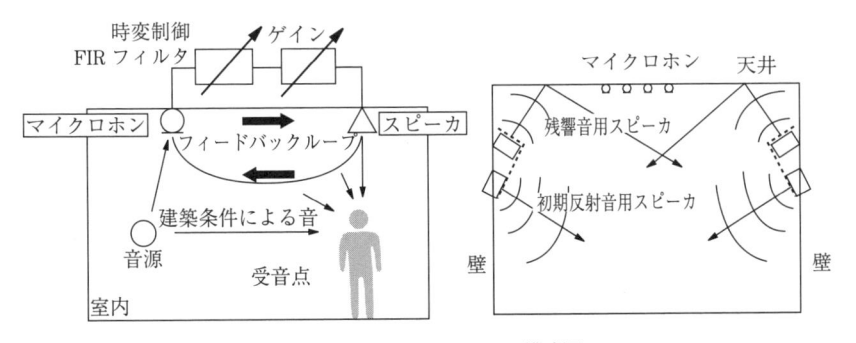

図 5.20　AFC のシステムの模式図

り，音響帰還系を積極的に利用した regenerative system である。スピーカの設置については，マイクロホンとスピーカ間のダイレクトパスとなるゲインを下げるため，スピーカをマイクロホンと異なる天井方向に向けることが多い。

このシステムの音響特性は

開ループゲイン $\quad G_0(\varpi) = gH(\varpi)\,T(\varpi)\,F(\varpi)$ (5.20)

閉ループゲイン $\quad G(\varpi) = \dfrac{gT(\varpi)F(\varpi)}{1 - G_0(\varpi)}$ (5.21)

音圧の上昇 $\quad \dfrac{S(\varpi)^2}{S_0(\varpi)^2} = \dfrac{1}{1 - nG(\varpi)^2}$ (5.22)

で表すことができる。

音響帰還系の安定制御には，独立多チャネル化に加えて，先にも述べた時変制御が使用されており，時間構造とゲインが変化する Fluc-FIR フィルタとループゲイン周波数特性の空間特性によるスムージングを目的とした EMR が使われている。

残響感を増幅するための制御方法については，図 5.21 の模式図で示すようにシステムの有限インパルス応答フィルタ（FIR フィルタ）の可変により，V 可変と $\bar{\alpha}$ 可変の 2 方式がある。V 可変は FIR フィルタの振幅値は変えずに時間軸を拡大する方式で，ループゲインをほぼ一定（音量感は変化しない）に保ちながら，残響の長さを延長することができる。時間軸が拡大することは容積

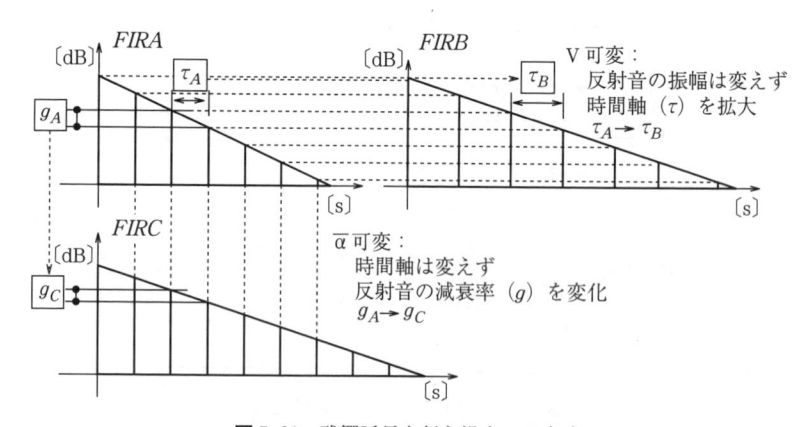

図 5.21　残響延長を行う場合の 2 方式

が大きくなることで残響時間が長くなることと等価な効果が得られるため，容積（V）可変と呼んでいる。一方，$\bar{\alpha}$ 可変は室内の平均吸音率 $\bar{\alpha}$ が小さくなると室内の音響エネルギー密度が大きくなり，音響エネルギー密度と比例関係にある残響時間が長くなることと等価な効果が得られる。FIR フィルタの時間軸は変化させずに振幅値を増幅する方式で，音響感の増加とともに残響感も増幅されるが，使用するホールの特定の周波数の残響時間が長い場合にはループゲインも大きくなり，残響延長も必要なくなるため，周波数ごとに異なったゲイン設定を行う必要がある。

このシステムは，日本，アメリカを中心に設置されており，その実施例を見ると

- 平均吸音率の低減
- みかけの室容積の拡大
- 舞台と客席の音響改善
- バルコニー下の音響改善
- 室形状の音響改善，側方反射音の増強
- くびれた形状を持つ空間の音響エネルギー均一化

などの問題解決に利用され

- 多目的利用の拡大を目的とした残響可変
- 歴史的な建造物の音響改修
- 巨大な会場でのクラシックコンサート

などに使用されている。

〔3〕 **カップルドルーム理論** 　残響時間を延長させる手法として，残響時間が長い空間をメインの空間の周囲に配置し，その扉を開閉することによって，メインの空間の残響時間を長くするという残響時間制御の考え方があり，カップルドルーム現象を利用した建築音響設計にも応用されている。(図 4.23 参照)

その考え方を物理的モデルとして考え，電気音響的なシステムを構築した **VRAS**（**variable room acoustics system**）[18] が Poletti により開発され，Meyer

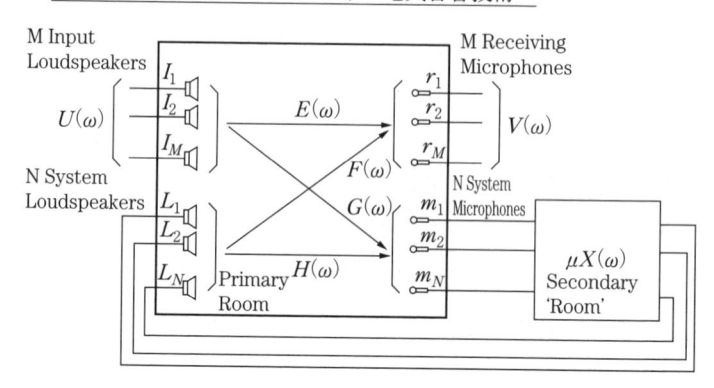

図 5.22 VRAS の模式図

社によって実用化された。システムの概念図を **図 5.22** に示す。

VRAS は，カップルドルームの音響現象をモデルとした後部残響音制御部と初期反射音制御部から構成され，周波数を限定しないワイドバンドの音場支援システムである。後部残響音制御部では，複数のマイクロホンを音源から遠くに設置し，それぞれに Secondary Room の残響音が付加され，ホールのスピーカから再生される。システムの安定性を確保するため，複数の独立システムで構成された多チャンネルシステムであり，マイクロホンとスピーカ間の音響帰還系を持つ regenerative system である。音響的には，フィードバックループのゲインを大きくすることによって残響音のエネルギーを増幅し，みかけの吸音力を小さくすることを意図している。概念図で示すように，残響室付のコンサートホールモデルを模擬して，残響室での残響音付加に相当する電気的な残響付加装置をシステムに挿入している。すべての周波数において，そのエネルギーが一定である unitary reverberator を使用することにより，ループゲインを一定に保ちながら，室内の残響時間を延長させることができる。すなわち，音響帰還系のゲインを一定に保ちながら，unitary reverberator の残響減衰率を小さくすることは，結合した残響室の容積を大きくしたことと等価であるとしている。

〔4〕 **ホイヘンスの原理による波面の再合成** 反射音を時間，空間，周波数

5.3 音場支援を目的とした電気音響の利用

領域で創生し,音響的に室形状を修正することを目的としたシステムを Berkhout が実用化している。このシステムは,**ACS (acoustic control system)**[19] と呼ばれている。ACS は,舞台の近くに設置されたアレイ上に配置されたマイクロホンにより,初期音成分を集音し,客席内にアレイ状に配置されたスピーカから設計者が意図する音響波面が再合成できるようにそれぞれのスピーカの系統に目的とする伝達関数のたたみ込みを行う。システムの考え方を,**図 5.23** に示す。

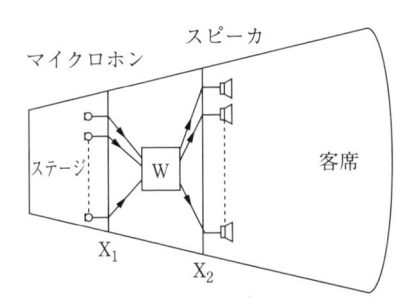

図 5.23 ACS の概念図

システムは**図 5.24** で示すように,初期音成分を集音するプロセス,マイクとスピーカ間伝達関数のたたみ込みを処理(extrapolation step)するプロセ

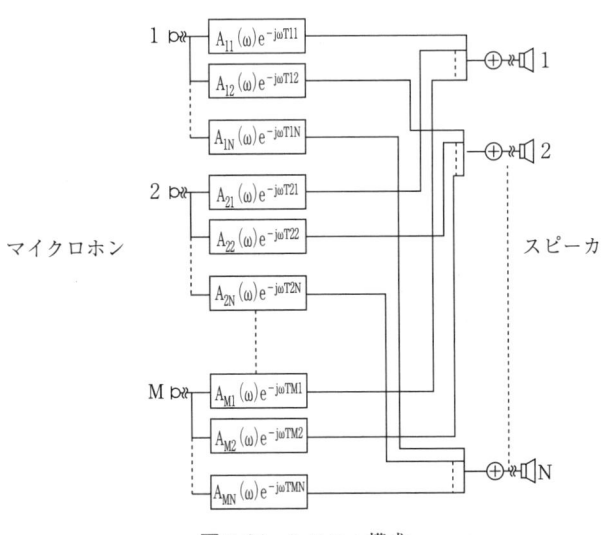

図 5.24 システム構成

ス，そしてアレイ上に配置されたスピーカ（reconstruction step）から必要な波面を創生するプロセスで構成されている．ACS が設置された Delft 大学講堂の残響時間測定結果を図 5.25 に示す．

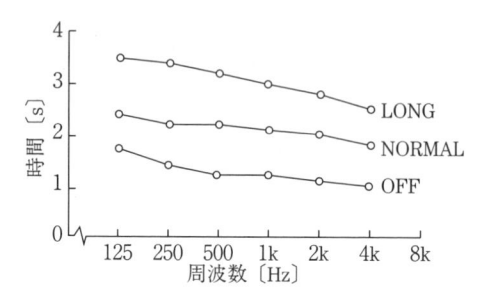

図 5.25 Delft 大学講堂における残響時間の変化

5.3.3 実 施 例

〔1〕 東京国際フォーラム ホール A[22]　東京国際フォーラムに建設された 5 000 人収容のホール A（図 5.26）は，国際会議・音楽イベントなど電気音響設備の利用を主用途として，クラシック音楽会まで幅広い催しに対応するため，電気音響を利用した音場支援が設置されている．

図 5.26 東京国際フォーラムの一階席（提供：東京国際フォーラム）

クラシック音楽を行ううえで，問題となる音響的な要因を分析すると，音量感の不足，残響感の不足，初期反射音の不足，など大空間に起因する問題とバルコニー下の音場，形状のくびれ，など形状に起因する課題が挙げられる．こ

5.3 音場支援を目的とした電気音響の利用

のような問題を解決するため，建築的な対応が困難な問題として，①初期反射音の付加，②吸音率の低減による残響エネルギー増強，③空間の一体化，について電気音響的に解決する方法が検討された。ここで使用されている AFC システムは「音量感（loudness）」，「広がり感（spaciousness）」，といった主観印象の増加を目的とした初期反射音制御部と「残響感（reverberance）」の増強と空間の均一化を目的とした残響音制御部から構成されている。特に，初期反射音制御部については，C. Jaffe が実用化した ERES（early reflection energy system）[24] の考え方も取り入れられ，Presence, Warmth の主観印象の制御を目的としたシステムが組み合わされている。表5.3 に制御する主観印象を示す。

表5.3 初期反射音制御システムと残響音制御システムの機能

システム	制御する主観印象	信号処理	
初期反射音制御部	プレゼンス	250-20 kHz / 15-30 ms	Multi-tap delay / 2ch
	低音感	30-250Hz / 25-300 ms	Multi-tap delay / 2ch
	広がり感	25-20 kHz / 0-300 ms	Multi-tap delay / 2ch
残響音制御部	残響感	Lo : 25-250 Hz / 0-800 ms	FIR filter / 4ch, 8ch
		Hi : 25-20 kHz / 0-800 ms	FIR filter / 4ch, 8ch

初期反射音制御部については，プロセニアム付近に設置された2系統のマイクロホンにより初期音成分を集音し，初期反射音用の天井スピーカ，初期反射音用ウォールスピーカ，低音エネルギーの増強用サブウーファから異なる反射音を付加する。また，残響音制御部は，残響音を集音するため舞台面から離れた天井面に設置された複数のマイクの出力を各系統で無相関な FIR フィルタに送り，EMR（electronic microphone rotator），Fluc-FIR の時変制御により音響帰還系の安定化を図りながら残響音エネルギーの増幅を行っている。図5.27 に全体のシステムブロック図を示す。バルコニー下や2階席後方席における主階席との音場の不均一化については，それぞれの空間の残響エネルギーが均一になるよう図5.28 で示すようにスピーカ，マイクロホンが両方の空間にまた

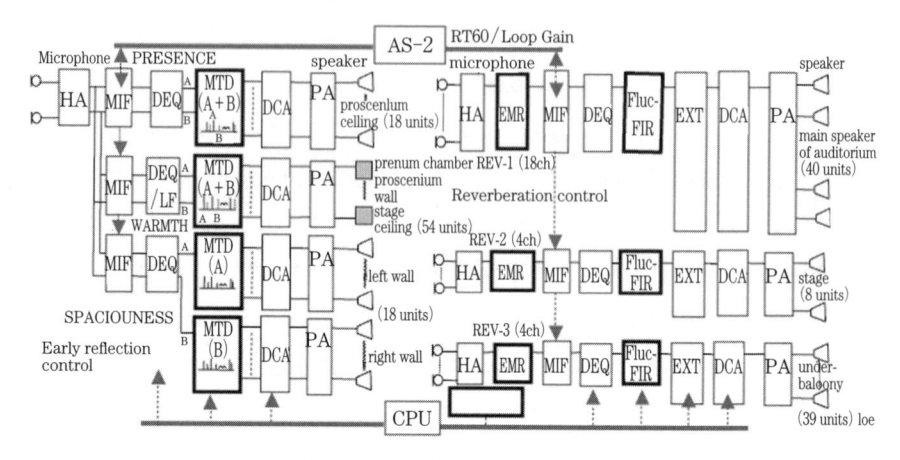

図5.27 AFCシステムのシステム構成

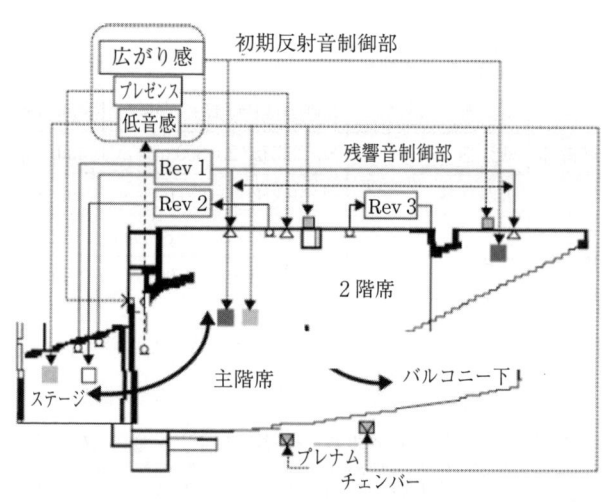

図5.28 AFCシステムの概念図

がって設置されている。

　主階席，バルコニー下，2階席エリアでの音圧分布，残響時間の測定結果を図5.29示す。

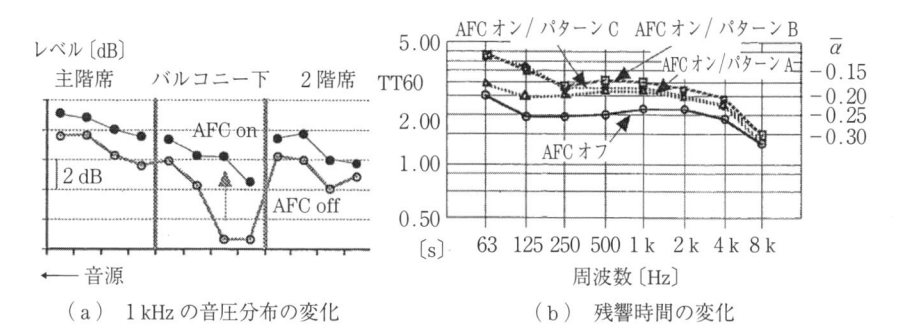

5.3 音場支援を目的とした電気音響の利用

図 5.29 測定結果
(a) 1 kHz の音圧分布の変化
(b) 残響時間の変化

〔2〕 **大阪市中央公会堂**[23]　大阪市中央公会堂（図 5.30）は建築的な保存を行いながら，クラシックコンサートに十分対応できるように残響時間の延長するため，音場支援技術が導入された。

図 5.30　ホール全景（提供：ヤマハ(株)）

　ここでは，主階席の過大な室幅を補正する側方反射音付加・増強を目的とした初期反射音制御部，室全体の残響延長を目的とした残響音制御部から構成されている。初期反射音制御部では，サイドバルコニーの張り出し部分に新設した強化硝子製側壁反射板に合わせ，主階席の側壁形状からの反射音をスピーカから擬似的に再生することでシューボックスホールに近い音場効果の創生を意図した。反射音を模擬した FIR のパラメータは，音源を舞台上に置いたとき

152   5. コンサートホールにおける電気音響技術

に仮想壁上の各スピーカ位置を受音点とし，既存形状と仮想室形状それぞれの幾何音響シミュレーションにより反射音を算出し，その反射音履歴の差を用いた．マイク，スピーカ配置とシステム構成図，設置例を**図5.31**，**図5.32**，**図5.33**に示す．残響時間の測定結果を**図5.34**に示す．

初期反射音制御部

マイクロホン(双指向性，6本) → イコライザ → FIRフィルタ → 拡張ユニット → パワーアンプ → 壁のスピーカ

残響音制御部

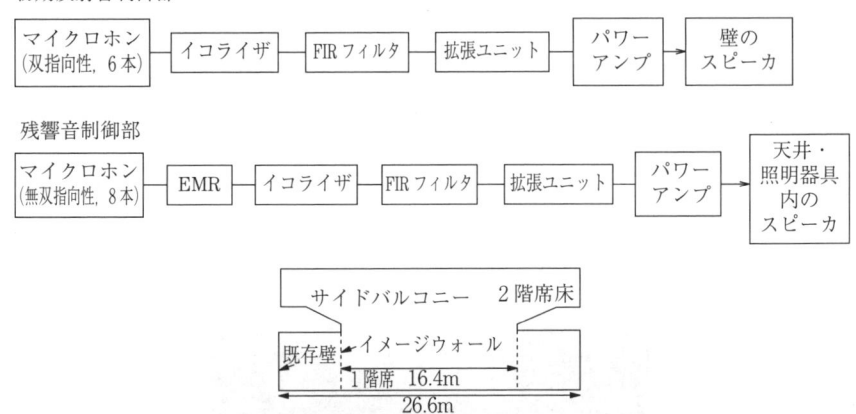

マイクロホン(無双指向性，8本) → EMR → イコライザ → FIRフィルタ → 拡張ユニット → パワーアンプ → 天井・照明器具内のスピーカ

サイドバルコニー　2階席床
既存壁　イメージウォール
1階席　16.4m
26.6m

図5.31　システム構成と断面図

図5.32　AFC用スピーカの設置例（提供：ヤマハ(株)）

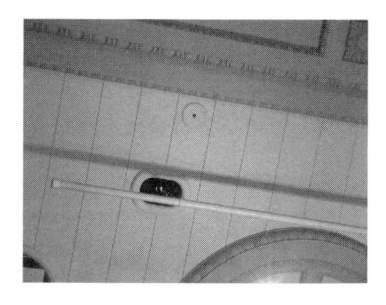

5.3 音場支援を目的とした電気音響の利用　153

図5.33 マイクロホンの設置例
（提供：ヤマハ(株)）

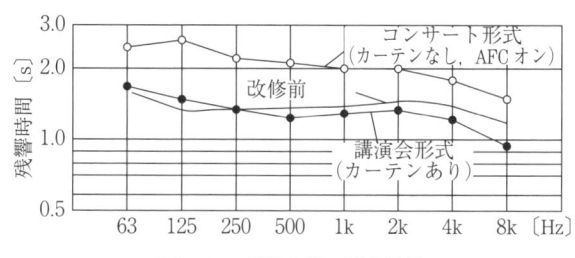

図5.34 残響時間の測定結果

〔3〕 **ノキア・コンサートホール**[24]　エストニアの首都タリンにあるノキア・コンサートホール（**図5.35**）は，クラシック音楽，軽音楽，映画，会

図5.35 ノキア・コンサートホール全景
（提供：Meyer社）

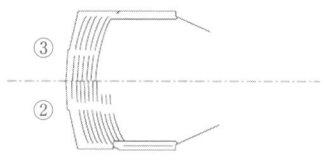

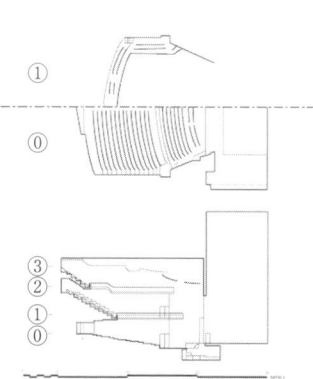

図5.36 平面図と断面図

議，など多用途にわたる多目的ホールとして竣工した．**図 5.36** に平面図と断面図を示す．

電気音響を利用した従来の催しでは，短い響き，客席全体を直接音がカバーするスピーカシステム，カラレーションが感じられないシステムの安定性を目標に検討が行われ，クラシック音楽への対応については，移動型の反射板に加えて，豊かな響きと広がり感が得られるようカップルドルームをモデルとしたVRAS が導入されている．VRAS は，吸音力の低減と同様な効果を意図した残響音エネルギーの増強を行うとともに，カップルドリバーブを利用した残響付加により残響時間の延長が図られている．初期反射音については，臨場感やASW を増加させるよう配慮して，スピーカの配置を行っている．スピーカは189 台使用され，客席左，客席右，一階バルコニー下，二階バルコニー下，舞台に分けた空間ごとに設置され，それぞれ独立したプロセッサを使用している．また，マイクロホンは，初期反射音用マイクロホンとして，指向性マイク16 台，無指向性マイク 56 台が使用されている．

残響時間は 1 秒（システム OFF）から 2.5 秒（システム ON）まで可変可能である．測定結果を**図 5.37** に示す．

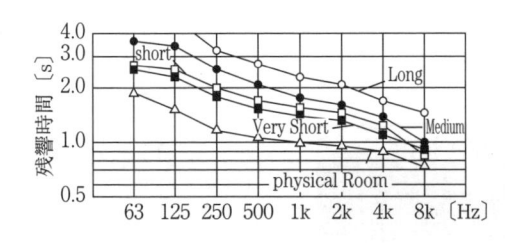

図 5.37 残響時間の変化

〔4〕 **銀座ヤマハホール**[25)]　銀座ヤマハホールは 333 人収容の音楽ホールとして計画され，アコースティック楽器に最適，かつここでしか味わえない音の魅力を備えた小ホールをコンセプトに建設された．ホールの内観および客席全景を**図 5.38** に，平断面図を**図 5.39** に示す．

① 豊かな響き（残響感），②芯のある鮮明な音（明瞭性），③演奏のしやすいステージ，④響きの多様性，を音響設計のポイントとして，検討が行われ，

5.3 音場支援を目的とした電気音響の利用

(a) 内観　　　　　　　　　　(b) 客席全景

図 5.38　銀座ヤマハホール（提供：ヤマハ(株)）

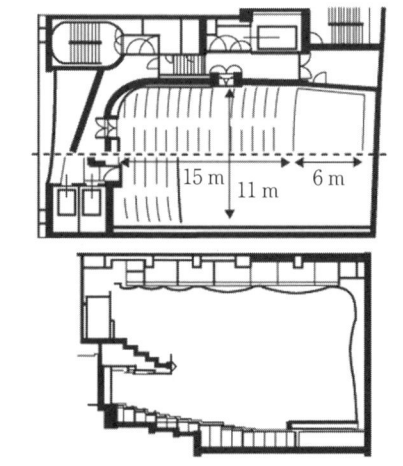

客席数：333 席
（1F：250 席，2F：83 席）
容積：2 520 m^2
表面積：1 440 m^2
$V/N = 7.6$ m^3

図 5.39　平面図と断面図

多様な響きの実現を目的に AFC システムが設置された。天井の高さを可能な限り確保し，上部に向かって広がる形状とすることで，7.6 m^3 と比較的気積が小さい音場であっても，上方から降り注ぐ豊かな残響感が得られるようにしている。舞台については高い天井による上方からの初期反射音不足をサポートするため，舞台上部に浮雲を設置している。残響可変機能については，高吸音の天井裏に繋がる扉を開閉することで吸音調整を可能とし，音場支援システム（AFC システム）により，最大 3 秒まで残響延長が可能である。図 5.40 に残響時間の測定結果を示す。

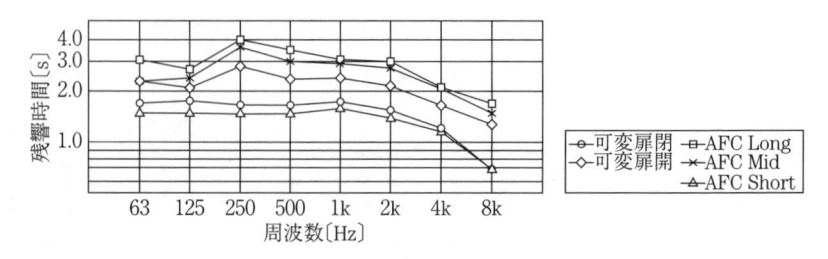

図5.40 残響時間の変化

引用・参考文献

1) H. Kuttruff : Room Acoustics, Applied Science Publishers Ltd. (1973)
2) 伊勢史郎：―音場再生技術の研究動向―境界音場制御，音響会誌，**67**, 11, pp. 532-537 (2011)
3) R. V. Waterhouse : Theory of Howlback in Reverberant Rooms, J. Acoust. Soc. Am., **37**, pp. 921-923 (1965)
4) 劇場技術協会：電気音響設備動作特性の測定方法，JITT 規格，JITT A 2001
5) T. Houtgust, J.M. Steeneken : A review of the MTF concept in room acoustoics and its use for estimating speech intelligibility in audiotoria, J. Acoust. Soc. Am., **77**, 3, pp. 1069-1077 (1985)
6) Sound system equipment Part 16 : Objective rating of speech intelligibility by speech transmission index , IEC 60268-16 (2003)
7) ANSI S3.5 : Method for calculation of the Articulation Index, American National Standards Institute (1969)
8) 6)を参照
9) F. Melchior, et al. : Universal System for Spatial Sound Reinforcement in Theatres and Large Venues-, Convention Paper, Audio Eng. Soc. (2006)
10) W. Anhert : Complex simulation of acoustic wave fields by the Delta Stereophony System, J. Audio Eng. Soc., **35**, 9, pp. 643-652 (1987)
11) P. H. Parkins : K. Morgan Assisted Resonance in the Royal Festival Hall, London 1965-1969, J. Acoust. Soc. Am., **48**, 5 (Part 1) (1970)
12) M. Kleiner & P. Svensson : Review of active systems in room acoustics and electroacoustics, Proc. Int. Symo. ACTIVE, **95**, pp. 39-54 (1995)
13) N. V. Franssen : Sur l' amplification des champs acoustiques, Acustica, **20**, pp. 315-323 (1968)
14) M. Schroeder : Improvement of acoustic-feedback stability by frequency shifting,

J. Acoust. Soc. Am., **36**, 9, pp. 1718-1724（1964）

15) 清水　寧，川上福司：音場支援システム設置による改修，音響技術，**108**, pp. 41-46（1999）

16) J. L Nielsen and U. P. Svensson : Performance of some linear time-varing systems in control of acoustic feedback, J. Acoust. Soc. Am., **106**, 1, pp. 240-254（1999）

17) D. Griezinger : Improving room acoustics through time-variant synthetic reverberation, Audio Eng. Soc., **90**, Convention, Preprint 3014（1991）

18) M. A. Poletti : On controllinng the apparent absorption and volume in assisted reverberation systems, Acustica, **78**, pp. 61-73（1993）

19) A. J. Berkhout, D. D. Vries and P. Vogel : Acoustic control by wave field synthesis, J. Acoust. Soc. Am., **93**, 5, pp. 2764-2778（1993）

20) I. Schmich, J. P. Vian : CARMEN : a physical approach for room acoustics enhancement system, CFA/DAGA Strasbourg（2004）

21) F. Kawakami and Y. Shimizu : Active field control in auditoria, Appl. Acoust., **31**, pp. 47-75（1990）

22) 清水　寧他：東京国際フォーラム各ホールの音場制御，建築音響研究会資料，AA97-59（1997）

24) J. C. Jaffe : Innovative approaches to the design of sym-phony halls, Acoust. Sci. & Tech., **26**, 2, pp. 240-243（2005）

23) 渡辺隆行他：大阪市中央公会堂の音響計画，建築音響研究会資料，AA2003-11（2003）

24) C. Rougier, et al: CARMEN in the Norwich Theatre Royal, UK, Acoustics 08, Paris（2008）

25) 宮崎秀生他：新ヤマハ銀座ビルの音響設計―ヤマハホールの音響設計―，日本音響学会講演論文集（2010）

第6章
ホール音場の理論的背景

コンサートホールに関わる音響科学の物理的な側面について解説する。音が波動であることから波動方程式がその出発点になり，ホールという空間固有の複雑性，自由度の大きさ，ひいてはヒトの聴覚特性を考慮して現象を論じる必要がある。実際にホールを設計する際には，ここで述べる音場に関する客観的な知識が重要な基礎となっている。

6.1 はじめに

コンサートホールでオーケストラが演奏するとき，聴衆が知覚する空間の響きの性質は，主として①コンサートホール，②奏者の演奏方法と技術，③楽器の配置方法によって決まる。本章ではこのうち，コンサートホールの音響的性質に関連する物理現象について述べる。なお，②については奏者が自分自身で音量を調節すれば演奏のダイナミックが変化することから明らかである。③は主に楽器の指向性が影響する事象であり，ドイツ式とアメリカ式のオーケストラの楽器配置による響きの違いはその代表的な事例である[1]。

図 6.1 に示すように，空間の響きの知覚には建築空間としてのコンサートホール，音の伝搬によって生じる音場という物理現象，それによって引き起こされる聴覚的な主観印象という事象が関係している。本章では聴覚に関する事項を除いた範囲を扱うが，問題の複雑さゆえに，聴覚的な知見に基づいて事象のモデル化や簡略化がなされることに注意する必要がある。例えば，実際のコンサートホールの形状は多岐にわたり，そのディテールを含めて取り扱うにはきわめて複雑な対象である。つまり，空間内部の音場を数学的に厳密な方法で

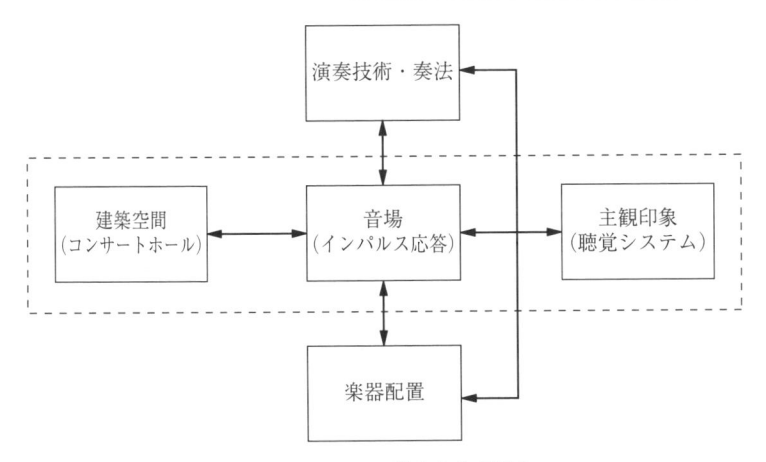

図6.1 ホールの響きと物理現象

扱うことは，系の自由度が非常に大きいためほぼ不可能である。したがって，コンサートホールの音場を物理的に検討するためには，ヒトの聴覚に適合させた精度で現象を扱うことになる。

音場の扱い方としては，音場を波動場として取り扱う**波動音響学**，音の持つ波の概念を無視して幾何光学と同じようにエネルギー粒子としてモデル化する**幾何音響学**の二つの考え方がある。前者は物理的に厳密であるが，前述したように定式化の難易性から，後者の方法が主に用いられる。その一方で，幾何音響学の適用限界を把握し，現象の本質を理解するために，波動音響学が重要であることはいうまでもない。

6.2 波動音響学による取扱い

6.2.1 音場の形式論（定式化）

音波は流体中を伝わる微小振幅の縦波である。この場合，スカラ速度ポテンシャル $\Phi(t, \mathbf{r})$ を考えれば，音圧は $p = \rho \partial \Phi / \partial t$，音波の粒子速度は $\mathbf{u} = -\nabla \Phi$ とスカラ量で表現できる[2]。室内音場の挙動を調べるには波動方程式がその出発点となる。3次元空間中のスカラ速度ポテンシャル $\Phi(t, \mathbf{r})$ は波動方程式

$$\left(\Delta - \frac{1}{c^2}\frac{\partial^2}{\partial t^2}\right)\Phi(t, \mathbf{r}) = 0 \tag{6.1}$$

の解であり,今,定常状態の音場を考えて駆動角周波数を ω,時間依存性を $\mathrm{e}^{+i\omega t}$ として $\Phi(t, \mathbf{r}) = \phi(\omega ; \mathbf{r}, \mathbf{r}_0)\mathrm{e}^{+i\omega t}$ と表せば,**ヘルムホルツ方程式**

$$(\Delta + k^2)\phi(\omega ; \mathbf{r}, \mathbf{r}_0) = -\delta(\mathbf{r} - \mathbf{r}_0) \tag{6.2}$$

を満足する ϕ についての境界値問題に帰着する。Δ はラプラシアン,$k = \omega/c$,ρ は空気の密度,c は音速,$\mathbf{r}, \mathbf{r}_0$ は観測点と音源の位置ベクトルである。右辺はデルタ関数で $\mathbf{r}_0$ に存在する単位強さの点源を表しており,与えられた壁面の境界条件を満足するこの方程式の解を**グリーン関数**と呼ぶ。グリーン関数が求まれば,室内の音場はこれによって完全に記述できる。

室内の音場を対象とする場合,壁や天井などの内装壁面の性質は面上の音圧と粒子速度の比,すなわち音響インピーダンス $Z = p/u_n = \rho c/\beta$ で規定することが多く,このとき,壁面の境界条件は次式で与えられる。

$$\frac{\partial \phi}{\partial n} - jk\beta\phi = 0 \tag{6.3}$$

β は比音響アドミタンス,n は壁面から外向きの法線方向を示している。

モード理論に従えば,グリーン関数はその空間の固有関数の和に分解して表示できる[10]。壁面の境界条件が与えられたとすれば,固有関数はその境界値問題の固有値に対する斉次ヘルムホルツ方程式(音源が存在しない場合)を満足する解,すなわち無限個可付番の関数列として求められる。

さて,第 n 次の固有値を $k_n = \omega_n/c + j\gamma_n/c$,固有関数を $\varphi_n(\mathbf{r})$ とすればグリーン関数は次のように与えられる。固有値 k_n が複素数であるのは,実際の壁面が音響吸収作用を持つためにインピーダンスが複素数となるからである。また,実部の ω_n に対して $f_n = \omega_n/2\pi$ を固有周波数,虚部 γ_n を減衰定数と呼ぶ。V は空間の容積である[2]。

$$\phi(\omega ; \mathbf{r}, \mathbf{r}_0) = \frac{1}{V}\sum_{n=-\infty}^{\infty}\frac{\varphi_n(\mathbf{r})\varphi_n(\mathbf{r}_0)}{k_n^2 - k^2}, \quad k = \frac{\omega}{c} \tag{6.4}$$

この式は2点 $\mathbf{r}, \mathbf{r}_0$ 間の**伝達関数**と呼ぶこともできる。

この系の過渡応答(時間応答)は定常状態の式(6.4)の解のフーリエ変換

$$\hat{\phi}(t,\mathbf{r}) = \frac{1}{V}\int_{-\infty}^{\infty}\sum_{n=-\infty}^{\infty}\frac{\varphi_n(\mathbf{r})\varphi_n(\mathbf{r}_0)}{k_n^2-(\omega/c)^2}\mathrm{e}^{+i\omega t}d\omega \tag{6.5}$$

で与えられるので,この積分を評価すれば次式が得られる.

$$\hat{\phi}(t,\mathbf{r}) = \begin{cases} 0 & t<0 \\ \sum_{n=1}^{\infty}C_n(\mathbf{r})\mathrm{e}^{-\gamma_n t}\cos(\omega_n t+\varphi_n) & t\geq 0 \end{cases} \tag{6.6}$$

これは時刻 $t=0$ に点 $\mathbf{r}_0$ でインパルス信号を発生したときの点 $\mathbf{r}$ での応答を示しており,システム理論のインパルス応答に等しい.なお,室内の音の伝搬を扱う場合には**室内インパルス応答**(room impulse response)と呼ぶことがある.ここで,C_n,φ_n は固有値に応じて決まる定数項である.

特に時刻 $t=0$ で正弦波信号を停止した場合を考えれば,$t>0$ に対して,定数項と位相項の C_n,φ_n が異なるだけの次の結果が得られる.

$$\hat{\phi}(t,\mathbf{r}) = \sum_{n=1}^{\infty}D_n(\mathbf{r})\mathrm{e}^{-\gamma_n t}\cos(\omega_n t+\phi_n) \qquad t>0 \tag{6.7}$$

これは後述する残響音の減衰過程を表す式であり,指数減衰する多数の正弦振動が重なり合って残響過程が形成されていることを示している.

図6.2 は広帯域の信号をコンサートホール内で放射した場合の過渡応答の実測結果[3]である.周波数の変化に伴って減衰定数が緩やかに変化することがわかる.

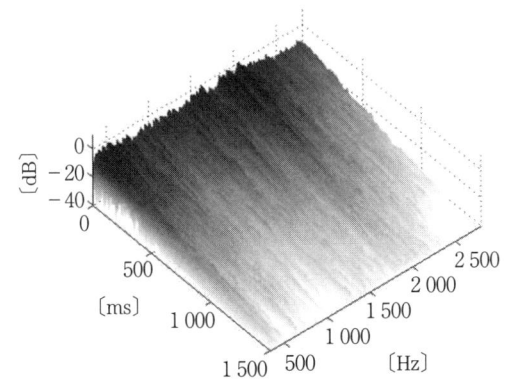

図6.2 ホールのインパルス応答の時間周波数表示

6.2.2 残響時間

残響音の減衰過程において音のエネルギー密度は音圧の二乗

$$w(t) \propto |\hat{\phi}(t, \mathbf{r})|^2 \qquad t>0 \tag{6.8}$$

に比例する。これを周期$1/f$について時間平均すれば次の形になる。

$$\langle |\hat{\phi}(t, \mathbf{r})|^2 \rangle = \sum_n d_n^2 \exp(-2\gamma_n t) \qquad t>0 \tag{6.9}$$

ここで，有意でない項は定数に含めて書き直してある。この式に常用対数を取って〔dB〕で表現したものを**残響減衰波形**（または残響波形）という。図6.3に示すように，これはランダムな変動分を除けばほぼ直線になる。したがって，このプロセスは**減衰定数**γ_nの平均値$\langle \gamma \rangle$で近似的に表現できる。残響波形が折れ曲がりや湾曲を生じることがあるが，これは減衰定数の分布に偏りが存在する場合であり，一般に音響的には好ましい状況ではない。

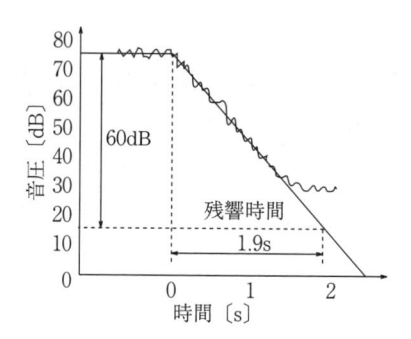

図6.3 残響減衰波形

音響学では減衰過程を表す物理量として，**残響時間**Tを使用する。これは音源停止後（$t=0$）に残響波形が60 dB低下する時間で定義される。したがって，$-60 = 10\log_{10} e^{-2\langle\gamma\rangle T}$とおくと次の関係を得る。

$$T = \frac{3}{\langle\gamma\rangle \log_{10} e} = \frac{6.91}{\langle\gamma\rangle} \tag{6.10}$$

定常状態の音場を表す式（6.4）について，n番目の項つまりn次のモードは

$$\phi_n(\omega; \mathbf{r}, \mathbf{r}_0) = \frac{c^2}{V} \frac{\varphi_n(\mathbf{r})\varphi_n(\mathbf{r}_0)}{(\omega_n + j\gamma_n)^2 - \omega^2} = \frac{A_n}{(\omega_n + j\gamma_n)^2 - \omega^2} \tag{6.11}$$

と書ける。実際の空間では減衰定数 γ_n は非常に小さく $\omega_n \gg \gamma_n$ が成り立つので，$\omega = \omega_n$ 近傍の周波数で部屋を駆動したとき，式 (6.11) の絶対値は次のように近似できる。

$$\left|\frac{A_n}{(\omega_n + j\gamma_n)^2 - \omega^2}\right| \cong \frac{|A_n|}{\sqrt{(\omega_n^2 - \omega^2)^2 + 4\omega^2\gamma_n^2}} \tag{6.12}$$

この式は共鳴システムの応答を表しており，単一周波数 ω で励振された室内の定常音圧は共鳴周波数 ω_n と減衰定数 γ_n を持つ多数の共鳴システムが重なり合ったものとなることがわかる。また，式 (6.12) の共鳴応答曲線の半値幅 Δf_n（振幅がピークの -3 dB 以内となる周波数幅）と減衰定数は $\Delta f_n = \gamma_n / \pi$ なる関係を持つので（図 6.4），通常の建築空間に対する減衰定数の値 $1 \sim 20 \text{ s}^{-1}$ を考慮すれば，半値幅の値はおよそ 0.01 Hz ~ 0.3 Hz となる。

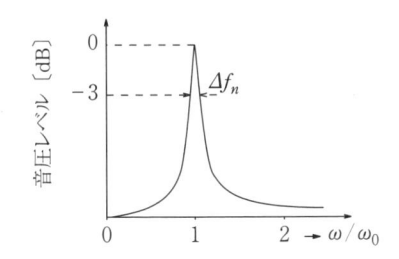

図 6.4　単一モードの共鳴曲線

6.2.3　矩形室の音場

〔1〕**周波数領域の解**　実際のホールの形状や壁面の境界条件に対して固有関数を解析的に求めることは非常に困難である。今，現象を解釈するために，基本的なホールの形状として矩形の部屋を考える。このとき，音場はモード展開により数学的に厳密に扱うことができる。各辺の寸法を L_x, L_y, L_z と表し，それぞれの面はインピーダンス境界条件の式 (6.3) を満たすと仮定する（図 6.5）。

このとき，式 (6.2) に対する斉次ヘルムホルツ方程式は $\Delta = \partial^2/\partial x^2 + \partial^2/\partial y^2 + \partial^2/\partial z^2$ より

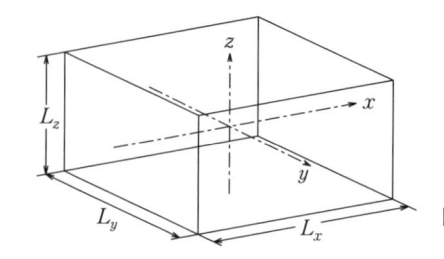

図 6.5 矩形室

$$\left(\frac{\partial^2}{\partial x^2}+\frac{\partial^2}{\partial y^2}+\frac{\partial^2}{\partial z^2}+k^2\right)\phi(\omega\,;\mathbf{r})=0 \tag{6.13}$$

となり，この基本解は変数分離法により次式となる．

$$\phi(x,y,z)=X(x,k_x)Y(y,k_y)Z(z,k_z) \tag{6.14}$$

ここに，(k_x,k_y,k_z) は各軸方向成分の固有値であり，波長定数 $k=\omega/c$ と次の関係（永年方程式）を満たす．

$$k=\sqrt{k_x^2+k_y^2+k_z^2} \tag{6.15}$$

空間が矩形であるため，速度ポテンシャルはフーリエ級数で表現できるので，x 軸成分は次のように書ける．

$$X(x,k_x)=a_x\cos(k_x x)+b_x\sin(k_x x) \tag{6.16}$$

今，壁面 $x=\pm L_x/2$ の音響アドミタンスをそれぞれ β_{x1}, β_{x2} と表せば，境界条件は

$$\left.\frac{\partial X}{\partial x}\pm jk\beta_{xi}X=0\right|_{x=\pm L_x/2} \quad i=1,2 \quad \text{for } x=\pm\frac{L_x}{2} \tag{6.17}$$

となり，式 (6.16) を式 (6.17) に適用すれば，固有値 k_x が満たす次の方程式を得る[4]．

$$\left[k_x\tan\left(\frac{L_x k_x}{2}\right)-j\frac{\rho ck}{2}(\beta_{x1}+\beta_{x2})\right]\cdot\left[k_x\cot\left(\frac{L_x k_x}{2}\right)+j\frac{\rho ck}{2}(\beta_{x1}+\beta_{x2})\right]$$

$$=\frac{\rho ck}{4}(\beta_{x1}-\beta_{x2})^2 \tag{6.18}$$

固有値 k_x が決まれば，式 (6.16) の初項と第2項の振幅比は次式で与えられる．

$$\frac{b_x}{a_x}=-\cot\left(\frac{(L_x k_x)^2}{2}\right)\frac{k_x\tan(L_x k_x/2)-j\rho ck(\beta_{x1}+\beta_{x2})}{k_x\tan(L_x k_x/2)+j\rho ck(\beta_{x1}+\beta_{x2})} \tag{6.19}$$

式 (6.18) を満たす固有値 k_x は離散的な値（複素数）をとるので，それを小さ

いものから順に $l = 1, 2, 3 \cdots$ と番号をつけて表す。ただし，式（6.18）を解析的に解くことは簡単な場合を除けば困難であり，数値的解法に頼る必要がある。また，y, z 方向成分についても同様な計算を行えばよく，同じく順に k_{ym}，k_{zn} ($m, n = 1, 2, 3 \cdots$) が求まって，**固有周波数** f_{lmn} は形式的に次のように書ける。

$$k_{lmn} = \frac{2\pi}{c} f_{lmn} = \sqrt{k_{xl}^2 + k_{ym}^2 + k_{zn}^2} \qquad l, m, n = 1, 2, 3 \cdots \qquad (6.20)$$

一般に k_{lmn} は複素数であるため，$k_{lmn} = (\omega_{lmn} + j\gamma_{lmn})/c$ とおけば，物理的な固有周波数は $\mathrm{Re}(k_{lmn}) = 2\pi f_{lmn}/c = \omega_{lmn}/c$ で与えられる。虚部 γ_{lmn} はダンピングを表す減衰係数を表し，このとき半値幅は次式となる（図6.4）。

$$\Delta f_{lmn} = \frac{\gamma_{lmn}}{\pi} \qquad (6.21)$$

特に $\beta_{x1} = \beta_{x2} = \beta_x$ の場合には，式（6.18）は次の形になる。

$$\begin{cases} \zeta \tan \zeta = +jU & \text{for } \cos(k_x x) \text{ 項} \\ \zeta \cot \zeta = -jU & \sin(k_x x) \text{ 項} \end{cases} \qquad (6.22)$$

ここで $\zeta = L_x k_x / 2$，$U = (L_x k / 2) \rho c \beta_x$ とおいた。U は壁の音響特性つまり既知量であり，この超越方程式から未知数 ζ を求めればよい。この解法にはモース図表[5]が利用できる。

全壁面が完全反射性のときには $\beta_x = \beta_y = \beta_z = 0$ とすれば，式（6.17）より

$$\begin{cases} \dfrac{L_x k_x}{2} = n\pi, & n = 0, 1, 2, \cdots \\[6pt] \dfrac{L_y k_y}{2} = m\pi, & m = 0, 1, 2, \cdots \\[6pt] \dfrac{L_z k_z}{2} = l\pi, & l = 0, 1, 2, \cdots \end{cases} \qquad (6.23)$$

固有関数は次式となる。これを式（6.4）に代入すれば音場の具体的表現を得る。

$$\varphi_{l, m, n}(\mathbf{r}) = \cos(k_{x, l} x) \cos(k_{y, m} y) \cos(k_{z, n} z) \qquad (6.24)$$

〔2〕 **時間領域の応答**　式（6.24）中の cos 関数を指数関数で表現し，$\mathbf{R}_p = \mathbf{r} \pm \mathbf{r}_0 = (x \pm x_0, y \pm y_0, z \pm z_0)$ と略記すれば，定常音場の式（6.4）は次のようになる。

$$\phi(\omega; \mathbf{r}, \mathbf{r}_0) = \frac{1}{8V} \sum_{N = -\infty}^{\infty} \sum_{p=1}^{8} \frac{\exp(-j\mathbf{k}_N \cdot \mathbf{R}_p)}{k_N^2 - (\omega/c)^2} \qquad (6.25)$$

ここに添字 p は複合の 8 通りの組合せを意味しており，$\mathbf{k}_N = (k_{x,l}, k_{y,m}, k_{z,n}) = (2n_x\pi/L_x, 2n_y\pi/L_y, 2n_z\pi/L_z)$，$N = (n_x, n_y, n_z) = (l, m, n)$ である．$\mathbf{R}_N = 2(n_x L_x, n_y L_y, n_z L_z)$ とおき，さらに変形を行えば次の結果を得る[6]．

$$\phi(\omega ; \mathbf{r}, \mathbf{r}_0) = \sum_{p=1}^{8} \sum_{N=-\infty}^{\infty} \frac{\exp^{-j\frac{\omega}{c}|\mathbf{R}_p + \mathbf{R}_N|}}{4\pi|\mathbf{R}_p + \mathbf{R}_N|} d^3\xi \qquad (6.26)$$

この結果を幾何学的に解釈すれば，図 6.6 に示す格子点に存在する鏡像（点音源）から放射される球面波の重合せを表していることがいえる．さらに，時間領域の表現を求めるためこの式の逆フーリエ変換を取れば

$$\hat{\phi}(t ; \mathbf{r}, \mathbf{r}_0) = \sum_{p=1}^{8} \sum_{N=-\infty}^{\infty} \frac{\delta(t - |R_p + R_N|/c)}{4\pi|R_p + R_N|} \qquad (6.27)$$

となる．この式は図の各格子に生じた鏡像から放射されるインパルスが，観測点までの直線距離に対応する遅れ時間で，順次到達することを意味しており，すなわち，矩形室に対する室内インパルス応答を表している．

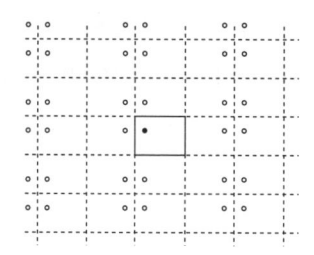

各鏡像位置は $\mathbf{R}_p$ で与えられ，
3 次元の格子点をなす．

図 6.6 矩形室（実線）内の音源（●）と鏡像に対応する格子点（○）

以上の議論から，鏡像の重合せによって場を表現したとき，その式は波動方程式を満たす厳密解に一致することがいえる．ただし，壁面が剛壁でないときには，鏡像を用いた音場表現は波動方程式の解とはならないことに注意を要する．

6.2.4 シュレーダ周波数

前項の議論において，ある周波数以下の固有値の個数 $N(f)$ を求めれば

$$N(f) = \frac{4\pi V f^3}{3c^3} \qquad (6.28)$$

となる[7]．つまり，これに影響する空間の幾何学的パラメータは室容積 V だけ

である．容積が等しければ現実的な範囲で形状を変化させても固有周波数の数は同一であると考えられるので，残響時間はほとんど変化しないといえる．実際面からは，ホールの形状を整形から不整形へ変える利点は固有周波数の整数比の関係（例えば式（6.23））が不規則化することであり，この効果は例えばフラッタエコーの解消（4.3.2項参照）に対応する．

また，単位周波数あたりの固有周波数の個数は $dN(f)/df = 4\pi V f^2/c^3$ となるので，半値幅内 Δf_n に含まれるモードの数は $\Delta f_n dN/df$ に等しい．シュレーダ[8]はこの数が3個未満であれば室内の共鳴が分離して知覚されるが，3個以上であればモードのピークが重なりあって，個々のピークを分離できないことを示した．一方，各モードの位相は $0\sim2\pi$ にランダムに一様分布していると考えられるので，定常状態の音場はランダムな位相を持つ複数のモードの重ね合せ，すなわち，たがいに独立なランダム量の和とみなされる．さらに，3項以上のランダム量の和は正規分布に近づくことが知られており，確率論の中心極限定理を適用できる[9]．つまり，個々のモードの位相が持つ意味は薄れ，音場を波動的に扱うことの意義は減少する．このとき，われわれの観測対象である音のエネルギー，つまり音圧の二乗振幅はランダム量として扱うことが可能となる（6.4節参照）．

以上より，3個のモードが存在する条件，$3 = \Delta f_n dN/df$ から波動性を考慮すべき上限周波数が決まり，式（6.10）の残響時間 $T = 6.91/\langle\delta_n\rangle$ を代入した式を

$$f_s = \sqrt{\frac{3c^3}{4V\delta_n}} \cong 2\,000\sqrt{\frac{T}{V}} \tag{6.29}$$

シュレーダ周波数と呼んでいる．< >は平均操作を表し，室容積の単位は m^3 である．

大型のホールでは，シュレーダ周波数は通常 $20\sim30\,Hz$ となる．残響時間が2秒，室容積が $15\,000\,m^3$ の矩形のホールを想定すると，式（6.28）より88鍵盤のグランドピアノの音域 $27.5\sim4\,160\,Hz$ に含まれる固有周波数の数は1.15億個，基準音 $440\sim441\,Hz$ の間に含まれる数は930個となり，膨大なモードが存在することに驚かされる．音楽の対象となる周波数域ではモードは著しく重

なりあって，個々の固有周波数の影響を論議することは不可能である。

6.2.5 鏡像の原理

ホールのように複雑な形状の空間について，3次元の境界値問題を解くことは一般に非常に困難であって，解析的に解ける境界値問題は境界が簡単な場合に限られる。ただし，その中で境界の一部が平面であった場合に役立つのが鏡像の原理であり，3次元の問題では非常に重要である。

〔1〕 **剛な平面境界** 境界平面を $x=0$ にとり，対象とする領域 D を $x>0$ とする（**図 6.7**）。点 S の位置ベクトルを $\mathbf{r}_0$，平面 $x=0$ に対して対称の点 S′ を $-\mathbf{r}_0$ と書くことにする。S に強さ A の点音源があるとき鏡像の S′ に A の音源があると仮想すれば，真の音源と像の音源が作る音場は対称性から $x=0$ で x 方向の粒子速度が0になることが示され，$x=0$ に剛壁が存在するという条件を満たす。このような考え方を**鏡像法**という（文献10）§5.2参照）。

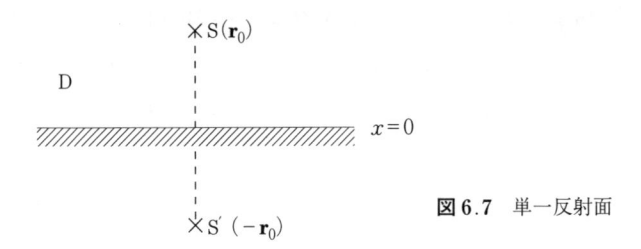

図 6.7 単一反射面

図 6.7 の場合，境界面がない自由空間と置き換えて，二つの音源 S と S′ が存在すると考えればよい。観測点 R($\mathbf{r}$) に対して，3次元自由空間の点音源（グリーン関数）は定常状態では $\exp(-jk|\mathbf{r}-\mathbf{r}_0|)/4\pi|\mathbf{r}-\mathbf{r}_0|$ で与えられるので，鏡像法によって領域 D 内の音場は次式で与えられる。

$$\phi(\mathbf{r}, \mathbf{r}_0) = \frac{\exp(-jk|\mathbf{r}-\mathbf{r}_0|)}{4\pi|\mathbf{r}-\mathbf{r}_0|} + \frac{\exp(-jk|\mathbf{r}+\mathbf{r}_0|)}{4\pi|\mathbf{r}+\mathbf{r}_0|} \tag{6.30}$$

同じく**図 6.8** に示す平面 $x=0$，$y=0$ で区切られた領域 D($x>0$, $y>0$) の場合には，平面 $x=0$ に対する像 $S_1(\mathbf{r}_1)$ と平面 $y=0$ に対する像 $S_2(\mathbf{r}_2)$，さらに平面 $y=0$ に対する S_1 の像 $S_{12}(\mathbf{r}_{12})$ を考えて，三つの鏡像を加えて次式を得る。

$$\phi(\mathbf{r}, \mathbf{r}_s) = \frac{\exp(-jk|\mathbf{r}-\mathbf{r}_0|)}{4\pi|\mathbf{r}-\mathbf{r}_0|} + \frac{\exp(-jk|\mathbf{r}-\mathbf{r}_1|)}{4\pi|\mathbf{r}-\mathbf{r}_1|} + \frac{\exp(-jk|\mathbf{r}-\mathbf{r}_2|)}{4\pi|\mathbf{r}-\mathbf{r}_2|}$$
$$+ \frac{\exp(-jk|\mathbf{r}-\mathbf{r}_{12}|)}{4\pi|\mathbf{r}-\mathbf{r}_{12}|} \tag{6.31}$$

このように，次々と鏡像を重ね合わせればよい。

鏡像法とは自由空間のグリーン関数を用いて，平面に囲まれる空間に対するグリーン関数を求める方法ということができ，上述した平面に関する鏡像解は波動方程式を満たす。また，平面が2個以上ある場合にそれらに対する鏡像を逐次作っていくことができる。これは平面による反射波を考えることと同じこととともいえる。ただし，この方法には制約があり，一般には求める解が多価関数になるので，厳密な意味でこの方法が成り立つのは比較的単純な場合である。すなわち，この操作が有効であるためには，操作が有限回で閉じて有限個の鏡像しか現れないこと，また対象領域Dに鏡像が生じないことが必要である。

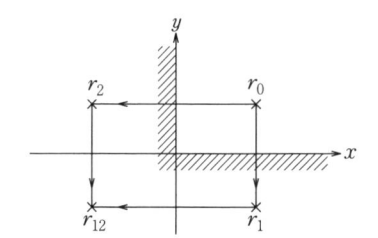

図6.8 直交境界面に対する鏡像原理

〔2〕 **吸音性平面境界**　　境界平面 $x=0$ が剛壁でないときにも，鏡像音源の振幅に境界面の反射係数 R を乗じた項を加えた

$$\phi(\mathbf{r}, \mathbf{r}_s) = \frac{\exp(-jk|\mathbf{r}-\mathbf{r}_0|)}{4\pi|\mathbf{r}-\mathbf{r}_0|} + R\frac{\exp(-jk|\mathbf{r}+\mathbf{r}_0|)}{4\pi|\mathbf{r}+\mathbf{r}_0|} \tag{6.32}$$

を場の形式表現として考えることができる（図6.7）。だが，R が定数でないときには鏡像法による解は波動方程式を満足しないため，異なった議論を必要とする[11]。ただし，（ⅰ）遠距離場 $k|\mathbf{r}-\mathbf{r}_s|\gg 1$ を仮定できる，（ⅱ）平面 $x=0$ に対する反射角が90°（擦過入射）に近くない，（ⅲ）S と R は壁面近傍にないという条件を満たす場合には数値的な精度は保たれるので，ホール内の音場を計算する近似方法として利用できる[12]。

6.3　幾何音響学による取扱い

　前述したように，ホール内の音場をモード理論によって求めることは一般に困難であり，解析解を得られるのは，ごく限られた簡単な条件の場合である。このため，これとは異なった方法で音場を表現することが求められる。ヒトが知覚する音の周波数はおよそ 20〜15 kHz であり，これを波長に換算すると常温で 17 m から 2.3 mm という非常に広い範囲に及ぶ。また，実際のホールは数 $10 m^2$ の大天井から，壁面の装飾やシャンデリアなど mm オーダーの凹凸面まで，さまざまな寸法の部材から構成されている。このとき，波長の長い音はこの物体の背後に回り込み，一方，波長の短い音は物体の背後に陰を作る。つまり，波長と音が入射する物体との大小関係によって現象を取り扱う必要が生じる。

　こうした状況を踏まえて，ホール内の音の伝搬はしばしば幾何音響学によって記述される。この場合，数理的厳密性にある程度目をつぶり，それに代わり，空間のマクロな音響特性あるいは聴覚的印象と良好に対応するかという点に重きがおかれる。

6.3.1　幾何音響近似

　幾何音響学では波の概念を音線に置き換える。これは物理的な理想化であり，幾何光学の光線と同様な伝搬法則に従うとする。音は音線に沿って直線的に伝搬すると考えて，複数の音線が重なりあったときには干渉を考慮せず，位相関係は無視してエネルギー加算する。この仮定は音線がたがいに**インコヒーレント**であるとき許容されるが，これは音線が運ぶエネルギーのスペクトル，すなわち対象となる音響信号が十分広い帯域を持つ場合，あるいは帯域内に非常に多くのモードが含まれる場合に成立する。つまり波動現象に由来する位相の影響が無視できて，エネルギー的，幾何音響的取扱いが可能となる場合である。

6.3 幾何音響学による取扱い

　6.2.4項で述べたようにモードの個数は，周波数の上昇とともに急激に増加する。したがって，この条件はホールの規模の空間では中・高音域で妥当と考えてよい。さらに部屋と壁面の大きさが波長に比べて十分大きいことを要請しており，ホール内ではこの仮定が成立することが多い。この仮定は，厳密には波長が無限小，すなわち高周波の極限で成立するので，幾何音響学はホール内で生じる音響現象の部分的な側面だけを反映していることに注意を要する。実用的には幾何音響と波動音響の分岐点となる周波数を知る必要があり，その一つとして式 (6.29) のシュレーダ周波数を採用できる。もう一つは，波長と空間の寸法比から判断する方法があり，この比が 1/3〜3 の範囲では波動による取扱いが有効である。一方，波長がこの比より短い場合には幾何音響的な取扱いが可能とされる[13]。例えば，ホールの1辺の最小寸法を 20 m とした場合，ディテールによる散乱の影響を除外すれば，少なくとも 50 Hz 以上では幾何音響的な扱いが可能となり，音楽演奏に現れる大半の音域は幾何音響で記述できることになる。

コラム10

音波の干渉

　周波数 ω の二つの正弦波信号を考え，その振幅と遅延時間を a, b と t_1, t_2 とすると，その音圧の和は $a\cos[\omega(t-t_1)] + b\cos[\omega(t-t_2)]$ となる。この信号のエネルギー密度はその二乗平均に比例するので，二つの信号の干渉を表すクロス項

$$2ab\cos[\omega(t-t_1)]\cos[\omega(t-t_2)]$$
$$= ab\{\cos[\omega(t_1-t_2)] + \cos[\omega(2t-t_1-t_2)]\} \qquad (1)$$

が生じる。ここで広帯域のスペクトルを持つ信号を考えて，ω についてこの項の周波数平均をとれば，信号の周波数帯域が $|t_1-t_2|^{-1}$ より大きい場合，この操作によってこのクロス項が消えて音圧の二乗平均値は $a^2/2$ と $b^2/2$ の和に等しくなる。つまり，総エネルギー密度はそれぞれ信号のエネルギー密度の和で表される。この性質を持つ音響信号をたがいに**インコヒーレント**と呼ぶ。幾何音響による音場の検討では個々の鏡像音源の寄与はたがいにインコヒーレントであることが仮定される。

6.3.2 鏡 像 音 源

音線が壁面に衝突すれば反射を生じ，そのプロセスは光学で用いられている反射の法則に従う．このときには鏡像音源を利用すれば，空間内の音の伝搬経路を容易に求めることができる．**図6.9**のように，平坦な壁の前方に点音源Sを考えると，壁からの反射音線は壁にひいた垂線上で音源Sと等距離に位置する壁後方の仮想音源S′から発生すると仮定できる．このとき，鏡像は音源と同じ信号を発生し，その指向性はSと対称と考えればよい．一般に壁に衝突する音響エネルギーの一部は壁面で吸収されるので，吸音率αを考えて，反射音の強さは入射音の$(1-\alpha)$倍とする．

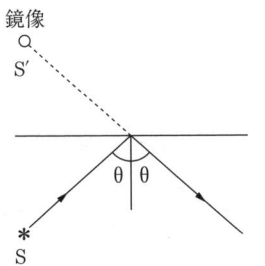

鏡像
S′

反射音は鏡像から発生したとみなし，入射角と反射角は等しい．

図6.9 反射の法則

S

空間が平坦な面で構成されるときには，鏡像音源を繰り返して作成すれば，さらに複雑な反射音の経路が決定できる．その場合，図6.8と同じように，得られた鏡像に鏡像原理を再び適用して高次の鏡像を作成する．このとき，音源を含めすべての鏡像が同じ信号を同一時刻に発生すると仮定すれば，観測点の音響信号はすべての鏡像の重ね合せで与えられる．

鏡像法はしばしば，音場を計算するためには膨大な数の鏡像が発生して，実用性に乏しいと考えられてきた．例えば面数Nの部屋についてm回の反射を繰り返した鏡像の数は$N(N-1)^{m-1}$となる．しかし，実際の室形ではこの理論値より大幅に少ない個数となって，実用上必要な高次鏡像までを求めることが可能との報告もある[14]．一方，こうした音源個数の問題や，凹凸面や曲面など複雑な境界条件に対する鏡像法の限界に対処するため，**音線法**（3章参照）が

利用されることがある。これは音源から微小立体角ごとに多数の音線を発生させて，その経路を追跡する数値シミュレーションである。

コラム 11

音線法[A1)]

3次元空間中の音波 $\varphi(t, \mathbf{r})$ は次の波動方程式

$$\left(\Delta - \frac{1}{c^2}\frac{\partial^2}{\partial t^2}\right)\varphi(t, \mathbf{r}) = -f(t, \mathbf{r}) \tag{1}$$

の解であり，そのグリーン関数は次のヘルムホルツ方程式を満たす。

$$(\nabla^2 + k^2)G(\mathbf{r}, \mathbf{r}_0) = -\delta(\mathbf{r} - \mathbf{r}_0) \tag{2}$$

扱う周波数が十分高いと仮定できるとき，グリーン関数は次のような漸近形（WKB近似）で表すことができる[A2)]。

$$G(\mathbf{r}, \mathbf{r}_0, t) = A(\mathbf{r}, \mathbf{r}_0)\exp(+j\omega t_{r_0}) \tag{3}$$

$A(\mathbf{r}, \mathbf{r}_0)$ は幾何学的な広がりを表す項であり，ここでは音源の指向性に相当すると考えてよい。また，t_{r_0} は $\mathbf{r}_0$ から $\mathbf{r}$ への波の伝搬時間を示している。

つまり，各方向に広がる音の振幅が与えられ，それ応じた伝搬時間が決まれば，音の伝搬を追跡することができることになる。実際に問題にあたる場合には，この伝搬時間を種々の方法で追跡する。これが音線法の基礎になっており，室内の音場を求める際に個々の反射面で反射を繰り返した音を，離散的な音線に沿って追跡する方法の理論的根拠になっている。したがって，音線法とは音場の高周波近似と考えて良い。

6.3.3 室内の音の伝搬

ホールのステージで演奏者が一つの短音を発生させたとする（図 6.10）。このとき，発生した音波は球面状にあらゆる方向に放射され，最初，聴衆には直接音が到達する。次に，壁，バルコニー，天井などホールの各表面で反射された一連の1回反射音が到達する。これらの反射音は再び各表面へ入射して，複数回の反射を繰り返した後，順次，聴衆に到来する。ホールの壁面（特に客席）に衝突するごとに音のエネルギーは吸収されるため，聴衆に到達する反射音はしだいに減衰して聞こえなくなる。この音の減衰過程が残響である。

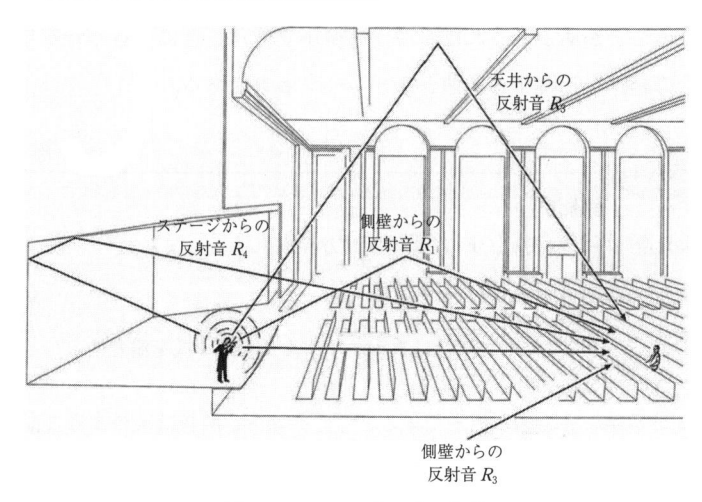

174   6. ホール音場の理論的背景

図 6.10 ホール内の音の伝搬

図 6.11 は反射音列の実測例，すなわち室内インパルス応答である。幾何音響に対応するエネルギー表現としては，この応答の**エンベロープ関数**[15)] をとれば良い。インパルス応答の状態では反射波相互の干渉が生じるため，個々の反射音の判別は容易でないが，この方法では明確に捉えられている。図では，離散的な反射音に加えて細かな成分が存在しているが，これは座席や壁などの凹凸部によって生じる**散乱波**に対応する。

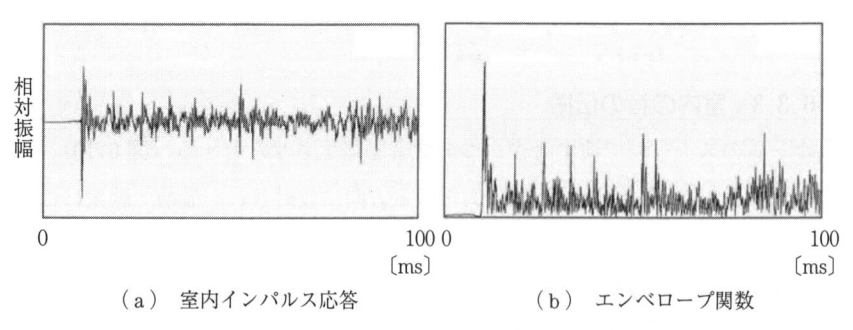

(a) 室内インパルス応答　　　(b) エンベロープ関数
図 6.11 ベルリン・フィルハーモニーでの測定例

一方，前述したように，シュレーダ周波数より高い周波数域では，(室内インパルス応答のフーリエ変換に対応する) 定常状態の空間の応答音圧 p の実部

と虚部はガウス分布に従うランダム変数となるので（6.2.4項），エネルギー密度に比例する量 $|p(f)|^2$ は指数分布に従うことがいえる[16]。つまりこの帯域では，単一周波数 f に対する音響エネルギーは空間の特徴，すなわち容積や形状や内装条件とはまったく無関係なランダム量となってしまう。

図6.12 は空間内で求めた応答音圧（伝達関数）であり，この議論が示すように各周波数の音圧はランダム変数となっている。スピーカやアンプなどの音響機器は，伝達関数によって系の特性が完全に記述され，性能評価できる。一方，ホールの伝達関数は定義上は決定論に従うが，前述したように膨大なモードの重ね合わせになっていること，その個々のモードを決めることが事実上不可能であることから，確率論に従うものとして記述する必要が生じるのである。つまり，伝達関数はこのままではホールの音響特性の評価指標とはなりえないことは重要な事実である。

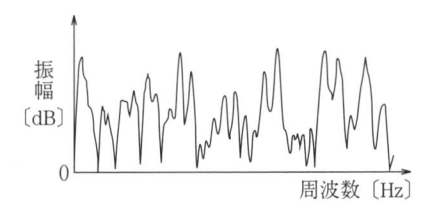

図6.12 部屋の伝達関数の振幅

6.3.4 拡散反射面

前項までの議論はホール内の壁面が鏡面反射する場合を扱ったが，表面の凹凸部や異種の内装材料が接する部位では，幾何光学に従う鏡面反射波とともに散乱波が生じる。散乱波の影響の有無を判定する目安として，**レーリーの指標**がある。これは凹凸面高さ h の標準偏差を σ_h，入射角を θ_i とするとき（**図6.13**），凹凸面からの散乱波と等価平滑面からの鏡面反射波の行路差 $2kh\cos\theta_i$ と $\pi/2$ との大小関係を比較して定義される指標であり

$$\begin{cases} \sigma_h > \dfrac{\lambda}{8\cos\theta_i} : 拡散反射 \\ \sigma_h < \dfrac{\lambda}{8\cos\theta_i} : 鏡面反射 \end{cases} \tag{6.33}$$

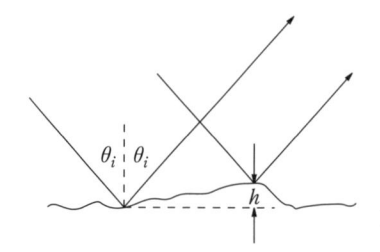

図 6.13 表面の凹凸度のレーリーの指標

と与えられる[17]。前者の場合には散乱波が大半の寄与を占め，入射エネルギーは全方向に散乱して拡散反射音となる。後者では凹凸面は平滑とみなすことができるので鏡像法が使用できる。ただし，散乱現象をあらゆる凹凸面について波動論で一般化して取り扱うことは非常に困難である。

なお，表面を完全拡散面と仮定し，音線に沿って運ばれる個々の微小エネルギーはこの面に衝突後，**ランベルト則**（図 6.14）に従う，すなわち θ 方向への散乱エネルギーは $\cos\theta$ に比例するとモデル化する場合がある。ただし，これは画像処理分野で拡散反射を扱う場合に利用される手法[35]を，室内の壁面からの反射現象に便宜的に用いたものと考えられる。本来，音響学ではランベルト則は，完全拡散音場を実現するために満たすべき境界面の性質として定義・導入された「概念」である[36),37]。反射面がランベルト則に従うと仮定することは，これを理想化した完全拡散面とみなすということであり，実際の音場の検討に使用する場合には注意が必要である。実現象からは，この仮定を実現することはきわめて困難で[18]，図に示すように実際のホールでの拡散反射特性[19),20]の実測例もその妥当性を肯定しない。また，ランベルト則に従い，かつ完全反射面からなる部屋では，音線の自由行路（6.4.1 項）の分散が発散し

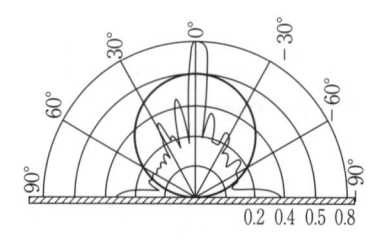

ホール天井の実測値（細線）
ランベルト則（太線）

図 6.14 ランダム凹凸面からの反射音

て音場の統計的性質を取り扱えないという矛盾を生じる[21]。音の拡散反射は
ホールの聴覚的印象に大きな影響を与えるため[22]、その取扱いは今後の重要な
研究課題といえる。

6.3.5 有限板からの反射

　音波の反射はホール音場の基本的事象の一つである。ホール内の壁面はそれ
ぞれが反射音を発生するが、その大きさが有限であることに注意が必要であ
る。有限板による反射音を検討するには、**フレネル帯**[34]との相対関係を考察
する方法が有効である。**図6.15**は有限板を含む平面上に描いたフレネル帯の
例である。板の短辺方向に対して第1フレネル帯がすべて含まれる図(a)の場
合、音波はほぼ完全に反射することがいえる。それは、長辺方向に含まれる高
次のフレネル帯はたがいに逆位相で打ち消しあい、実質的な影響を生じないた
めである。一方、図(b)の場合には、各フレネル帯はたがいに干渉して有効
な反射音は返らないことが理解されよう。

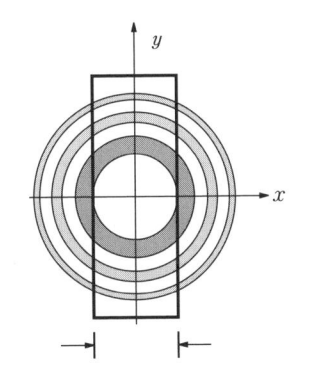

　　(a) 第1フレネル帯が短辺方向に　　　(b) 第1フレネル帯が短辺方向に
　　　　含まれる場合　　　　　　　　　　　　含まれない場合

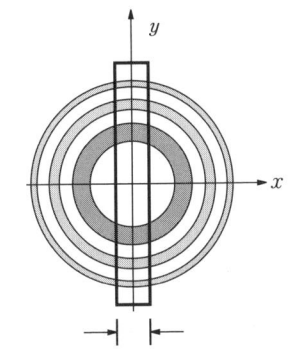

図6.15 矩形反射板とフレネル帯の大小関係
　　　　（濃淡の違いは各フレネル帯の位相の正負で
　　　　　交代することを示す）

　このとき、反射音のエネルギーが無限大の平面と同じ値となる下限周波数は
次式で与えられる。また、これ以下の周波数では反射音はオクターブ当り約6

dB の割合で急激に低下する。

$$f_L = \frac{c}{\left(\dfrac{1}{R_1}+\dfrac{1}{R_2}\right)B^2 \cos^2 \theta} \tag{6.34}$$

図 6.16 は有限反射板の反射特性の計算例である[23]。図に示すように R_1, R_2 は反射面までの距離，B は反射面の長さ，θ は反射角である。この図では直接到達音の音圧を 0 dB として，距離減衰を含んだ完全反射音の理論値が -3.6 dB であることを表しており，式 (6.34) から f_L は 415 Hz となる。同様に，曲面についても平面に準じた扱いができるが，この場合は曲率半径の大きさに応じて生じる音の収束・発散をあわせて考慮する必要がある[24]。

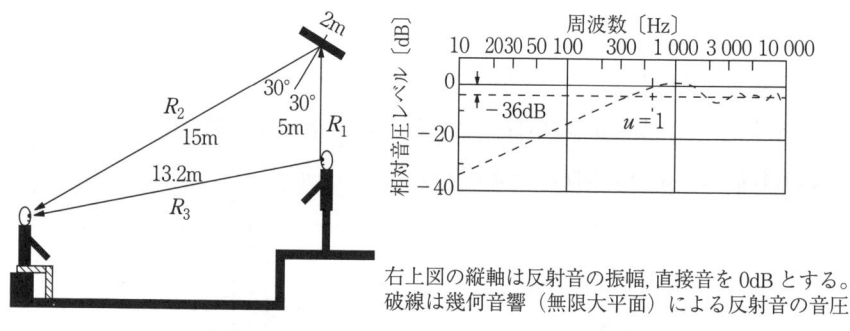

右上図の縦軸は反射音の振幅，直接音を 0dB とする。
破線は幾何音響（無限大平面）による反射音の音圧

図 6.16　舞台上の矩形反射板による音の反射

6.4　統計的音響学による取扱い

6.4.1　残響時間の古典論

ホールの響きに対するヒトの聴感的印象は主に，両耳に到達する音響エネルギーの時間・空間特性に関係する。したがって，エネルギーを場の基本量として取り扱うことが有効なことが多い。この際，ホール内の音響エネルギーが拡散している，あるいは部分的に拡散していると仮定して，音場のエネルギー分布の統計的性質に着目した取扱いがしばしば行われる。

今，ホール内に一様な音場が形成されているとする。音源から放射されるエ

ネルギーを $P(t)$ とすると，室内の音響エネルギー密度 w の時間当りの変化率は，単位時間に壁面で吸収される総エネルギーが $\bar{a}wcS/4$ で与えられるので[25]，次式と書ける。

$$V\frac{dw}{dt} = P(t) - \frac{\bar{a}wcS}{4} \tag{6.35}$$

$V, S, \bar{a}$ は室の容積，総表面積，平均吸音率である。これは w の一階微分方程式であるので，任意の波形を持つ放射パワー $P(t)$ について解を得ることができる。

残響過程を考えるため，式（6.35）で $t=0$ で音源が停止した（$P=0$）とすると，次の解を得る。

$$w(t) = w(0)\exp\left(\frac{-cAt}{4V}\right) \tag{6.36}$$

残響時間 T は式（6.36）で $w(t) = 10^{-6}w(0)$ となる t の値であるから

$$T_{\text{Sabine}} = 0.161\frac{V}{\bar{a}S} \tag{6.37}$$

となり，**セービンの残響式**が得られる。

セービンが音の減衰が連続的に起こると考えたのに対し，アイリング（Eyring）は音のエネルギー粒子が壁面に衝突するごとに吸収されると考えた。その際，幾何音響学の立場から鏡像法を適用して，鏡像の作る空間を考えた（図6.6）。鏡像から発する音響エネルギーは壁面と衝突するたびに $(1-\bar{a})$ 倍されるので，単位時間当り n 回の反射が起これば t 秒後のエネルギーは $(1-\bar{a})^{nt} = \exp[nt\ln(1-\bar{a})]$ 倍に減少する。音源を停止すれば，各鏡像はその瞬間に発音を停止し，室内の観測点には高次の鏡像から発生する音ほど遅れた時間に到達する。したがって，t 秒後に観測する残響音エネルギーは次式となり

$$w(t) = w(0)\exp[nt\ln(1-\bar{a})] \tag{6.38}$$

これより $\exp[nt\ln(1-\bar{a})] = 10^{-6}$ を満たす t が残響時間を与える。統計的音響学では音場の拡散性を仮定するので，n として単位時間当りの反射回数の平均値 $\bar{n} = c/\mu$ を用いることにすれば，**アイリングの残響式**が得られる。

$$T_{\text{Eyring}} = 0.161 \frac{V}{-S\ln(1-\overline{\alpha})} \tag{6.39}$$

μ は平均自由行路で，任意の空間に対して $4V/S$ と与えられる[26]。

実際に残響時間を計算する場合には，媒質である空気による吸収項を含めた次式が一般に使用される。ここで m は空気吸収係数である。

$$T_{\text{Sabine}} = 0.161 \frac{V}{\overline{\alpha}S + 4mV} \tag{6.40}$$

$$T_{\text{Eyring}} = 0.161 \frac{V}{-S\ln(1-\overline{\alpha}) + 4mV} \tag{6.41}$$

大半のホールの平均吸音率 $\overline{\alpha}$ は $0.2 \sim 0.25$ 程度の値をとるので，$-\ln(1-x) = x + x^2/2 + x^3/3 + \cdots$ なる関係を考慮すれば，二つの残響式はほぼ同じ値を与えることがわかる。

6.4.2 定常音場

音場が定常状態のとき，式 (6.35) において P と w は一定値となるので

$$w = \frac{4P}{\overline{\alpha}cS} \tag{6.42}$$

がいえる。しかし，音源近傍では直接音の寄与 $w_d = P/4\pi cr^2$ を考慮する必要があり，音源までの距離を r_d としてエネルギー密度の総計 w_T は次式で与えられる。

$$w_T = w_d + w = \frac{P}{4\pi c}\left(\frac{1}{r_d^2} + \frac{1}{r_H^2}\right) \tag{6.43}$$

r_H は**臨界距離**（または残響距離）と呼ばれる空間の特徴量である。これは二つのエネルギー密度が等しい距離として定義され，$w_d = w$ から次式となる。

$$r_H = \sqrt{\frac{\overline{\alpha}S}{16\pi}} = 0.057\sqrt{\frac{V}{T}} \tag{6.44}$$

また，ヒトの発声音を始め，多くの音源は指向性を持っており，これを考慮したときには

$$r_H = 0.057\Gamma\sqrt{\frac{V}{T}} \tag{6.45}$$

と表すことができる。Γ は**指向係数**（directivity factor または statistical directivity factor）と呼ばれ，放射音圧の最大値と空間平均の比で定義される。これは音源の指向性の鋭さを規定する量で，いくつかの楽器について値が求められている[27]。この結果から，臨界距離は音量を上昇させても変化しないこと，つまり，定常状態では音量によって空間の響きの時間的性質は変化しないことがいえる。

図 6.17 は式 (6.43) のプロットである。臨界距離の 2 倍の 10 m 点では，直接音の全エネルギーへの寄与は 1 dB にすぎない。一方，臨界距離の半分の点では，直接音に対する拡散音の影響はきわめて小さい。したがって，実際のホールでは，音源からの距離によって響きの性質が著しく変化することがわかる。

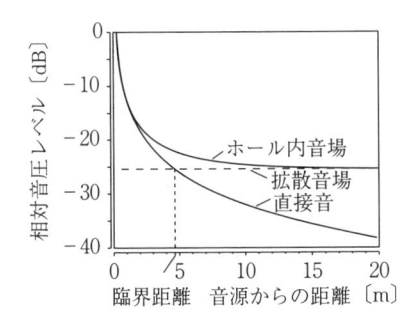

図 6.17 臨界距離の定義（音源から 0.5 m 点を 0 dB に基準化した計算例）

6.4.3　残響過程の性質と実現象への適用

前項まで見たように，与えられた空間について厳密な理論解が存在すれば，残響時間は固有値（の虚部）から計算される。しかし，実際にこれを求めるのは困難であるため，鏡像法を用いて音場をモデル化し，さらに統計的仮説を導入して残響時間が導かれた。セービン，アイリングの残響公式はこうした前提のうえに成り立っており，そこには一定の制約条件が存在する。これらは以下のように要約できる。

〔1〕**音場の拡散性**　6.4.1 項では反射回数を求める際に，平均自由行路を導入するという操作を行った。しかし，本来は反射回数は室形に影響を受ける確率変数とみなす必要がある。音線が壁面に衝突するまでの行路長は，完全

6. ホール音場の理論的背景

拡散が成立すれば室形とは無関係に平均値 $4V/S$ のまわりに分布するが[26]，2次以上の統計量すなわち平均からの偏差は室形に応じて異なった値となる。一方，残響公式は室容積 V と表面積 S だけで表され，室形をパラメータとして含んでいない。つまり，完全拡散からの偏りが反映されていないという問題を含んでいる。これを考慮した場合，残響時間は次のように修正される[28]。

$$T = \frac{13.8}{\dfrac{\bar{c}\bar{a}S}{4V} - \dfrac{\bar{a}^2}{2}\sigma^2 + O(a^3)} \tag{6.46}$$

ここで，反射回数の分散 σ^2 の値は数値的方法によって求める必要があるため，実際の残響計算に室形を含めることは事実上，困難である。

図 6.18 は行路長の分布の計算例である[29]。扇形のホール（図(a)）の行路長は完全拡散音場に対する理論値[30]の指数分布に近いので，音場の拡散性は比較的良好といえる。一方，シューボックスホール（5章参照）ではこれとは異なり，矩形空間に対する行路長の理論値に近い分布となっており，室形の影響が顕著に表れている。

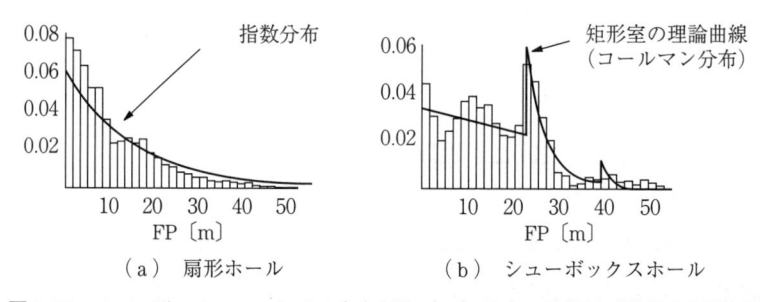

図 6.18 二つの形のホールにおける自由行路（FP）分布の計算例（縦軸は相対頻度）

(a) 扇形ホール　指数分布

(b) シューボックスホール　矩形室の理論曲線（コールマン分布）

〔2〕 **吸音面の定義**　コンサートホールでは客席椅子と着席した聴衆の吸音力は，総吸音力の全体の約 70 〜 80% を占め，残響時間を決める最大の要因となっている。残響公式では壁面を滑らかと仮定するので，便宜上，座席エリアも平坦面として扱われるが，当然，通路に面する座席の側面や前面も音を吸収する（図 6.19）。

つまり，同じ席数のホールでも座席の配置方法に応じて，座席エリアの吸音

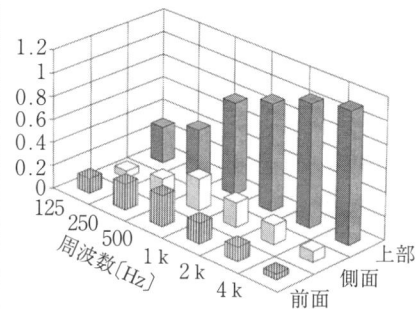

図 6.19　ボストン・シンフォニーホールの内部

図 6.20　座席エリアの各部の残響室法吸音率（軽微な布張りの空席椅子の場合）

力が異なることになる。図 6.20 は座席エリアの各部分の吸音率の比較例である。500 Hz 以下の周波数域では通路による影響が相対的に大きいことが理解できる。この作用は客席エリアの吸音力に大きな寄与を与えるため，残響時間の計算にはしかるべき補正が必要である。

〔3〕 **表面の拡散反射**　図 6.19 に見られるようにホールの壁や天井はニッチ・彫刻・格子などによって複雑な凹凸面となっており，ここに衝突した音は拡散反射する（6.3.4 項）。すなわち，反射を繰り返すことによって拡散エネルギーが増加するので音場の拡散性が変化する（図 6.14）。今，鏡面反射成分の比率 s を導入すれば，反射音のエネルギー $(1-\alpha)$ は鏡面方向に反射する項 $s(1-\alpha)$ と拡散反射する項 $(1-s)(1-\alpha)$ に分解される。このとき s をパラメータに含んだ壁面の吸音率の理論解[31]が導出されており，実際のホールでは平均吸音率が 0.4 以下[32]であるという前提条件の下では，ホール壁面の約半分が拡散反射（$s=0.4〜0.6$）のときに，セービンの式が数値的に音場を近似することが示されている。すなわち，一般的なホール音場ではセービンの式を仮定して差し支えないといえる。一方，アイリングの式は拡散反射音を含んだ音場を記述するには数値上，適していない[29),31]。なお，s の値は式 (6.33) のレーリー指標をホールの各凹凸面について計算すれば算定できる。

さらに，音波が平坦面に衝突するとき反射波の波面は完全には保存されないことが，流体力学的考察に基づいて議論されている。これは，図 6.9 の反射の

法則が幾何音響学において厳密には成立しないことを意味しており，このとき残響時間には不可避の誤差を生じるため，残響公式を修正する必要を生じる。この詳細については文献33）を参照されたい。

最後に，ホールの残響時間の計算には主にセービンの式が使用されるが，それは建築材料の吸音率の測定規格がセービンの式に基づいているからである。この吸音率 α_{Sabine} とアイリングの式に用いる吸音率 α_{Eyring} を次式で等値すれば，両残響式は同じ結果を与える。

$$\alpha_{\text{Sabine}} = -\ln(1 - \alpha_{\text{Eyring}}) \tag{6.47}$$

現在，残響時間を計算するために，各種建築材料の吸音率が報告されている[32]。対象がホールに限定される場合，これを利用すれば実用上良好な精度で残響時間が計算できる。ただし，これらデータには前述の問題点に対応する補正や，なんらかの実験則に基づく数値が用いられている場合もある。すなわち，こうしたアプローチは工学的観点に準じるものであって，あらゆる空間について普遍的に拡張・利用できないことに注意する必要がある。

引用・参考文献

1) J. Meyer : Acoustics and the Performance of Music, Chap. 7.1, Springer (2009)
2) P. M. Morse and K.U. Ingard : Theoretical Acoustics, Chap. 6.1, McGraw-Hill (1968)
3) T. Hidaka, Y. Yamada and T. Nakagawa : A new definition of boundary point between early reflections and late reverberation in room impulse responses, J. Acoust. Soc. Am., **122**, pp. 326-332 (2007)
4) F. P. Mechel : Raumakustische Felder, sec. 6.3, Hirzel Verlag, Stuttgart (2009)
5) P. M. Morse : The transmission of sound inside pipes, J. Acoust. Soc. Am., **11**, pp. 205-210 (1939)
6) J. B. Allen and D. A. Berkley : Image method for efficiently simulating small-room acoustics, J. Acoust. Soc. Am., **65**, pp. 943-950 (1979)
7) H. クットラフ：室内音響学，p. 70，市ヶ谷出版社 (2003)
8) M. R. Schroeder : Statistical parameters of the frequency response curves of large rooms, J. Audio Eng. Soc., **35**, pp. 299-306 (1987)
9) A. パポリス：工学のための応用確率論，pp. 267-269，東海大学出版会 (1970)

10) 今村　勤：物理とグリーン関数，§3.1，岩波書店（1978）
11) J. B. Keller : The scope of the image method, Com, Pure App. Math., **VI**, pp. 505-512 (1953)
12) J. S. Suh and P. A. Nelson : Measurement of transient response of rooms and comparison with geometrical acoustic models, J. Acoust. Soc. Am., **105**, pp. 2304-2317 (1999)
13) 文献 2) の p. 584
14) F. P. Mechel : Formulas of Acoustics, Chap. M.5.11, Springer (2008)
15) J. Dugundji : Envelope and Pre-envelope of Real Waveforms, IRE Trans. on Information Theory, **4**, pp. 53-57 (1958)
16) M. R. Schroeder : Statistical Parameters of the Frequency Response Curves of Large Rooms, Acustica, **4**, pp. 594-600 (1954)
17) A. Ishimaru : Wave propagation and scattering in random media, p. 455, IEEE Press (1997)
18) 日高孝之：ランベルト則に関する若干の考察，日本音響学会講演論文集，pp. 819-820 (1994)
19) E. Skudrzyk : Über die Eigentöne von Räumen mit nichtebenen Wänden und die diffuse Schallreflexion, Mitteilung Inst. Schwin. Tech. Hoch. Berlin, pp. 172-186 (1939)
20) E. Meyer and H. Kuttruff : Zur akustischen Gestaltung der neuerbauten Beethovenhalle in Bonn, Acustica, **9**, pp. 465-468 (1959)
21) H. Kuttruff : Transiente Schallausbreitung in Flachräumen mit diffus reflektierenden Wänden, Acustica, **75**, pp. 99-104 (1991)
22) R. R. Torres and M. Kleiner : Audibility of Diffusion in room acoustics auralization : An initial investigation, Acta Acustica, **86**, pp. 919-927 (2000)
23) C. S. Clay, D. Chu and S. Li : Specular reflections of transient pressures from finite width plane surface, J. Acoust. Soc. Am., **94**, pp. 2279-2286 (1993)
24) 文献 7) の 4.4 節
25) 文献 7) の 5.1 節
26) C. W. Kosten : The mean free path in room acoustics, Acustica, **10**, pp. 245-250 (1960)
27) 文献 1) の p. 413-414
28) M. Schroeder : Reverberation : Theory and Measurement, Proc. W. C. Sabine Cent. Symp., pp. 75-80 (1994)
29) T. Hidaka and N. Nishihara : Reverberation time, mean free path and sound absorption in concert halls, Proc. Madrid ICA (2007)
30) 文献 7) の 3.4 節
31) W. B. Joyce : Power series for the reverberation time, J. Acoust. Soc. Am., **67**, pp.

6. ホール音場の理論的背景

564-571 (1980)
32) L. L. Beranek and T. Hidaka : Sound absorption in concert halls by seats, occupied and unoccupied, and by the hall's interior surfaces, J. Acoust. Soc. Am., **104,** pp. 3169-3177 (1998)
33) Y. Makita and T. Hidaka : Revision of the cos θ law of oblique incident sound energy and modification of the fundamental formulations in geometrical acoustics in accordance with the revised law, Acustica, **63,** pp. 163-173 (1987)
34) H. Kuttruff : Acoustics, An Introduction, p. 92, Taylor & Francis (2007)
35) 例えば大石進一,牧野光則:グラフィックス,3.2.1節,日本評論社 (1994)
36) L. Cremer, H. Mueller, and T. J. Schultz : Principles and Applications of Room Acoustics, Vol. I, Chap. II.2.4. Appl. Sci. Publ., Essex, England and Elsevier (1982)
37) W. B. Joyce : Sabine's Reverberation Time and Ergodic Auditoriums, J. Acoust. Soc. Am., **58**, pp. 643-655 (1975)
A1) P. G. Frank et al. : Ray Acoustics, Summary Tech. Rep. Division 6 NDRC, **8**, Chap. 3 (1969)
A2) G. Schuster : Seismic Interferometry, p. 31, Cambridge Univ. Press (2009)

あ と が き

　本書ではコンサートホールの音響にまつわる科学的知見と関連技術を紹介してきた。その内容は100余年の蓄積を経て多岐にわたるとはいえ，それぞれの時代に可能であった研究手法を適用し，検証・実現可能な課題に限定されていることは否めない。芸術と科学の融合の場ともいえるコンサートホールは，断片的な現象の理解では全体を捉えにくい複雑な研究対象であり，将来的な発展の余地も多く残されている。

　ホールの形と音との関係を考えるとき，これまでの知見の蓄積によって，音響障害となる事象の科学的理解やそれを排除するための技術的手法はほぼ整備されてきたといえよう。しかしながら，建築設計における余条件とのバランスをとりながら，音の良さを追求するプロセスは，いまだ経験的知識に頼るところも多い。これは，4章で述べられているように，実際のホールの設計では一つの壁の形を変えれば複数の音響パラメータが変化するのに対して，実験的に音響パラメータの影響を調べる研究では，一つか二つのパラメータのみを可変としてその影響を検証した知見が大部分であることが多分に関係している。総合的な聴感印象がパラメータ単体の影響の足し合わせで決まるとは限らず，複数のパラメータの複合影響が存在する例は2章でも紹介されている。今後の研究の蓄積が期待される領域といえよう。

　演奏に与えるホールの影響も含めて最終的に聴衆に届く音楽を評価することも，これまでのホール研究の枠組の外側にある。すなわち，これまでのホール研究は一定の演奏音に対してホールが付与する音響効果を論じるもので，ホールの音響に応じて演奏家が演奏を調整するというプロセスが反映されていない。このようなホールと演奏との相互作用的な関係を想定したとき，ホールの良し悪しには新たな展開が現れる。

さらに，実際のホールに求められる条件としては，客席に座ってじっと音楽に耳を傾けるとき，その音楽に付加される響きが最良のものであればよいだけではない。エントランスからホールの内部に至る動線が醸す効果，一つの空間に集まった大勢の聴衆との一体感により増幅される感動，演奏家の動きや表情を捉える視覚情報と相まった複合影響など，音響とは別の要因によって，音の聞こえやそこから受ける印象が増強し，音楽体験が特別なものとなる場合もある。例えば，音の聞こえに対する見えの影響は複数の感覚モダリティが関係するもので，より総合的にホールと人を結ぶ科学として今後の進展が望まれる。

　コンピュータや信号処理技術の進化も今後の研究や新たなホールのあり方に広がりを与えている。5章で紹介したように，これらの技術がホールの電気音響設備に導入されることで，建築的な限界を超えた音響効果の生成も実現されてきている。3章で紹介したコンピュータシミュレーションも近年急速に発展している分野であり，開発研究と同時に応用事例も増えてきてはいるが，現状ではホール内の音響現象を予測するにはコンピュータの性能不足の他，解決すべき課題が残されている。

　さらには，音楽シーンの多様化，ホールの特徴づけや形態において設置者や建築家が志向する独自性は，ホールの音響に対しても新たな要求性能を提起し続けている。コンサートホール研究には以上述べたようなさまざまな展開が期待されており，本書が今後この分野の発展に携わろうという読者の一助になれば幸いである。

　最後に，多忙な中執筆いただいた著者の皆様と，このあとがきを書くにあたりご示唆をいただいた日本大学本杉省三氏，永田音響設計豊田泰久氏に謝意を表します。

付　表

---**凡　例**---

Sb：シューボックス　　Ad：客席奥行
As：アリーナ　　　　　Ss：ステージ面積
Vy：ヴィニヤード　　　Sw：ステージ最大幅
Etc：その他　　　　　 Sd：ステージ奥行（センターライン）
N：客席数　　　　　　 Sh：ステージ天井高（最高高さ）
V：室容積　　　　　　 Rf：ステージ反射板の有無（有する場合のみ"有"記載）

付表1　室内楽ホール諸元（客席数1 000席程度以下）

ホール名	タイプ	N 〔席〕	V 〔m³〕	V/N	Ad 〔m〕	Ss 〔m²〕	Sw 〔m〕	Sd 〔m〕	Sh 〔m〕	Rf
レインボーホール, 帯広	Sb	350	4 060	11.6	17	70	13	7.5	10.5	
トッパンホール, 東京	Sb	408	3 700	9.1	20.7	95	15.6	7.2	9	
なら100年会館　中ホール	Sb	446	6 500	14.6	20	102	12	8	19.8	
フィリアホール, 横浜	Sb	500	5 980	12.0	17.4	104	13.8	8.1	12.8	
カザルスホール, 東京	Sb	511	6 060	11.9	20	150	14.4	11.2	10.8	
ウィグモアホール, ロンドン	Sb	544	2 900	5.3	18.5	33	7	5.5	9.7	
浜離宮朝日ホール, 東京	Sb	552	5 800	10.5	24.4	73	12.7	9.1	10.9	
大雪クリスタルホール, 旭川	Sb	600	6 800	11.3	19.2	250	17.9	7.5	13.8	
クィーンズランド音楽院ホール, ブリスベン	Sb	630	9 040	14.3	22	160	7.2	8	15.6	
コンサートホールATM, 水戸	Etc	680	7 140	10.5	14.4	119	16	8.4	9.6	
長岡リリックホール	Etc	700	9 500	13.6	20.4	134	15	9	14.1	
東京文化会館小ホール	Etc	700	6 300	9	21	40	11	5	14.4	
秋田アトリオン音楽ホール	Sb	706	8 700	12.3	25.6	138	16.5	9.5	13	
第一生命ホール, 東京	Etc	767	6 800	8.9	22.3	104	16.5	7.3	14	
軽井沢大賀ホール	As	800	7 700	9.6	16.5	150	22	9	12.5	有
紀尾井ホール, 東京	Sb	800	8 650	10.8	20.4	167	13.2	8.7	14.4	
ベルリンフィルハーモニー小ホール	As, Vy	1 138	11 000	9.7	17.9	78.2	11.4	10.2	17	有
セイジ・オザワホール, タングルウッド	Sb	1 180	11 610	9.8	28.6	202	19.4	11.6	14	

付表2 オーケストラホール諸元（客席数1500席程度以上）

ホール名	タイプ	N	V [m³]	V/N	Ad [m]	Ss [m²]	Sw [m]	Sd [m]	Sh [m]	Rf
シベリウスホール, ラハティ	Sb	1 250	15 500	12.4	31.1	176	19.8	10	21	有
スタットカジノ, バーゼル	Sb	1 448	10 500	7.3	24.4	160	15.5	9.7	14	
トンハーレ大ホール, チューリッヒ	Sb	1 546	11 400	7.4	29.9	145	15.9	9	12.5	
ベルリン・コンツェルトハウス	Sb	1 575	15 000	9.5	25.6	158	16	12.5	16.5	
東京オペラシティコンサートホール	Sb	1 636	15 300	9.4	34.6	168	18.4	9.2	24	有
ウィーン楽友協会大ホール	Sb	1 680	15 000	8.9	35.7	163	19.8	10	16.4	
ザ・シンフォニーホール, 大阪	As	1 702	17 800	10.5	30.5	285	24	13	21.5	有
国立デンマーク放送コンサートホール	As, Vy	1 800	28 000	15.6	27.5	258	22	14.8	22	有
すみだトリフォニーホール, 東京	Sb	1 801	18 450	10.2	36	230	21	13	15	
京都コンサートホール	Sb	1 840	20 000	10.9	36	237	20.8	13.3	16	
ウィーンコンツェルトハウス	Sb	1 865	16 600	8.9	35.7	137	20.3	10	15	
ルツェルンコンサートホール	Sb	1 892	17 823	9.4	31.5	242	21.5	13.5	22.2	有
ゲヴァントハウス, ライプツィヒ	As, Vy	1 900	21 000	11.1	32.9	181	18.4	14.5	16.7	
バービカンコンサートホール, ロンドン	Etc	1 924	17 000	8.8	32.6	209	22.8	12.6	13	有
リーダハレベートーベンホール, シュトゥットガルト	Etc	2 000	16 000	8.0	40.8	176	20.3	14.5	10.2	有
サントリーホール, 東京	As, Vy	2 006	21 000	10.5	36	235	23.2	12.5	18.6	有
札幌コンサートホール	As, Vy	2 008	28 800	14.3	36	285	22.7	14	21	有
東京芸術劇場大ホール	Vy	2 017	25 000	12.4	46.6	207	19.4	13.2	21	有
文化センター・コンサートホール, 香港	As	2 019	21 250	10.5	24.5	248	20.8	16.9	19	有
コンセルトヘボウ, アムステルダム	Sb	2 037	18 780	9.2	25.6	160	27.5	13.5	15.6	
ユージン・マクダモットコンサートホール, ダラス	Sb	2 065	23 900	11.6	40.5	250	19.5	13.3	25	有
国家音楽庁コンサートホール, 台北	Sb	2 074	16 700	8.1	36.4	269	22.3	13.5	15.2	
オーチャードホール, 東京	Sb	2 150	20 500	9.5	40	217	19	15	17	
バーミンガム・シンフォニーホール	Sb	2 211	25 000	11.3	40.2	279	25.1	15.5	21.5	
ベルリンフィルハーモニー	As, Vy	2 218	21 000	9.5	30	173	18.4	12.5	20	有
デ・ドーレンコンサートホール	As	2 242	24 070	10.7	38.4	195	19.4	11.9	16	有
ウォルト・ディズニー・コンサートホール, ロサンゼルス	As, Vy	2 265	30 600	13.5	31.8	256	20.2	14.4	15.5	
東京文化会館	Etc	2 327	17 300	7.4	31	241	23.2	15.7	13.5	
フィルハーモニー・ガスタイク, ミュンヘン	Etc	2 387	29 737	12.5	44.2	230	23.7	14.5	17.4	有
ケネディ舞台芸術センター・コンサートホール, ワシントン	Sb	2 448	22 300	9.1	40	228	20.3	12.1	15	有
ジョセフ・メイヤーホフ・シンフォニーホール, ボルティモア	Etc	2 467	21 530	8.7	37.5	229	17.5	15.3	15.5	有
シカゴ・オーケストラホール	Etc	2 530	27 000	10.7	32	268	22.3	15	14.5	有
ボストン・シンフォニーホール	Sb	2 625	18 750	7.1	40.5	152	17.4	10.2	13.5	
クライストチャーチ・タウンホール	As	2 662	20 500	7.7	28.4	194	16.5	13.1	18	有
アヴェリ・フィッシャーホール, ニューヨーク	Sb	2 742	20 400	7.4	41.2	203	20.3	12.3	12.6	
カーネギーホール, ニューヨーク	Etc	2 804	24 270	8.7	44.8	227	22.5	13	20	有
ロイヤルフェスティバルホール, ロンドン	Etc	2 901	21 950	7.6	38.4	173	22.2	11.1	16.5	有

索　引

あ

アイリングの残響式	179
アメリカ配置	98
アリーナ型ホール	93
アリーナ形式	4
安全拡声利得	123

い

椅子の等価吸音面積	114
板振動型吸音機構	52, 61
1席当りの容積	87
イメージシフト	95
インコヒーレント	170, 171
インパルス応答	33, 161

う

ウィーン・楽友協会大ホール	76
ウィーン楽友協会	3
ヴィニャード	92
ヴィニャード型	5
ヴィニャード・ステップ	92
ヴィニャードホール	94
浮き雲	6, 76
浮き雲タイプ	101

え

エコー	20
エンクロージャ	102
エンベロープ関数	174

お

大型キャノピータイプ	101
オーケストラホール	86
音に包まれた感じ	20, 107
音響インピーダンス	160
音響拡散体	76
音響可変	111
音響帰還	119
音響集中	97
音響障害	95
音響設計	87
音響反射板	100
音響模型実験	48
音場支援技術	119
音場の拡散性	181
音線法	63, 172
音像定位	120

か

開ループゲイン	122
拡散音	20
拡散形状	106, 110
拡散反射	175, 182
拡散壁	76
拡声技術	118, 119
拡声ゲイン	122
仮想音源分布	27
可聴化	55
楽器配置	98
神奈川県立音楽堂	8
カラレーション	122, 133
乾燥空気	54

き

幾何音響学	159
幾何音響理論	62
基本形	89
客席椅子	113
客席勾配	90, 114
客席数	86
境界条件	52, 71, 160
境界要素法	67
鏡像音源	172
鏡像法	168
共鳴器型	52
共鳴器型吸音構造	61
共鳴システム	163
共鳴周波数	163
鏡面反射	175
虚音源分布	67
虚像法	64

く

空間印象	22
空気の音響吸収	54
空気の特性インピーダンス	72
クライストチャーチ・タウンホール	7
グリーン関数	160

け

計算負荷	69
継時マスキング	19
ゲヴァントハウス・コンサートホール	2
減衰定数	162

こ

後期側方反射音レベル	24, 40, 41
後向性マスキング	20
後天的フィードバック	30
行路長	181
固有周波数	165
コンセルトヘボウ	3

さ

ザ・シンフォニーホール	8, 50
サイドスピーカ	128
サイドバルコニー	91

索引

残
- 残響音　12
- 残響可変装置　111
- 残響減衰曲線　37
- 残響減衰波形　162
- 残響時間　14, 37, 162
- 残響チャンバ　111
- 3大シューボックスホール　89
- サントリーホール　10
- 散乱波　174

し
- シート・ディップ・エフェクト　90, 104
- 時間重心　39
- 時間領域有限差分法　73
- 指向係数　125, 180
- 室内インパルス応答　161
- 室内楽ホール　86
- 時不変性　34
- 時変制御　136
- シミュレーション精度　77
- シューボックス　90
- シューボックス型　3
- シューボックスホール　94
- シュレーダ拡散壁　106
- シュレーダ周波数　167
- 初期音対後期音エネルギー比　39
- 初期減衰時間　38
- 初期側方エネルギー率　40
- 初期側方反射音　17
- 初期対後期指標　39
- 初期反射音　12, 91

す
- ステージ床　102, 105
- ステージ高さ　102
- ステージ面積　86
- ステージライザー　102
- ストレングス　38
- スパークパルス音源　58

せ
- セービン　5
- ——の残響式　179

線
- 線形性　33
- 先行音効果　19

そ
- 奏楽堂　7
- 相似則　51
- 速度ポテンシャル　159
- 側方反射音　18

た
- 第一波面の法則　19, 128
- 多孔質型吸音機構　52
- 多孔質吸音材料　60
- たたみ込み積分　35
- ダミーヘッド　59
- ダミーヘッドマイクロホン　41

ち
- 丁度可知差異　43
- 直接音　12

て
- 定常音場　180
- テラス　92
- デルタ関数　33
- 伝達関数　160

と
- ドイツ配置　98
- 東京文化会館　8
- 頭部音響伝達関数　21

な
- 鳴き竜　79, 96

に
- 日光東照宮　79
- 日生劇場　49

の
- ノイエス・ゲヴァントハウス　2

は
- ハース効果　128

パ
- パイプオルガン　115
- ハイブリッドシミュレーション　56
- ハウリング　119, 122, 134
- 波動音響学　159
- 波動音響理論　62
- 波動方程式　62
- ハノーヴァ・スクェア・ルーム　2
- 反射音　12
- 反射音線　90
- 反射音到来方向　24

ひ
- 比音響アドミタンス　71, 160
- 比音響インピーダンス　71
- ひのき舞台　105
- 日比谷公会堂　7
- 広がり感　23

ふ
- フラッタエコー　78, 96
- フランチャイズホール　85
- フレネル帯　177
- プロセニアムスピーカ　128
- フロントスピーカ　128

へ
- 閉ループゲイン　123
- ヘルムホルツ方程式　160
- ベルリン・フィルハーモニーホール　5, 49
- 弁別閾　43

ほ
- ホールの横幅　16
- ボストン・シンフォニーホール　4, 66

み
- みかけの音源の幅　19, 107
- ミュンヘン・フィルハーモニー　6

索引

む
むくり　79

も
モード　170
モード理論　160

ゆ
有限差分法　67
有限要素法　67

ら
ランベルト則　176

り
離散化幅　69
リップルタンク法　49
リブ型吸音構造　53
両耳間相関度　19, 41
臨界距離　126, 180

る
累積エネルギー分布　74

れ
レーリーの指標　175, 176

ろ
ロングパスエコー　95

A
ACS（acoustic control system）　147
AFC（active field control）　143
AR（assisted resonance）　130, 142
ASW　19

C
C_{80}　17, 39
clarity　39

D
D_{50}　16, 39
definition　39
DI（directivity index）　125

E
EMR（electronic microphone rotator）　136

F
FDTD法　73
Fluc-FIRフィルタ　137

I
IACC　20
In-line system　133

J
JND　43

L
LEV　20
Lf　19
LF　40
LFC　40
LG　41

M
modulation transfer function　127
MTF　127

N
N_2置換法　54
non-in-line system　133
non-regenerative system　133
Nyquistの安定性基準　123

P
preference　22

Q
Q　125

R
RASTI　127
RAV　93
regenerative system　133

S
speech transmission index　126
ST　42
ST_{Early}　42
STI　126
ST_{Late}　42

V
VRAS（variable room acoustics system）　145

―――― 編著者・著者略歴 ――――

上野佳奈子（うえの　かなこ）

1996年	東京大学工学部建築学科卒業
1998年	東京大学大学院工学系研究科建築学専攻修士課程修了
1999年	東京大学助手（2007年〜助教）
2003年	博士（工学）（東京大学）
2008年	明治大学専任講師
2010年	明治大学准教授
2016年	明治大学教授
	現在に至る

橘　秀樹（たちばな　ひでき）

1967年	東京大学工学部建築学科卒業
1972年	東京大学工学系大学院博士課程修了（建築学専門課程）
1972年	東京大学助手
1973年	工学博士（東京大学）
1975年	東京大学講師
1977年	東京大学助教授
1991年	東京大学教授
2004年	東京大学名誉教授
2004〜2014年	千葉工業大学教授

羽入　敏樹（はにゅう　としき）

1988年	日本大学理工学部建築学科卒業
1990年	日本大学大学院理工学研究科建築学専攻修士課程修了
1990年	松下通信工業株式会社
1994年	日本大学大学院理工学研究科建築学専攻博士課程修了　博士（工学）
1997年	日本大学助手
2000年	日本大学専任講師
2007年	日本大学准教授
2014年	日本大学教授
	現在に至る

坂本　慎一（さかもと　しんいち）

1991年	東京大学工学部建築学科卒業
1996年	東京大学大学院工学系研究科建築学専攻博士課程修了　博士（工学）
1996年	東京大学助手
1999年	東京大学講師
2002年	東京大学助教授
2007年	東京大学准教授
2018年	東京大学教授
	現在に至る

小口　恵司（おぐち　けいじ）

1978年	九州芸術工科大学芸術工学部音響設計学科卒業
1980年	九州芸術工科大学大学院修士課程情報伝達専攻修了
1980年	株式会社永田穂建築音響設計事務所（現株式会社永田音響設計）
2003年	九州芸術工科大学大学院博士後期課程情報伝達専攻修了　博士（芸術工学）
2010年	上野学園大学非常勤講師
2017年	東京工業大学環境・社会理工学院特任教授
現在，株式会社永田音響設計取締役　プロジェクトチーフ	

清水　寧（しみず　やすし）

1975年	東京工業大学工学部建築学科卒業
1977年	東京工業大学大学院総合理工学研究科社会開発工学専攻修了
1977〜2000年	ヤマハ株式会社
2000〜2003年	レンセラー工科大学建築学部研究准教授（Troy, NY, USA）
2003〜2010年	ヤマハ株式会社
2008〜2016年	東京工業大学大学院総合理工学研究科連携教授

日高　孝之（ひだか　たかゆき）
1977 年　九州芸術工科大学芸術工学部音響
　　　　設計学科卒業
1979 年　大阪大学大学院工学研究科修士課
　　　　程応用物理学修了
1979 年　株式会社竹中工務店
1985 年　工学博士（京都大学）
1995 年　イタリア国立科学研究所客員教授
1996 年　技術士（応用理学部門）
1998 年　九州芸術工科大学客員教授
現在，株式会社竹中工務店技術研究所
　　　リサーチフェロー

コンサートホールの科学 ——形と音のハーモニー——
Science of concert hall ——Harmony of shape and sound——
　　　　　　　　　　　　　　　　Ⓒ 一般社団法人 日本音響学会 2012

2012 年 6 月 28 日　初版第 1 刷発行
2019 年 3 月 30 日　初版第 2 刷発行

検印省略	編　　者	一般社団法人 日本音響学会
	発 行 者	株式会社　コ ロ ナ 社
	代 表 者	牛来真也
	印 刷 所	萩原印刷株式会社
	製 本 所	有限会社　愛千製本所

112-0011　東京都文京区千石 4-46-10
発 行 所　株式会社　コ ロ ナ 社
CORONA PUBLISHING CO., LTD.
Tokyo Japan
振替 00140-8-14844・電話(03)3941-3131(代)
ホームページ http://www.coronasha.co.jp

ISBN 978-4-339-01326-9　C3355　Printed in Japan　　　　　（吉原）

本書のコピー，スキャン，デジタル化等の無断複製・転載は著作権法上での例外を除き禁じられています。
購入者以外の第三者による本書の電子データ化及び電子書籍化は，いかなる場合も認めていません。
落丁・乱丁はお取替えいたします。

音響入門シリーズ

(各巻A5判, CD-ROM付)

■日本音響学会編

	配本順			頁	本体
A-1	(4回)	音響学入門	鈴木・赤木・伊藤 佐藤・苣木・中村 共著	256	3200円
A-2	(3回)	音の物理	東山 三樹夫著	208	2800円
A-3	(6回)	音と人間	平原・宮坂 蘆原・小澤 共著	270	3500円
A-4	(7回)	音と生活	橘・田中・上野 横山・船場 共著	192	2600円
A		音声・音楽とコンピュータ	誉田・足立・小林 小坂・後藤 共著		
A		楽器の音	柳田 益造編著		
B-1	(1回)	ディジタルフーリエ解析(I) ――基礎編――	城戸 健一著	240	3400円
B-2	(2回)	ディジタルフーリエ解析(II) ――上級編――	城戸 健一著	220	3200円
B-3	(5回)	電気の回路と音の回路	大賀 寿郎 梶川 嘉延 共著	240	3400円

(注：Aは音響学にかかわる分野・事象解説の内容，Bは音響学的な方法にかかわる内容です)

音響工学講座

(各巻A5判，欠番は品切です)

■日本音響学会編

	配本順			頁	本体
1.	(7回)	基礎音響工学	城戸 健一編著	300	4200円
3.	(6回)	建築音響	永田 穂編著	290	4000円
4.	(2回)	騒音・振動(上)	子安 勝編	290	4400円
5.	(5回)	騒音・振動(下)	子安 勝編著	250	3800円
6.	(3回)	聴覚と音響心理	境 久雄編著	326	4600円

定価は本体価格+税です。
定価は変更されることがありますのでご了承下さい。

図書目録進呈◆

音響テクノロジーシリーズ

(各巻A5判,欠番は品切です)

■日本音響学会編

		頁	本体
1. 音のコミュニケーション工学 ―マルチメディア時代の音声・音響技術―	北脇信彦編著	268	3700円
3. 音の福祉工学	伊福部達著	252	3500円
4. 音の評価のための心理学的測定法	難波精一郎・桑野園子共著	238	3500円
5. 音・振動のスペクトル解析	金井浩著	346	5000円
7. 音・音場のディジタル処理	山崎芳男・金田豊編著	222	3300円
8. 改訂 環境騒音・建築音響の測定	橘秀樹・矢野博夫共著	198	3000円
9. 新版 アクティブノイズコントロール	西村正治・宇佐川毅・伊勢史郎・梶川嘉延共著	238	3600円
10. 音源の流体音響学 ―CD-ROM付―	吉川茂・和田仁編著	280	4000円
11. 聴覚診断と聴覚補償	舩坂宗太郎著	208	3000円
12. 音環境デザイン	桑野園子編著	260	3600円
13. 音楽と楽器の音響測定 ―CD-ROM付―	吉川茂・鈴木英男編著	304	4600円
14. 音声生成の計算モデルと可視化	鏑木時彦編著	274	4000円
15. アコースティックイメージング	秋山いわき編著	254	3800円
16. 音のアレイ信号処理 ―音源の定位・追跡と分離―	浅野太著	288	4200円
17. オーディオトランスデューサ工学 ―マイクロホン、スピーカ、イヤホンの基本と現代技術―	大賀寿郎著	294	4400円
18. 非線形音響 ―基礎と応用―	鎌倉友男編著	286	4200円
19. 頭部伝達関数の基礎と 3次元音響システムへの応用	飯田一博著	254	3800円
20. 音響情報ハイディング技術	鵜木祐史・西村竜一・伊藤彰則・西村明・近藤和弘・薗田光太郎共著	172	2700円
21. 熱音響デバイス	琵琶哲志著	296	4400円
22. 音声分析合成	森勢将雅著	272	4000円

以下続刊

物理と心理から見る音楽の音響	三浦雅展編著	超音波モータ	青柳学・黒澤実・中村健太郎共著
建築におけるスピーチプライバシー ―その評価と音空間設計―	清水寧編著	弾性波・圧電型センサ	近藤淳・工藤すばる共著
聴覚の支援技術	中川誠司編著	聴覚・発話に関する脳活動観測	今泉敏編著
機械学習による音声認識	久保陽太郎著		

定価は本体価格+税です。
定価は変更されることがありますのでご了承下さい。

図書目録進呈◆

音響サイエンスシリーズ

(各巻A5判)

■日本音響学会編

			頁	本体
1.	音色の感性学 ―音色・音質の評価と創造― ―CD-ROM付―	岩宮眞一郎編著	240	3400円
2.	空間音響学	飯田一博・森本政之編著	176	2400円
3.	聴覚モデル	森周司・香田徹編	248	3400円
4.	音楽はなぜ心に響くのか ―音楽音響学と音楽を解き明かす諸科学―	山田真司・西口磯春編著	232	3200円
5.	サイン音の科学 ―メッセージを伝える音のデザイン論―	岩宮眞一郎著	208	2800円
6.	コンサートホールの科学 ―形と音のハーモニー―	上野佳奈子編著	214	2900円
7.	音響バブルとソノケミストリー	崔博坤・榎本尚也・原田久志・興津健二編著	242	3400円
8.	聴覚の文法 ―CD-ROM付―	中島祥好・佐々木隆之・上田和夫・G.B.レメイン共著	176	2500円
9.	ピアノの音響学	西口磯春編著	234	3200円
10.	音場再現	安藤彰男著	224	3100円
11.	視聴覚融合の科学	岩宮眞一郎編著	224	3100円
12.	音声は何を伝えているか ―感情・パラ言語情報・個人性の音声科学―	森大毅・前川喜久雄・粕谷英樹共著	222	3100円
13.	音と時間	難波精一郎編著	264	3600円
14.	FDTD法で視る音の世界 ―DVD付―	豊田政弘編著	258	3600円
15.	音のピッチ知覚	大串健吾著	222	3000円
16.	低周波音 ―低い音の知られざる世界―	土肥哲也編著	208	2800円
17.	聞くと話すの脳科学	廣谷定男編著	256	3500円
18.	音声言語の自動翻訳 ―コンピュータによる自動翻訳を目指して―	中村哲編著	192	2600円
19.	実験音声科学 ―音声事象の成立過程を探る―	本多清志著	200	2700円
20.	水中生物音響学 ―声で探る行動と生態―	赤松友成・木村里子・市川光太郎共著	192	2600円
21.	こどもの音声	麦谷綾子編著	254	3500円

以下続刊

笛はなぜ鳴るのか ―CD-ROM付―	足立整治著	生体組織の超音波計測	松川真美編著
補聴器 ―知られざるウェアラブルマシンの世界―	山口信昭編著	骨伝導の基礎と応用	中川誠司編著

定価は本体価格+税です。
定価は変更されることがありますのでご了承下さい。

図書目録進呈◆